ABRINDO AS PORTAS
DO HOSPÍCIO

O PROCESSO DE DESINSTITUCIONALIZAÇÃO
DO HOSPITAL COLÔNIA DE RIO BONITO

Editora Appris Ltda.
1.ª Edição - Copyright© 2025 dos autores
Direitos de Edição Reservados à Editora Appris Ltda.

Nenhuma parte desta obra poderá ser utilizada indevidamente, sem estar de acordo com a Lei nº 9.610/98. Se incorreções forem encontradas, serão de exclusiva responsabilidade de seus organizadores. Foi realizado o Depósito Legal na Fundação Biblioteca Nacional, de acordo com as Leis nos 10.994, de 14/12/2004, e 12.192, de 14/01/2010.

Catalogação na Fonte
Elaborado por: Dayanne Leal Souza
Bibliotecária CRB 9/2162

A163a 2025	Abrindo as portas do hospício: o processo de desinstitucionalização do Hospital Colônia de Rio Bonito / Renata Almeida Martins et al. (orgs.) – 1. ed. – Curitiba: Appris, 2025. 233 p. ; 23 cm. – (Multidisciplinaridades em saúde e humanidades). Inclui referências. ISBN 978-65-250-7701-7 1. Psiquiatria social. 2. Hospital Colônia de Rio Bonito. 3. Saúde mental. 4. Reformadores de saúde. I. Dias, Luiza Helena Aurelio. II. Honorato, Carlos Eduardo de Moraes. III. Santos, Maria Thereza. IV. Barcelos, Vagner Marins. V. Argôlo, Marcos. VI. Título. VII. Série.
	CDD – 362.62

Livro de acordo com a normalização técnica da ABNT

Appris editora

Editora e Livraria Appris Ltda.
Av. Manoel Ribas, 2265 – Mercês
Curitiba/PR – CEP: 80810-002
Tel. (41) 3156 - 4731
www.editoraappris.com.br

Printed in Brazil
Impresso no Brasil

Renata Almeida Martins
Luiza Helena Aurelio Dias
Carlos Eduardo de Moraes Honorato
Maria Thereza Santos
Vagner Marins Barcelos
Marcos Argôlo
(orgs.)

ABRINDO AS PORTAS
DO HOSPÍCIO

O PROCESSO DE DESINSTITUCIONALIZAÇÃO
DO HOSPITAL COLÔNIA DE RIO BONITO

Appris editora

Curitiba, PR
2025

FICHA TÉCNICA

EDITORIAL
Augusto Coelho
Sara C. de Andrade Coelho

COMITÊ EDITORIAL E CONSULTORIAS
Ana El Achkar (Universo/RJ)
Andréa Barbosa Gouveia (UFPR)
Antonio Evangelista de Souza Netto (PUC-SP)
Belinda Cunha (UFPB)
Délton Winter de Carvalho (FMP)
Edson da Silva (UFVJM)
Eliete Correia dos Santos (UEPB)
Erineu Foerste (Ufes)
Fabiano Santos (UERJ-IESP)
Francinete Fernandes de Sousa (UEPB)
Francisco Carlos Duarte (PUCPR)
Francisco de Assis (Fiam-Faam-SP-Brasil)
Gláucia Figueiredo (UNIPAMPA/ UDELAR)
Jacques de Lima Ferreira (UNOESC)
Jean Carlos Gonçalves (UFPR)
José Wálter Nunes (UnB)
Junia de Vilhena (PUC-RIO)
Lucas Mesquita (UNILA)
Márcia Gonçalves (Unitau)
Maria Margarida de Andrade (Umack)
Marilda A. Behrens (PUCPR)
Marília Andrade Torales Campos (UFPR)
Marli C. de Andrade
Patrícia L. Torres (PUCPR)
Paula Costa Mosca Macedo (UNIFESP)
Ramon Blanco (UNILA)
Roberta Ecleide Kelly (NEPE)
Roque Ismael da Costa Güllich (UFFS)
Sergio Gomes (UFRJ)
Tiago Gagliano Pinto Alberto (PUCPR)
Toni Reis (UP)
Valdomiro de Oliveira (UFPR)

SUPERVISORA EDITORIAL Renata C. Lopes
PRODUÇÃO EDITORIAL Sabrina Costa
REVISÃO João Simino
DIAGRAMAÇÃO Bruno Ferreira Nascimento
CAPA Amélia Lopes
REVISÃO DE PROVA Lavínia Albuquerque

COMITÊ CIENTÍFICO DA COLEÇÃO MULTIDISCIPLINARIDADES EM SAÚDE E HUMANIDADES

DIREÇÃO CIENTÍFICA Dr.ª Márcia Gonçalves (Unitau)

CONSULTORES
Lilian Dias Bernardo (IFRJ)

Taiuani Marquine Raymundo (UFPR)

Tatiana Barcelos Pontes (UNB)

Janaína Doria Líbano Soares (IFRJ)

Rubens Reimao (USP)

Edson Marques (Unioeste)

Maria Cristina Marcucci Ribeiro (Unian-SP)

Maria Helena Zamora (PUC-Rio)

Aidecivaldo Fernandes de Jesus (FEPI)

Zaida Aurora Geraldes (Famerp)

Figura 1 – Trabalho desenvolvido por um grupo de internos do Hospital Colônia de Rio Bonito na Oficina de Artes durante o processo de desinstitucionalização

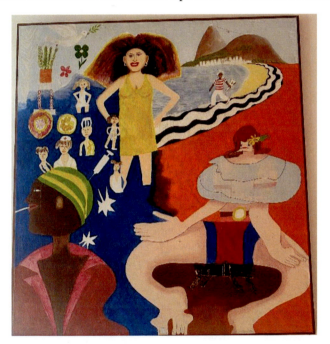

Fonte: acervo dos autores

AGRADECIMENTOS

A todos, que a partir das lutas por uma sociedade mais justa e igualitária, criaram as condições para a formulação e a efetivação da Reforma Psiquiátrica como uma política do Estado Brasileiro para a atenção psicossocial, afirmando o cuidado em liberdade, como a principal direção do tratamento.

A todos os profissionais, de todas as categorias; gestores, promotores federais, estaduais e municipais, que acreditaram e se empenharam no êxito do processo de fechamento do HCRB e na desinstitucionalização dos internos, com a perspectiva de que esses pudessem resgatar a cidadania, a dignidade, laços que foram desfeitos pelo longo tempo de internação e ter direito à vida em todas as suas dimensões objetivas e subjetivas.

Dedicamos aos internos que, em nome do cuidado, foram silenciados, tiveram suas redes sociais e familiares destruídas ou fragilizadas e suas potências vitais subtraídas.

À Denise Prevot, psicóloga efetiva da prefeitura de Rio Bonito, que sonhou com um cuidado possível em liberdade e pôde participar do processo de fechamento do Hospital Colônia, atuando com sensibilidade, empatia e ética diante dos desafios encontrados.

PREFÁCIO

"Quem tem apenas aspirações individuais jamais entenderá uma luta coletiva"[1]. Afinal de que trata este livro?

É com muita alegria e respeito que apresento ao leitor esta produção, fruto de múltiplas lutas coletivas, há muito tempo iniciadas e povoadas por várias gerações. Este livro apresenta um trabalho complexo construído a muitas mãos, em muitos tempos e que segue em produção. Aprendemos com Nego Bispo que nós somos o começo, o meio e o começo. Muitas dessas mãos se fizeram visíveis, nomeadas e identificadas nos capítulos e muitas outras, invisíveis, compõem de forma determinante esses coletivos, movimentando diferentes universos micropolíticos do trabalho e do cuidado em saúde pública e saúde mental no nosso Sistema Único de Saúde (SUS).

Peço licença ao leitor para fazer este prefácio de uma forma diferente. Não o farei pelos capítulos, autores ou temas desenvolvidos, mas pela apresentação de um plano comum, transversal, que atravessa os textos aqui brilhante e potentemente escritos. Esses escritos falam sobre o recolhimento e o processamento de uma complexa experiência de desinstitucionalização no estado do Rio de Janeiro, precisamente no município de Rio Bonito e, ao apresentá-la, seus autores trazem para cena, ao mesmo tempo, encarnadas nessa ação, um plano comum, que inclui: a defesa radical do SUS, da Reforma Psiquiátrica e da luta antimanicomial; e a desinstitucionalização como um conceito, ferramenta capaz de operar a gestão, o cuidado e a formação. Traz, ainda, um alerta a todos sobre os novos e sofisticados desafios de manicomialização dos corpos e vidas das pessoas nos diferentes territórios, dentro e fora das políticas públicas.

Todos os escritos, ao processarem suas experiências e trazerem uma defesa radical do SUS, da Reforma Psiquiátrica e da luta antimanicomial, lembram que não há tempo para o seu término: ela se faz todos os dias, no trabalho vivo, em ato, de trabalhadores de saúde, usuários, famílias, e redes formais e informais, nas suas diversas frentes de ação. Entretanto,

---

[1] Frase de Joana D'Arc, coordenadora do Movimento dos Povos Tradicionais das Cidades-PE, em Caminhada de Oxum de Camaragibe – PE.

para que essa defesa siga em movimento, se faz necessário um exercício de suspensão de individualidades, uma aposta nas coletividades. Muita calma nessa hora! Esta afirmação provocativa de forma nenhuma anula as singularidades; ao contrário, ela coloca a nu um paradoxo, uma tensão constitutiva, importantíssima de ser enfrentada e trabalhada, na medida em que só é possível garantir ações nos coletivos reconhecendo as singularidades presentes, sustentando e, por que não dizer, muitas vezes, suportando, o convívio com as diferenças e adversidades. Trata-se de um exercício difícil de tolerância e de composição com as diferenças, estilos e formas de organizar a gestão, o trabalho e o cuidado em saúde.

No entanto, esse exercício não se faz de qualquer maneira: ele requer que o princípio orientador da sustentação e composição das/nas diferenças se faça tomando como inegociável a defesa de que toda a vida vale a pena. Para que essa defesa se torne gesto e ação nas práticas cotidianas em saúde, o acesso precisa ser visto como um conceito-ferramenta, uma tecnologia de cuidado inegociável. Sem esse operador, ouso afirmar que a defesa de que toda vida vale a pena se torna apenas uma bela retórica, longe de se tornar uma ação efetiva. Para a defesa dessa ideia, trago aqui Emerson Elias Merhy, mestre amigo e companheiro de muitas lutas, ao chamar a atenção de que nós (trabalhadores de saúde e educadores) somos portadores de futuros, tantos os que ampliam a existência quanto os que a interditam. Extrair as consequências dessa afirmação para o nosso universo micropolítico requer um exercício cotidiano de nos perguntarmos, genuinamente, o que cada um de nós anda produzindo em suas ações de cuidado, gestão e formação. Esse exercício, sem dúvida, é um excelente dispositivo capaz de interrogar nossas práticas e o quanto elas dialogam com os marcadores intersecionais do cuidado em saúde.

O acesso não diz respeito apenas a um conjunto de ações capazes de operar um cuidado responsável e qualificado. Ao tomá-lo como uma questão e um analisador, é fundamental reconhecer, em ato, nos momentos do cuidado e da gestão, os marcadores sociais das diferenças. Implica, assim, compreender como as profundas desigualdades operam nas formas de andar a vida, no adoecimento, nos processos que impedem o reconhecimento de determinados sujeitos como sujeitos de direitos. Revela-se aí a imensa responsabilidade que todos nós temos de reconhecer esses marcadores em ato, no manejo clínico-político cotidiano. Ou seja, é justamente no instante em que se produz o cuidado, na forma como se dá esse encontro, que o trabalhador de saúde pode estar afirmando a garantia desses direitos ou sendo mais um agente dessa interdição, muitas vezes sem se dar conta dos efeitos de sua ação. É também de nossa governabilidade e responsabilidade identificar os tipos de barreiras de acesso aos serviços de saúde – que podem ser estruturais, organizacionais, geográficas, econômicas, de infraestrutura –, e incluí-las nos planos de cuidado, independentemente do núcleo profissional que esteja na ação. Essa é uma ação que diz respeito a todos os trabalhadores de saúde, pois nos fala que a dimensão do cuidado é um plano comum. Não é possível desinstitucionalizar para cuidar em liberdade sem reconhecer as dimensões interseccionais que estão em jogo nesses processos e é esse reconhecimento que traz a operação do acesso como tecnologia de cuidado. Problematizar como as barreiras de acesso operam é um ato clínico-político irrevogável. O olhar atento sobre como se dá o acesso dos usuários a um conjunto mínimo de ações e equipamentos que lhes são de direito, e sobre como circulam nos territórios e quais são os efeitos da falta de acesso em suas vidas, fala da urgência inadiável de seguir reconhecendo os marcadores sociais das diferenças na micropolítica do trabalho e do cuidado em saúde.

Os diversos capítulos desta produção estão repletos de experiências que reafirmam o exposto ao publicizarem um processo de desinstitucionalização, para além do fechamento do hospital-colônia. Refletem sobre como o encontro encarnado entre aquele que demanda um cuidado e aquele que, colaborativamente, facilita esse cuidado, aciona uma multiplicidade de dimensões interseccionais e tecnologias individuais e coletivas, nas quais o acesso, a reconexão com a história singular dos sujeitos, com os territórios existenciais e com as redes vivas, produzem movimentos de abertura que potencializam a vida de todos os envolvidos.

Quem já passou por um processo de desinstitucionalização, de fato, sabe o quanto é super complexo, mas totalmente possível, cuidar em liberdade e que nesse percurso não somente os usuários saem transformados. A desinstitucionalização exige processos de deslocamentos físicos e subjetivos do já sabido de todos – gestores, trabalhadores, territórios, usuários. Se não há deslocamento, não há desinstitucionalização, mas apenas desospitalização.

Contudo, e o cuidar em liberdade, o que significa, mesmo? Não pode ser apenas e tão somente uma direção para a ação, precisa ganhar materialidade no cotidiano das vidas. Demanda um conjunto de ações e movimentos muito profundos a começar pela ocupação dos espaços com o corpo, os afetos, a cognição, o que aqui nomeio como tecnologia da presença. A presença como tecnologia de cuidado fala dos diferentes tempos acionados e dos múltiplos coletivos em ação. Se assim for, exige também um exercício e uma conversa com os campos de força em disputa, pois não há processo de desinstitucionalização que se faça de forma linear, contínua, lisa. Reconhecer esses estriamentos, tensões e recuos é fundamental para seguir em frente. Recuar como estratégia para reconectar, para jamais se retirar. As experiências exitosas aqui relatadas guardam muitos processos tensos, recuos, negociações, composições, mas sem jamais perder uma das direções principais da política: a produção do acesso como condição inegociável que faz valer TODAS as vidas. E para fazê-lo, como já afirmado anteriormente, é fundamental que o acesso esteja no centro desses processos macro e micropolíticos.

Nessas bem traçadas linhas podemos aprender os sentidos e os tempos da desinstitucionalização, o que pode imprimir como operadora do cuidado e da gestão e como esse processo não se encerra quando se fecha o manicômio. Trata-se de um exercício de atravessar os tempos com multidões, início, meio e início, em um tempo espiralar. Nego Bispo e Leda Maria Martins e tantos outros sempre presentes... É caminho contínuo, não autoral, povoado sempre por muitos corpos, afetos, histórias, e é fundamental que se sustente como uma prática a ser operada como tecnologia de cuidado ao longo dos territórios de muitas vidas vividas. Desinstitucionalização não tem um nome, um tempo. Não é um feito, é multidão.

Por último, mas de forma nenhuma menos importante, esses escritos nos trazem um alerta de que mais do que nunca é tempo de seguir firme e forte na luta para que de fato e de direito possamos conquistar uma sociedade sem manicômios. Para tanto, o fortalecimento de uma rede de atenção psicossocial territorial viva, colaborativa e interseccional é inegociável. Por isso, esse processo está longe de terminar e é preciso estar atento aos novos processos de captura que o capital impõe, muitas vezes de forma imaterial e outras tantas de forma bem objetiva, seja nos processos de subjetivação, nas disputas de narrativas, nas formas de operar a gestão, o cuidado etc. Foucault já nos alertava sobre esses desafios em muitas de suas obras. É urgente trazer a público e problematizar os novos processos de institucionalização e manicomialização ofertados pelo biopoder e a biopolítica, como se fabricam as relações entre o Estado e a população, e se constroem estratégias cada vez mais sofisticadas de obter o controle e o poder sobre o corpo social por meio do exercício do poder sobre os corpos individuais.

Entre as muitas formas com que se apresentam, destaco aqui duas que nos dizem respeito diretamente, quais sejam: a intensificação e complexificação das iniciativas de privatização do SUS com seus processos de gerencialismo e empreendedorismo e o surgimento das novas instituições totais com a apropriação dos equipamentos territoriais com novas roupagens trazendo, sob o pretexto da exigência de novas práticas, os velhos dispositivos de controle dos corpos, de segregação, estigmatização, exclusão e reprodução das desigualdades a céu aberto.

Diferentes estratégias, sob a consigna de "novos modelos de gestão", têm favorecido os processos de privatização e fragilização do Sistema Único de Saúde (SUS). Esses "novos modelos de gestão" se organizam a partir de uma perspectiva essencialmente privatista e são representados pelas Organizações Sociais de Saúde (OSSs), Organizações da Sociedade Civil de Interesse Público (OSCIPs), Parcerias Público-Privadas (PPPs), Fundações Públicas de Direito Privado (FPDPs) e pela Empresa Brasileira de Serviços Hospitalares (EBSERH). Tais propostas acionam a entrega de patrimônio e de recursos públicos para entidades privadas, ou com personalidade jurídica de direito privado, e favorecem uma maior exploração e redução da autonomia de trabalhadoras e trabalhadores da Saúde, enfraquecendo de forma radical as lutas coletivas.

É inadiável manter o debate sobre como funciona a maquinaria de poder na atualidade, considerando que estamos num novo momento e precisamos reconhecer nos cotidianos das ações e da política como estão se organizando o que Foucault e Deleuze, entre outros, denominam sociedades de controle. No campo da política pública de saúde mental e da atenção psicossocial, é preciso identificar e problematizar as novas formas de institucionalização em curso no nosso estado, mas também no país, como as comunidades terapêuticas e as unidades de acolhimento e residências (mesmo abertas e territoriais) que concentram um número excessivo de "leitos".

Ao trazer para o campo das políticas públicas de saúde mental esse alerta, neste prefácio, quero deixar registrado o quanto ainda há muito por fazer. Estamos ainda distantes da franca consolidação dos processos de Reforma Psiquiátrica, e não podemos restringi-la, entre outras tantas ações fundamentais, ao fechamento dos hospitais psiquiátricos. A tarefa é muito maior, o modelo neoliberal e privatista estadunidense da década de 1970 já nos ensinou o estrago feito por uma desospitalização sem a criação de uma complexa rede de serviços e ações intersetoriais para além do campo sanitário.

Não cabe aqui neste prefácio um debate mais extenso sobre esses novos desafios a serem enfrentados; o intuito, aqui, é deixar registrado que mais do que nunca precisamos estar atentos e fortes, como nos diz a canção, para o enfrentamento dessas ameaças. Não nos cabe a distração! Uma das estratégias mais amplamente utilizadas pelo capital é o enfraquecimento pela divisão e fragmentação nas/das lutas coletivas e pela perda de autonomia dos trabalhadores. Sigamos na luta!

A beleza e vigor desta obra produz tremores e nos coloca em ação, convocando a responsabilidade de cada um nesta luta coletiva por uma sociedade sem manicômios. Reconhecer que o processo ainda está longe de acabar não é para produzir tristeza, paralisia; ao contrário, demanda reconexão, reencantamento, com o desafio infinito de transver o mundo, como já nos disse Manoel de Barros. Reafirmar cotidianamente que no mundo do trabalho em saúde – por mais que seja uma aventura muitas vezes difícil, complexa, com inúmeros desafios, por vezes paralisantes –, sempre há o que se fazer; que nunca estará tudo dominado. É possível, sim, fazer furos nos muros, produzir desvios, linhas de fuga, surpreender o instituído, mesmo diante dos cenários mais sombrios. Contudo, esse ato de ousadia, tomar essa posição no mundo do trabalho em saúde não pode se dar a qualquer preço. O segredo estratégico está em compreender, em sua radicalidade, que essa ação não se limita a um ato de heroísmo, a uma inspiração individual: há muitas mãos, corpos, afetos, coletivos que devem seguir conectados, sem recuo, defendendo que todas as vidas valem a pena e entendendo que nós, trabalhadores de saúde, somos partícipes, em conjunto, dessa construção.

6 de janeiro de 2025

Paula Cerqueira

Coordenadora de saúde mental do Estado do Rio de Janeiro entre 2000-2004 e professora titular do Departamento de Psiquiatria e Medicina Legal da UFRJ.

APRESENTAÇÃO

Percurso de um médico psiquiatra: do hospício à comunidade

Primeiros Passos

Minha formação profissional se deu na Universidade Federal Fluminense (UFF). A graduação e também a especialização em Psiquiatria foram na UFF, no Hospital Universitário Antônio Pedro (HUAP), onde fiz ambulatório de saúde mental. O Hospital Estadual de Jurujuba era o hospital de referência para especialização e apresentava convênio com a UFF. Nele, havia 800 pacientes internados numa situação desumana, e tive como mestre o Nobre de Melo, que à época era vivo e atuava como professor da UFF. Enfim, Niterói-RJ, naquela época, anos 1970, tinha quatro hospícios, dois deles privados e conveniados ao SUS: O Instituto Frederico Leomil, também chamado "Casa de Saúde Niterói", que ficava em Icaraí, na Rua Miguel de Frias, e o Alfredo Neves, em Santa Rosa. Os públicos eram o Hospital de Jurujuba (municipalizado nos anos 1980) e o Hospital de Custódia e Tratamento Psiquiátrico Henrique Roxo, no Centro.

Ainda nos anos 1980, o Hospital de Jurujuba passou por um processo de municipalização. Da mesma forma desumana, os pacientes foram espalhados como sacos de batatas para os outros hospícios no estado do Rio de Janeiro.

Em Niterói-RJ eram quatro hospícios, numa cidade que não tinha nem 500 mil habitantes. É curioso que os privados foram fechados, mas os públicos continuam abertos até hoje. Parece que o Hospital de Custódia e Tratamento Psiquiátrico (HCTP) Henrique Roxo está em agonia. Não, em agonia estão todos, mas a determinação judicial lamentavelmente é para que permaneça.

Então, esse foi meu início na psiquiatria, e tínhamos uma coisa interessante que era a Associação Psiquiátrica Fluminense, que funcionava dentro da Associação Médica Fluminense (AMF), lá nos reuníamos, tínhamos grupo de estudo, estudávamos Freud, psicanálise, inclusive a comunidade terapêutica e a Reforma Psiquiátrica italiana.

No início dos anos 1980, soubemos que Franco Basaglia estava no Rio de Janeiro. Eu e Rafael Cerzózimo (psiquiatra descendente de italianos), em nome da Associação Psiquiátrica Fluminense, fomos buscá-lo no hotel no Rio de Janeiro, para uma palestra no anfiteatro no HCTP Henrique Roxo. É muito importante situar politicamente que vivíamos em plena ditadura militar, e toda reunião era vista como algo subversivo, então havia esse peso. Assim, para não levantar suspeitas nesse sentido, utilizamos esse espaço institucional, no anfiteatro, que lotou. Ali, pela primeira vez, escutei o próprio Franco Basaglia falar da Reforma Psiquiátrica italiana, e aí eu me tornei um fã da Reforma Psiquiátrica. Isso foi uma afirmação de como eu pensava a psiquiatria.

O Hospital Colônia de Rio Bonito (HCRB)

Tive três momentos como psiquiatra do Hospital Colônia de Rio Bonito (HCRB). Minha primeira impressão foi de espanto ao ver aquela macroestrutura. Eu já havia atuado como médico psiquiatra em outras clínicas. Em Niterói-RJ, no Hospital Estadual de Jurujuba, na Casa de Saúde Niterói, onde trabalhei como plantonista, e também na Clínica Alfredo Neves. Na Clínica EGO, em Tanguá-RJ. A melhor prática clínica eu vi na Clínica EGO, que tinha uma prática mais comunitária, já com um olhar multiprofissional, com reuniões técnicas, oficinas e terapia ocupacional, uma prática de comunidade terapêutica. Havia interação com a comunidade também. Lá meus plantões eram nos dias de domingo, e por isso eu ia com os pacientes até a igreja para a missa (aqueles que queriam ir, obviamente). Depois passei a fazer parte da terapia ocupacional.

Em um determinado momento, num carnaval, o bloco Acadêmicos de Tanguá topou acompanhar o bloco sujo que saía do hospício, num domingo de manhã. Naquela época, Tanguá não era um município, mas um distrito de Itaboraí-RJ. Até então, eu já havia passado por essas experiências na Clínica EGO antes de entrar no HCRB. A Colônia me causou esse espanto do macro hospital: havia piscina, quadra poliesportiva, enfim, uma macroestrutura. Surpreendeu-me mais ainda quando descobri que na frente era um hospital masculino e que atravessando a rua, lá atrás, escondidos, ficavam os pavilhões femininos. Dessa forma, aos poucos eu entendi que a Colônia já induzia a um fim de linha. Você estava ali para morrer. Eram raríssimos os que saíam de alta – isso fui vendo, constatando o que era uma Colônia.

No primeiro momento, foi esse impacto. Havia também uma coisa "humanizada", porque tinha festa junina, torneios de futebol, festa da primavera, e todos ficavam alegres. Batia-se palma para o maluco dançar: "Já que vocês vão morrer aqui mesmo, vamos nos divertir, né?". Enfim, essa foi minha primeira passagem ali, como médico psiquiatra.

Em um segundo momento, eu já entrei como coordenador técnico, seja lá o que significava isso. Nessa ocasião, eu também tinha experiência na emergência, no Hospital Psiquiátrico de Jurujuba, em Niterói-RJ. Mas eu já entrei com essa visão de mudar essa prática de fim de carreira, de fim de caminho. Criei uma enfermaria para receber pacientes que entravam pela primeira vez, para possibilitar uma observação antes que entrassem para uma enfermaria de, entre aspas, crônicos e agudos. Nesse espaço, realizávamos a avaliação dos pacientes por 72 horas e verificávamos quem receberia alta e quem ingressaria no hospital.

Então, houve uma mudança. Comecei a organizar um simpósio de psiquiatria, chamando os municípios para participar, e foi aí que chamei a Assessoria de Saúde Mental do Estado para participar também desses eventos. A ideia era comprometer as famílias e os gestores municipais, em termos de receber os pacientes de licença, de alta, planejar os municípios que iriam recebê-los, esboçar uma porta de saída, porque o padrão era de que eles entravam, mas não saíam. E foi um esforço fazer com que os profissionais pensassem nessa prática de ir para fora, não para dentro. Essa foi minha segunda entrada no HCRB.

A terceira foi na desinstitucionalização, como psiquiatra, durante a intervenção tripartite (município; estado; federação) na instituição. Para mim, aquele caminho para o fechamento foi a mudança do paradigma, ou seja, com a intervenção eu vi a grande porta de saída para aquelas pessoas, para trabalharmos de forma real o para fora do hospital, não mais o para dentro.

O trabalho com artes plásticas no HCRB

Posso dizer que esse trabalho foi um acidente de percurso. Marcos Argôlo (coordenador da intervenção) e José Augusto Viegas (diretor médico), sabendo de minha afinidade com esse tipo de atividade terapêutica, me procuraram para informar que um laboratório farmacêutico procurou o HCRB pois haveria um concurso, a nível nacional, oferecendo material de pintura para trabalho com pacientes psiquiátricos. Topei imediatamente. Já havia iniciado um espaço de biblioteca com os pacientes. Com esse pontapé da direção clínica e técnica, transformei o espaço em um ateliê. Pois a pintura, quer dizer, a arte, desde criança foi parte da minha personalidade. Isso me perseguia. Então, com a oferta de material grátis, eu falei "ótimo, estamos dentro!".

Ganhamos a publicação de três trabalhos do nosso ateliê. Três pacientes foram contemplados: José Jorge Cândido, de Itaboraí-RJ, o Senaqueribe e o Jackson. Fiquei muito feliz com aquilo, principalmente por se tratar de Jackson, que produziu a obra chamada "Aparecida" e de Senaqueribe, que pintou um violão e intitulou a obra como "Música". Jorge Cândido já era mais ligado do que os outros dois e fez lá uma coisa meio pornográfica, que era uma confusão muito legal com pênis, vagina, coração, intitulado "Confusão de Balde".

A partir da arte havia um trabalho tranquilizador possível. Lembro muito do Aurimar, que era muito assíduo no ateliê. Seu projeto terapêutico incluía a preparação para o ingresso no Serviço Residencial Terapêutico (SRT) no município de São Gonçalo-RJ. Ele faleceu de infarto durante o processo.

Era interessante que os candidatos a frequentarem o ateliê tinham esse traço agressivo. Eles foram se aproximando do ateliê. O Senaqueribe, por vezes, começava a virar todas as mesas do refeitório, jogar para cima; acho que ele era autista e tinha uns repentes desses, de fúria. Ele já havia sido meu paciente no passado.

Quando reapareci no HCRB, ele se aproximou muito de mim. Ele tinha uma paixão pelo pai que quase nunca o visitava. Quem o visitava era a mãe. Em sua história clínica constava que na família havia esse estigma da doença mental.

No entanto, ele tinha um carinho por mim, e eu por ele, então quando o ateliê começou, ele ficava lá, vendo revistas, folheando livros – ele me mostrava as figuras, as nomeava, até ele começar a desenhar também.

Comecei a oferecer tinta para ele. Ele brincava com aquilo, resultando nesse trabalho, que era um violão feito praticamente em um traço só, e eu ajudei a colorir aquilo. Ele ficava muito feliz de ver a tinta, e de ver aquilo sendo realizado. E quando a mãe foi lá no ateliê, eu mostrei para ela o trabalho. E ela falou: *"interessante, parece um cavaquinho"*. Ele realizou uma coisa ali que só ele sabia o que era, mas a mãe entendeu. A mãe conseguiu identificar a relação do trabalho, com a atividade exercida pelo pai no passado (tocava cavaquinho).

Outro trabalho importante foi com o Everaldy. Começamos o ateliê em 2011, mas ele apareceu lá mais ou menos em 2015. Ele demorou a chegar, mas chegou. Eu havia visto uns trabalhos dele de super-heróis e vilões, que ele desenhava superbem. Eu morria de inveja. Ele tinha um traço firme. E eu disse a ele: *"a gente podia fazer isso em tela"*. Mas ele gostava de fazer aquelas figuras em hidrográfica, que permite isso, de você usar a força mesmo. Na transição para o pincel, vi que ele usava muita força e não aceitava críticas – ele entendia que eu criticava porque não gostava dele, quase apanhei dele lá no ateliê. Mas aos poucos ele foi lidando com essas críticas e gostando do pincel. Quando começou a focar na pintura, saiu um pouco desse universo de super-heróis, e [começou a desenhar flores. Maravilhosas aquelas pinturas de flores dele.

Figura 2 – Everaldy e suas flores

Fonte: livro de Everaldy Souza Santos

Na medida que ele avançava nisso, eu via que clinicamente (acho que não fui eu, mas o trabalho dele no ateliê) ele começou a se acalmar e ter mais paciência, passando a ser muito falante; ele falava sobre ele e sua história.

Um dia ele me surpreendeu. Chegou com uma bolsa de supermercado cheia de poesias e escritos, e perguntou: *"Você não quer ler o que eu faço?"*. Eu passei um carnaval lendo aquilo tudo e fiquei espantado com quanta beleza tinha ali. E aí batalhei pela publicação de seu trabalho. Consegui contato com uma psiquiatra de Brasília-DF (Renata Rainha), que foi minha residente no Centro de Atenção Psicossocial (Caps) II Casa do Largo, em Niterói-RJ, e juntos conseguimos a publicação. Ótimo. Eu também adorei aquilo.

Lembro também de outra situação que aconteceu no HCRB. Eu saí para fazer uma visita domiciliar, buscando alguma referência familiar para um paciente, de quem só tínhamos a informação do território.

No caminho, encontrei uma mulher trabalhando como gari, arrumando, limpando, varrendo a rua. Ela era a cara do paciente para quem eu buscava uma referência. O mesmo rosto. Um feminino, o outro masculino. Era a irmã dele. Pareciam gêmeos! Foi um desses casos de busca ativa, em que a gente sai no escuro e encontra ouro!

Acompanhamentos pós-HCRB

Eu acompanhei, como psiquiatra de alguns municípios, a evolução de alguns usuários após a alta do HCRB.

Em Saquarema-RJ, no Caps, o Senaqueribe e o Everaldy. E o mérito não é só do Caps. É que é outra vida. Eles estão na comunidade, interagindo com a cidade, na vida, estão vivos, e não morreram lá no hospício.

Acompanhei também o Jackson em Maricá-RJ, que para mim foi muito gratificante. Depois que eu saí, soube que ele faleceu, mas que aproveitou muito do Caps. Queria que eu desenhasse com ele, mas ali eu também não tinha esse tempo, tinha que atender. Ele queria fazer o ateliê lá no Caps II, de Maricá.

Reflexões de um psiquiatra aposentado:

Eu tive um longo percurso como psiquiatra, principalmente na cidade de Niterói-RJ. Infelizmente hoje vejo muitos Caps reproduzindo o modelo ambulatorial, em que psiquiatras não participam de reunião de equipe, nem de nenhuma atividade coletiva, e fazem atendimentos durante um turno no serviço; reproduzindo muitas vezes uma prática que nem é ambulatorial, mas sim uma prática asilar, que é o pior.

Eu comecei nessa prática asilar do hospício, passei também pelos processos de desinstitucionalização da Casa de Saúde Dr. Eiras, em Paracambi-RJ; do Hospital Estadual Teixeira Brandão, em Carmo-RJ; e do HCRB, em Rio Bonito-RJ. Participei da desinstitucionalização desse povo todo, e da montagem dos SRTs em Carmo-RJ, que foi um processo maravilhoso.

Todo esse percurso acabou para mim, foi feito. Maravilha. Eu encerrei a minha carreira como servidor estadual no ambulatório em Piratininga, em Niterói-RJ, onde o que me deu mais prazer foi a prática do matriciamento, ou seja, trabalhar na comunidade, com os dispositivos da comunidade. Com os médicos de família, nas policlínicas, fazendo matriciamento, trabalhando com os médicos desses locais para ver o que eles poderiam sustentar, para manter sem medo a medicação de pacientes que estavam estáveis. Se precisasse, eles acessariam a equipe de matriciamento e receberíamos o paciente. Mas enquanto estivessem estáveis, eles poderiam manter ali a assistência. Isso para mim é o fechamento do hospício. E também sair da posição do especialista, em que só médico psiquiatra pode prescrever a medicação que já está sendo usada. Não custa nada manter a medicação até para um paciente que tenha esquizofrenia e que esteja estável.

Eu comecei falando da minha formação, do meu percurso nas instituições asilares, e termino falando sobre o cuidado na comunidade, na família e no seu meio social. Da importância de o profissional de saúde mental estar ali, a importância dessa formação, de uma prática de matriciamento de profissionais que não são da saúde mental e que não fazem saúde mental hospitalocêntrica, nem trazem esses estigmas e vícios profissionais.

Isso para mim foi o ouro, a chave de ouro. Vamos fechar com chave de ouro.
Obrigado, Franco Basaglia.

José Jacinto dos Santos

SUMÁRIO

INTRODUÇÃO 29
Carlos Eduardo de Moraes Honorato
Maria Thereza da Cunha Santos

PARTE I
A EVOLUÇÃO DO CUIDADO EM SAÚDE MENTAL NO BRASIL E A INTERVENÇÃO NO HCRB

CAPÍTULO 1
UMA PEDRA NO CAMINHO DE UM RIO... RIO BONITO E O HOSPITAL COLÔNIA 35
Maria Thereza Santos, Renata Almeida Martins, Vagner Marins Barcelos

CAPÍTULO 2
A GESTÃO ESTADUAL E O PROCESSO DE DESINSTITUCIONALIZAÇÃO DO HOSPITAL COLÔNIA DE RIO BONITO 43
Carlos Eduardo de Moraes Honorato, Maria Thereza Santos

CAPÍTULO 3
HOSPITAL COLÔNIA DE RIO BONITO: DA INSANIDADE À CIDADANIA 63
Luiza Helena Aurelio Dias, Marcos Argôlo

CAPÍTULO 4
A DESCONSTRUÇÃO DE ANTIGOS SABERES NO PROCESSO DE DESINSTITUCIONALIZAÇÃO DO HOSPITAL COLÔNIA DE RIO BONITO 77
Vagner Marins Barcelos, Cláudia Gonçalves Andrade de Brito, Solange Nascimento Pereira Vielman
Juliana Marina de Campos, Guilherme Manhães Ribeiro, Talita Ximenes Jório
Carlos Eduardo de Moraes Honorato

PARTE II
NARRATIVAS SOBRE VIDAS: CASOS CLÍNICOS QUE MARCARAM O HOSPITAL COLÔNIA DE RIO BONITO

CAPÍTULO 5
CASOS CLÍNICOS 97
Ana Regina de Souza Gomes, Cátia Maria Azevedo da Conceição, Carlos Eduardo de Moraes Honorato
Juliana Marina de Campos, Solange Nascimento Pereira Vielman

PARTE III
NOVOS TEMPOS
NOVOS DESAFIOS
NOVAS EXPERIÊNCIAS

CAPÍTULO 6
Ô QUE RIO BONITO, COMEÇASTE UMA CIDADE. NESTA RIO BONITO HABITAM POVOS QUE CONTAM A LOUCURA E O ESPLENDOR DE TER UM MANICÔMIO EM SUAS TERRAS! 121
Renata Almeida Martins, Juliana Marina de Campos, Ester Soares Alves Ximenes
Cátia Maria Azevedo da Conceição, Roberta Fernandes Eiras, Rosane Mendes de Melo Tinoco

CAPÍTULO 7
SILVA JARDIM, ENTRE AS PALMEIRAS NASCE UM NOVO LUGAR DE CUIDADO EM SAÚDE MENTAL CHAMADO REDE DE ATENÇÃO PSICOSSOCIAL 135
Renata Almeida Martins, Andréa de Barros Gomes, Viviane Class Cesar Leite Fogaça

CAPÍTULO 8
A CONSTRUÇÃO DA RAPS DE ITABORAÍ A PARTIR DO FECHAMENTO DO HOSPITAL COLÔNIA DE RIO BONITO ATÉ OS DIAS ATUAIS 153
Guilherme Manhães Ribeiro

CAPÍTULO 9
MARICÁ CHEGOU! MARICÁ CHEGOU! PROCESSO DE DESINSTITUCIONALIZAÇÃO DOS INTERNOS DO HOSPITAL COLÔNIA DE RIO BONITO NO MUNICÍPIO DE MARICÁ 169
Edna Francisca da Silva Basto, José Atayde Bezerra
Guilherme Manhães Ribeiro, Valéria Cristina Azevedo da Silva

CAPÍTULO 10
**HOSPITAL COLÔNIA DE RIO BONITO
E SUA LONGA HISTÓRIA COM SÃO GONÇALO**................................ 185
Jorge Vieira

CAPÍTULO 11
**SÃO PEDRO DA ALDEIA: O MORAR COMO
UMA APOSTA DE OCUPAÇÃO DO TERRITÓRIO**............................... 199
Renata Nogueira Antum Gomes, Rosemary Calazans Cypriano

CAPÍTULO 12
**O ENCONTRO NO CAMINHO:
ARARUAMA E O HOSPITAL COLÔNIA DE RIO BONITO**....................... 211
Andressa de Lacerda Dumarte, Selma A. de Bragança Ferreira

SOBRE OS/AS ORGANIZADORES/AS... 225

SOBRE OS/AS AUTORES/AS... 227

INTRODUÇÃO

Carlos Eduardo de Moraes Honorato

Maria Thereza da Cunha Santos

A partir da publicação da Lei n.º 10.216/2001, a Política Nacional de Saúde Mental obteve institucionalidade para a substituição do modelo hospitalocêntrico hegemônico por um modelo extra-hospitalar para o cuidado em atenção psicossocial. Os 12 anos decorridos desde a formulação do projeto de lei e as mudanças no texto, necessárias para sua aprovação, nos dão indícios do tamanho do desafio que foi (e ainda é) a efetivação e afirmação dessa política como política de Estado.

Passados mais de 20 anos, ainda convivemos com os dois modelos em disputa, embora seja legítimo afirmar que o cuidado em liberdade, sustentado pelas Redes Atenção Psicossocial (Raps), já é reconhecido em grande parte do país como referência para o cuidado em saúde mental, unindo e ativando uma rede quente de gestores, trabalhadores e usuários em sua defesa.

A completa substituição do modelo implica efetivo investimento na rede extra-hospitalar, preparado por uma série de dispositivos legais e técnicos, dando suporte para o fechamento dos hospitais psiquiátricos e ao processo de desinstitucionalização dos internos, realizando o acompanhamento deles no território.

O Hospital Colônia de Rio Bonito (HCRB) foi um hospital psiquiátrico tipo colônia, inaugurado em 1967, na Região Metropolitana II do Estado do Rio de Janeiro (ERJ), e conveniado ao Sistema Único de Saúde (SUS). Em seu auge, chegou a abrigar cerca de mil usuários. A partir do início dos anos 2000, a área técnica de Saúde Mental, Álcool e outras Drogas da SES-RJ (ATSM) iniciou um acompanhamento próximo da instituição e dos municípios internantes com monitoramento pelo Ministério Público Estadual (MPE) que se manteve por quase uma década. Nesse período, houve a judicialização por meio da Ação Civil Pública (ACP) que determinou a requisição parcial do serviço e estabeleceu a responsabilidade tripartite para o processo de desinstitucionalização. A "intervenção" vigorou entre os anos de 2012 e 2016, culminando com o fechamento da unidade e a saída de todos os internos para seus municípios de origem.

A experiência deu à área técnica do estado e aos municípios internantes o desenvolvimento de uma expertise exemplar em processos de desinstitucionalização, sendo também referência para o Ministério Público (MP) na elaboração dos Termos de Ajustamento de Conduta (TAC) estadual e municipais, capacitando as Raps para o retorno dos usuários a seus territórios de origem. Assim, serviços foram implantados e o trabalho clínico com os usuários nos territórios pôde ser implementado.

O processo de desinstitucionalização foi uma relevante experiência formadora nos princípios da Reforma Psiquiátrica brasileira e da atenção psicossocial para os profissionais que atuaram dentro do HCRB, assim como para aqueles que atuavam a partir dos municípios de origem dos internos.

O registro desse processo, a partir das narrativas dos técnicos que protagonizaram as ações clínicas ou de gestão, constitui um acervo relevante sobre a política nacional de saúde mental e suas diretrizes de cuidado. Além disso, esta revisão, dez anos após o fechamento da instituição, impõe um distanciamento que permite avaliar qualitativamente as mudanças realizadas e atualizar informações sobre os ex-internos e o acompanhamento deles nas Raps, num intervalo de tempo bastante significativo.

Muitos de nós permanecemos atuando como profissionais da Raps em serviços e dispositivos territoriais ou na gestão, de modo a manter ativa a rede de cuidados, trocando informações sobre o andar da vida daqueles sujeitos fora do manicômio.

Assim, a certeza da importância e riqueza do trabalho clínico realizado na direção da desospitalização e desinstitucionalização era reafirmada, indicando que o percurso desenhado e redesenhado coletivamente, no espaço e tempo que as instituições permitiam, merecia ficar registrado. Isso fez com que alguns coordenadores da Raps de Rio Bonito iniciassem um movimento para provocar e despertar o interesse de outros profissionais que tiveram atividade no processo, criando um grupo de WhatsApp.

Somando-se a essa iniciativa, a realização, em 2024, da já tradicional festa junina, pela coordenação dos SRTs de Rio Bonito, foi mais uma fonte expressiva de adesões de profissionais interessados em escrever sobre a experiência no HCRB, propiciando um encontro alegre com moradores e profissionais de outros municípios e fazendo estender o escopo das narrativas para o estado atual dos municípios.

O distanciamento no tempo criou algumas oportunidades, mas inviabilizou tantas outras, de modo que nem todos os municípios internantes terão sua experiência narrada. Foram tantas histórias de vida que atravessaram nossas vidas e nossos corpos, que estarão presentes nesses relatos de muitas formas, mas não literalmente.

Nosso desejo era retratá-los todos, exatamente com seus nomes reais, para enfim dar-lhes a identidade e a cidadania plena e revelar ao mundo sua extraordinária resiliência, força e criatividade. Entretanto, nos vimos limitados pela legislação justa e cuidadosa quanto à exposição de dados de pessoas com transtornos mentais. Neste volume, os nomes reais estão substituídos por iniciais ou codinomes (o que é explicitado no corpo dos capítulos), exceto quando houve a autorização escrita dos próprios ou de seus responsáveis. O mesmo critério foi adotado para o uso das imagens.

O volume se divide em três partes por vezes interdependentes.

A apresentação fica por conta de José Jacinto dos Santos. Fonte privilegiada, pois atuou como psiquiatra assistente e coordenador técnico do hospital psiquiátrico antes da intervenção, mas já alinhado aos princípios da Reforma Psiquiátrica. Durante a intervenção, o psiquiatra assistente, além da assistência específica de sua área, desenvolveu junto aos internos uma oficina de arte de alto valor terapêutico e expressivo, que atravessou os muros institucionais, sendo esse olhar uma marca de sua prática clínica.

Na primeira parte, estão destacados quatro capítulos que contextualizam historicamente os processos da reforma que vinham ocorrendo e sendo legitimados na atenção em saúde mental, assim como as condições que ensejaram e viabilizaram a execução das ações que culminaram com o fechamento do HCRB. Serão abordadas as estratégias de gestão tanto no nível da coordenação técnica da ação civil pública, responsabilidade do gestor estadual, definida judicialmente e executada inicialmente pelos apoiadores regionais da ATSM/SES, assim como as da direção da unidade hospitalar responsável por fazer o gerenciamento técnico e administrativo durante todo o tempo da intervenção, efetivada por uma equipe experiente em processos de desinstitucionalização, contratada exclusivamente com esse objetivo.

O tema da interdisciplinaridade foi abordado por um grupo de profissionais, destacando a necessidade de um reposicionamento em relação ao que era classicamente conhecido como competência técnica específica, diante das demandas e desafios no exercício da clínica da desinstitucionalização.

Na segunda parte são apresentadas vinhetas e relatos de casos, em que os autores elegem trabalhos clínicos realizados junto a alguns usuários que os afetaram especialmente – em particular, as mudanças e percursos que o processo de desinstitucionalização possibilitou em suas histórias singulares, e os desafios colocados para os profissionais que os acompanharam.

A terceira parte traz em perspectiva o impacto do fechamento do HCRB e do retorno dos usuários na formação da Raps em cada município. Os relatos são muitas vezes conduzidos pelas histórias dos usuários, seus percursos e sua evolução após a desospitalização. São histórias surpreendentes de mudança e ampliação das conexões de vida com liberdade nos territórios.

Nesses dez anos, houve alguns falecimentos sentidos. Uns tantos creditados aos tempos vividos no manicômio somados à idade avançada e à Pandemia da Covid-19, com evidente fragilização das condições gerais de saúde.

Como diz o título, este é um livro para fora. Pouco fala do que foi o HCRB e de como os internos estavam vivendo. Da estrutura sucateada e de miséria daqueles pavilhões imensos onde eles se amontoavam, sobrevivendo em condições insalubres. Da degradação das filas de refeições. Do fedor das enfermarias e do refeitório. Do abandono assistencial que deixava os internos perambulando pelo espaço nus, sujos, doentes. Muitas reformas tiveram que ser feitas, em um primeiro momento da intervenção tripartite, para garantir um mínimo de conforto e saúde para aquelas pessoas.

Este livro é, portanto, um pouco da história da reparação a essa dívida imensa da Psiquiatria com a liberdade e os direitos. Uma afirmação da potência do SUS e da Raps.

Vivemos tempos difíceis, sombrios mesmo, em que a ameaça de regimes totalitários e opressores paira em nosso país e no mundo. Governos que exatamente se valem de dispositivos necropolíticos como o manicômio para garantir a exclusão, o silêncio e a morte dos desviantes.

Que estas páginas sirvam como estímulo para que outros profissionais deem sentido escrito ao que viveram com a desinstitucionalização. Mas que sirva sobretudo como advertência para que o horror não se repita.

Rio de Janeiro, dezembro de 2024.

PARTE I

A evolução do cuidado em saúde mental no Brasil e a intervenção no HCRB

Figura 3 – Entrada do Hospital

Fonte: acervo dos autores

CAPÍTULO 1

UMA PEDRA NO CAMINHO DE UM RIO... RIO BONITO E O HOSPITAL COLÔNIA

Maria Thereza Santos
Renata Almeida Martins
Vagner Marins Barcelos

Este primeiro capítulo convida os leitores a realizarem um retorno no tempo, trazendo de forma não aprofundada, porém necessária, uma contextualização histórica das mudanças ocorridas na maneira de cuidar/tratar a loucura, que ganha o status de doença mental, assim como a transformação do hospital dando origem a um lugar de cuidado específico para as pessoas loucas/doentes mentais.

Segundo Amarante (2013), a expressão "saúde mental" se refere a um campo de saber e de atuação técnica na esfera das políticas públicas de saúde, além de tratar de um campo plural, intersetorial e transversal. Faremos um breve passeio por esse percurso para chegarmos à fundação do HCRB.

No período colonial, diante da necessidade de um local que pudesse alimentar, agasalhar e cuidar das enfermidades, as pessoas que chegavam aos portos, entre estas muitos peregrinos que participavam de missões religiosas, foram criadas as Santas Casas de Misericórdia. Eram instituições de caridade ligadas à igreja e à irmandade, que além de cuidar dos enfermos temporários, também recebiam os pobres doentes, insanos e incuráveis, que lá se mantinham por tempo indeterminado.

No final do século XVIII, observou-se a medicalização do hospital com a regularização da intervenção médica, a produção de novos saberes sobre a loucura e demais enfermidades, utilizando tecnologias disciplinares que incidem sobre os corpos, submetendo-os ao tratamento que julgarem procedentes (Amarante, 2013).

No Brasil, no ano de 1841, a situação de abandono e maus tratos dos doentes mentais chamou a atenção do provedor da Santa Casa do Estado do Rio de Janeiro, João Clemente Pereira, que solicitou a construção de um local próprio para o tratamento dos insanos. Atendido pelo então Imperador, D. Pedro II, após 11 anos, precisamente em dezembro de 1852, foi inaugurado na Praia Vermelha o Hospício D. Pedro II, sendo o primeiro hospital dessa natureza a funcionar no país (Lemle, 2016). Entre 1852 e 1894, mais dez hospícios foram criados no Brasil com a função de asilar, custodiar e alienar as pessoas com doença mental do convívio social. Essa tradição foi se consolidando com a fundação de outros hospitais nos anos subsequentes, influenciados pela psiquiatria francesa e pelo tratamento moral, que entre seus pilares preconizava a cura pelo trabalho.

No Brasil foram fundadas, em quase todos os estados do território nacional, diversas colônias para os alienados, que ficaram conhecidas como Hospitais-Colônia. No início dos anos 1940, o Brasil contava com 24.000 leitos psiquiátricos, sendo que apenas 10% destes eram privados (Amarante, 2015).

Segundo Yasui (2010), durante o período da ditadura militar houve um aumento expressivo do número de internações psiquiátricas, inclusive compulsórias, com pouca ou nenhuma regulação do setor público, que pagava bem por esse serviço. Esse fenômeno ficou conhecido como "mercantilização da loucura" ou "indústria da loucura", pois gerava altos lucros para os proprietários, tendo em vista a baixa qualidade dos serviços prestados que, de modo geral, não atendiam boa parte das necessidades básicas dos internos nos quesitos de infraestrutura, hotelaria, alimentação e cuidados assistenciais (número de profissionais insuficiente para atendimento da demanda e pouca exigência em relação à qualificação).

O aumento da demanda por internações esteve diretamente relacionado à onda de privatizações ocorrida no setor saúde no pós-golpe militar, viabilizando a proliferação de macro-hospitais psiquiátricos, alguns contando com mais de 1.000 leitos.

Nesses grandes hospitais haveria a possibilidade, por exemplo, de realização de atividades laborativas relacionadas à plantação e à criação de animais. Inicialmente os Hospitais Colônia estavam assentados na visão alienista, de que o trabalho era o meio para o tratamento da alienação mental. Com o passar dos anos, isso foi considerado estratégico, porque além de mantê-los sempre ocupados, a riqueza gerada pelo trabalho poderia contribuir para o próprio sustento.

As colônias seriam então a última parada e abrigo para essas pessoas, de onde só sairiam após a morte. Assim, o Brasil se tornou o primeiro país da América Latina a sediar manicômios inspirados no alienismo francês, ou seja, a asilar os indesejados (Guimarães *et al.*, 2013).

O modelo institucional das colônias foi utilizado no tratamento de diversas doenças, tanto no contexto internacional quanto em nosso país, associando o isolamento dos doentes, como leprosos e tuberculosos, à medida de prevenção. A proposta do isolamento dos doentes em colônias foi convenientemente relacionada à vida rural. Longe das cidades e dos olhos da sociedade, o "estranho", "diferente" e "imoral", deveria ser invisibilizado. No caso da doença mental, a proposta de isolamento dos pacientes nas colônias ou em hospícios, cunhada pelo alienismo e seu "tratamento moral", partia da premissa de que esse era uma medida terapêutica, já que tinha o intuito de prevenir o contato do doente com os excessos da vida urbana e com os "males da civilização", considerados as principais causas das perturbações mentais. Nessa perspectiva, se instalou na cidade de Rio Bonito, numa área afastada do centro, em 25 de abril de 1967, o Hospital Colônia de Rio Bonito (HCRB), para atender às demandas de internação psiquiátrica.

O Hospital Colônia de Rio Bonito

Após seis anos da publicação da Lei n.º 10.216, de 1 de abril de 2001, que redirecionou o modelo de assistência à saúde mental no Brasil, conhecida como Lei da Reforma Psiquiátrica, o HCRB ainda tinha cerca de 700 pacientes internados. Era uma instituição com vários pavimentos, muitas enfermarias e com todos os seus leitos conveniados ao Sistema Único de Saúde (SUS).

A presença do HCRB influenciou a história e a economia da cidade. A região que incluía as terras de Rio Bonito, conhecida como Bacia do Rio Caceribu até a Segunda Guerra Mundial, desenvolveu-se fortemente em torno da citricultura e ficou conhecida como "terra da laranja" até a década de 1950, praticamente se extinguindo a partir da década de 1970 (Albuquerque, 2010).

Nos relatos sobre a história da cidade, a origem do nome é atribuída ao rio que cortava a região e tinha o leito arenoso coberto por malacachetas. Diz-se que recebia constantes elogios dos viajantes, alguns ligados à realeza, que exclamavam constantemente: "Que rio bonito!". A partir disso, se batizou a cidade de Rio Bonito!

A cidade, nos tempos coloniais, teria hospedado nobres como marqueses, viscondes, condes, barões, a Princesa Isabel, o Conde D'Eu, incluindo também D. Pedro II, que presenteou a cidade com um chafariz, que ainda se encontra na praça principal da cidade, motivo de orgulho para a população.

Os munícipes gostam de valorizar a história da região e também sua beleza natural, embora o rio que deu nome à cidade já não ostente a beleza de outros tempos. Observa-se a cultura de preservação das fachadas das casas e a preocupação evidente quanto à aparência do local.

Quando tomamos a loucura e suas manifestações como dissonantes, a colocamos em contraste com a ideia de cidade bela, ordenada, bem cuidada, berço da nobreza. Assim o HCRB passa também a atender esse ideal ascético de afastar dos olhares e do convívio da cidade os diferentes, os que contrastam.

O hospital, então em pleno funcionamento e recebendo pacientes a cada dia, tornou-se o segundo maior empregador do município, atrás apenas da prefeitura, além de grande comprador dos produtos de agricultura e serviços gerais da região. O curso técnico em enfermagem oferecido no colégio municipal teve aumento em sua procura e os estudantes e recém-formados, em sua maioria, já saíam do ensino médio diretamente para trabalhar no Hospital Colônia. Grande parte dos munícipes trabalhava ou tinha familiares que trabalhavam no hospital. Essa movimentação propiciou um maior convívio nas atividades de trabalho e o acesso às rotinas do hospital, abrindo espaço para a barganha de facilidades, incluindo vaga para internação.

Há relatos de casos de turbulentas separações conjugais em que, diante da situação de "descontrole" e ciúme, algumas esposas foram internadas por seus maridos, que passariam a morar com a nova companheira na antiga residência do casal. Andarilhos, que se envolvendo em qualquer briga ou situação estranha à rotina da cidade, também eram encaminhados ao hospital, muitas vezes pelos serviços públicos da cidade. Casos de retardo mental, deficiências físicas, eram levados muitas vezes pelos próprios familiares, para "tratamento". A população de internos do HCRB foi se misturando e assumindo características que não se restringiam às demandas de assistência psiquiátrica, o que implicava na pouca rotatividade e longos períodos de internação (Albuquerque, 2010).

Como nos mostrou Foucault (2012), a loucura é uma construção social imersa em um discurso de poder. A arquitetura, enquanto campo, com suas expressões espaciais, também faz parte desse discurso, ou seja, produz relações de poder que sustentam um determinado paradigma social. Uma das características das instituições totais é o seu caráter de "fechamento" ao mundo social, impondo barreiras, inclusive físicas (muros altos e portas fechadas, por exemplo), que impedem a relação do interno com o mundo exterior.

Os movimentos na Política Pública da Saúde Mental que impulsionaram o fechamento dos Hospitais Psiquiátricos

Na década de 1970, ocorreu o Movimento Sanitário, um importante movimento no Brasil que impulsionou a luta pela garantia dos direitos das pessoas em sofrimento psíquico. Segundo a descrição de Paim (2008), foi uma luta pela democratização da saúde, visto que nessa época a saúde não era um direito de todos e só quem tinha acesso aos serviços de saúde eram os trabalhadores e contribuintes da previdência social; além disso, a terceirização dos serviços de saúde fez com que a qualidade dos serviços decaísse cada vez mais, e o sucateamento da saúde visava privilegiar o setor privado.

Delgado (2011) relata como esse contexto de saída da ditadura militar e de reconstrução de uma democracia se torna propício para formulação de políticas públicas. Com a promulgação da Constituição de 1988, e a regulamentação do SUS em 1990, alguns "Direitos sociais, como educação, moradia, cultura, lazer, foram incorporados ao ordenamento constitucional, em uma formulação que, mesmo imprecisa e incompleta, aspirava à construção de um estado de bem-estar social brasileiro." (Delgado, 2011, p. 115).

Ao longo das décadas seguintes, impulsionados pela Constituição de 1988 e pela criação do SUS, os movimentos nacionais e seus apoiadores fizeram avançar ações práticas de cuidado em liberdade sob o lema "por uma sociedade sem manicômios".

É na década de 1990, marcada pelo compromisso firmado pelo Brasil na assinatura da declaração de Caracas e pela realização da II Conferência Nacional de Saúde Mental, que passaram a entrar em vigor no país as primeiras normas federais regulamentando a implantação de serviços de atenção diária, fundadas nas experiências dos primeiros Caps, Naps, Hospitais-Dia, e as primeiras normas para fiscalização e classificação dos hospitais psiquiátricos. A III Conferência Nacional de Saúde Mental, ocorrida em 2001, apoiou-se no sancionamento da Lei n.º 10.216/2001, expandindo e consolidando a rede de atenção psicossocial (Brasil, 2005).

Essa lei define a internação hospitalar como o último recurso no tratamento de transtornos mentais e garante às pessoas o direito de serem tratadas preferencialmente em serviços abertos. A exemplo da maioria dos países da Europa Ocidental, que reduziram vigorosamente o número de leitos em hospitais psiquiátricos desde o início dos anos 1980, o Brasil implementou um novo modelo de atenção às pessoas com transtornos mentais a partir de serviços comunitários territorializados (Delgado, 2011).

A partir dos movimentos sociais e políticos e das novas legislações, o cenário do cuidado em saúde mental passou por uma importante transformação, com reflexos em vários estados do país.

Nessa perspectiva, um novo tempo se iniciou nas políticas públicas de saúde mental do município de Rio Bonito, que não mais incluía o Hospital Colônia como local privilegiado e central para a assistência, e novos espaços para o cuidado em liberdade começaram a ser implantados nas cidades de toda a região.

Com isso, é criada uma rede de atenção psicossocial na região, que é um aspecto marcante da Reforma Psiquiátrica brasileira, com o objetivo de reintegrar os pacientes na sociedade. Os Caps se tornaram a base desse novo modelo, fornecendo serviços de saúde mental em um ambiente comunitário e multidisciplinar. Esse método busca não só tratar, mas também prevenir e promover a saúde mental, por meio de ações que levam em conta o paciente como um todo (Santos; Portugal; Nunes, 2023), deixando assim o modelo asilar do HCRB para trás.

Referências

AMARANTE, Paulo Duarte de Carvalho. **Saúde Mental e Atenção Psicossocial**. Rio de Janeiro: Editora Fiocruz, 2013.

ALBUQUERQUE, Luciana Gomes da Costa. **Saúde mental em Rio Bonito**: atividade dos trabalhadores no processo de Reforma Psiquiátrica no município. 2010. Dissertação (Mestrado em Psicologia) – Universidade Federal Fluminense, Instituto de Ciências Humanas e Filosofia, Departamento de Psicologia, 2010.

BASTOS, Othon. Primórdios da psiquiatria no Brasil. **Rev Psiquiatria**, Rio Grande do Sul, v. 29, n. 2, p. 154-155, 2007. Disponível em: https://www.scielo.br/j/rprs/a/tKVPvrsTmK7FH3TWKmSC3Rv/#. Acesso em: 2 jan. 2025.

BRASIL. Ministério da Saúde. **História e evolução dos hospitais**. Rio de Janeiro: MS, 1944. Disponível em: https://bvsms.saude.gov.br/bvs/publicacoes/cd04_08.pdf. Acesso em: 2 jan. 2025.

BRASIL. Ministério da Saúde. **Hospício de Pedro II**: da construção à desconstrução. Centro Cultural do Ministério da Saúde. Rio de Janeiro: MS, 2014. Disponível em: http://www.ccms.saude.gov.br/hospicio/index.php. Acesso em: 2 jan. 2025.

BRASIL. Ministério da Saúde. **Reforma Psiquiátrica e Política de Saúde Mental no Brasil**: Conferência Regional de Reforma dos Serviços de Saúde Mental: 15 anos depois de Caracas. Brasília, DF: MS, 2005.

DELGADO, Pedro Gabriel Godinho. Saúde Mental e Direitos Humanos: 10 Anos da Lei 10.216/2001. **Arquivos Brasileiros de Psicologia**, Rio de Janeiro, v. 63, n. 2, p. 114-121, 2011. Disponível em: http://pepsic.bvsalud.org/scielo.php?script=sci_arttext&pid=S1809-52672011000200012&lng=pt&nrm=iso. Acesso em: 2 jan. 2025.

FERREIRA, Jurandyr Pires. Rio Bonito (RJ). *In:* FERREIRA, Jurandyr Pires. **Enciclopédia dos municípios brasileiros**. Rio de Janeiro: IBGE, 1959. v. 22. p. 381-384. Disponível em: http://biblioteca.ibge.gov.br/visualizacao/livros/liv27295_22.pdf. Acesso em: 2 jan. 2025.

FOUCAULT, Michel. **História da loucura na idade clássica**. São Paulo: Perspectiva, 2012.

GUIMARÃES, Andréa Noremberg *et al*. Tratamento em saúde mental no modelo manicomial (1960 a 2000): histórias narradas por profissionais de enfermagem.

Texto & Contexto Enfermagem, v. 22, n. 2, p. 361-369, 2013. Disponível em: https://www.scielo.br/j/tce/a/Nqmhpjwx99tRHMv6fR8HLCc/#. Acesso em: 2 jan. 2025.

LEMLE, Marina. O primeiro hospício do Brasil e o controle social no fim do século XIX. **SciELO em Perspectiva: Humanas**, 28 out. 2016. Disponível em: https://humanas.blog.scielo.org/blog/2016/10/28/o-primeiro-hospicio-do-brasil-e-o--controle-social-no-fim-do-seculo-xix. Acesso em: 2 jan. 2025.

PAIM, Jairnilson Silva. **Reforma sanitária brasileira**: contribuição para a compreensão e crítica. Salvador: EDUFBA; Rio de Janeiro: Editora Fiocruz, 2008.

SANTOS, Chaiane; PORTUGAL, Clarice; NUNES, Mônica. Economia solidária e saúde mental: relato de experiência de práticas virtuais. **Saúde em Debate**, Rio de Janeiro, v. 46, p. 251-260, 2023.

YASUI, Silvio. **Rupturas e Encontros**: desafios da Reforma Psiquiátrica brasileira. Rio de Janeiro: Editora Fiocruz, 2010.

CAPÍTULO 2

A GESTÃO ESTADUAL E O PROCESSO DE DESINSTITUCIONALIZAÇÃO DO HOSPITAL COLÔNIA DE RIO BONITO

Carlos Eduardo de Moraes Honorato

Maria Thereza Santos

Antes da "intervenção"

O Hospital Colônia de Rio Bonito (HCRB) foi um hospital psiquiátrico conveniado ao Sistema Único de Saúde (SUS), que iniciou suas atividades em 25 de abril de 1967. Surgiu no auge da era dos grandes hospitais psiquiátricos, na esteira das chamadas colônias, implantadas longe dos grandes centros sob o modelo da recuperação pelo trabalho, chegando a ter 1.000 pessoas internadas.

Em sua quase totalidade, as pessoas ali internadas eram consideradas sem possibilidades de tratamento, sem qualquer perspectiva de retorno familiar ou de acolhimento em seus territórios de origem.

Nos anos 1990, quando a área técnica de saúde mental (ATSM) da Secretaria Estadual de Saúde do Rio de Janeiro (SES-RJ)[2] iniciou uma gestão alinhada aos princípios da Reforma Psiquiátrica Brasileira, o estado do Rio de

---

[2] A área técnica de Saúde Mental da SES-RJ (ATSM) teve nomes diferentes ao longo do tempo, desde 1999: Assessoria de Saúde Mental (ASM), Gerência de Saúde Mental (GSM, na época da ação HCRB), e atualmente Coordenação de Atenção Psicossocial da SES-RJ (COOCAPS/SES-RJ). Adotaremos as siglas ATSM ou GSM (no período da "intervenção") ao nos referirmos a esta área técnica ao longo do texto.

Janeiro (ERJ) tinha 10.438 leitos psiquiátricos conveniados ao SUS. Em 2006, eram 7.229 leitos psiquiátricos em 41 hospitais psiquiátricos (Santos, 2016), sendo alguns macro-hospitais, como o HCRB, a maioria de natureza privada. Em 2012, eram 4.713 leitos psiquiátricos em 27 hospitais psiquiátricos.

Esses dados nos ajudam a situar o tamanho do desafio posto para a ATSM, disposta a investir pesadamente na mudança do modelo assistencial em saúde mental, no ERJ.

Com a perspectiva de reorientação da assistência em saúde mental para os serviços extra-hospitalares, os hospitais psiquiátricos entraram no foco: era preciso conhecer para intervir.

Em 2004, o HCRB possuía 630 leitos credenciados ao SUS. Notícias sobre a precariedade do cuidado prestado chegaram, no mesmo ano, à ATSM, então chamada Gerência Estadual de Saúde Mental (GSM), provenientes da própria equipe técnica da instituição. Mas as denúncias sobre a má qualidade da assistência foram ficando mais frequentes, a partir de visitas realizadas por conselhos profissionais e pelo Conselho Estadual de Saúde.

Com a finalidade de estender a discussão para outros setores e qualificar o diagnóstico da situação, a ATSM organizou um Seminário Regional de Emergência Psiquiátrica, voltado para os municípios das Regiões Metropolitana II e Baixada Litorânea, principais internantes no HCRB. Nessa ocasião, a equipe do hospital apresentou os resultados de um levantamento psicossocial elaborado pelos técnicos, que corroborava com o esperado: abandono familiar de grande número de pacientes e a quase ausência de acompanhamento por parte dos programas municipais de saúde mental aos seus munícipes. Essas duas regiões contavam com a menor cobertura de serviços extra-hospitalares de saúde mental do estado, o que constituía o maior desafio para a garantia do cuidado e acompanhamento em liberdade daqueles que, sob um diagnóstico cristalizado, haviam sido institucionalizados e sentenciados a permanecer nessa condição até o final da vida.

Questões técnicas e econômicas guardavam estreita relação com a situação encontrada, no modo automático como era tratada a informação e o repasse dos recursos financeiros correspondentes à produtividade dos hospitais psiquiátricos, que era feito diretamente do Ministério da Saúde para os prestadores de serviço[3].

---

[3] Até a implantação do SUS, em 1990, a regulação sobre as internações era feita pelos supervisores do INAMPS, que compareciam às unidades mensalmente para autorizar as AIHs, geralmente avaliando por amostragem a população internada para certificar-se sobre sua real existência e a necessidade da internação.

A fim de reverter o quadro de abandono institucional e o desconhecimento dos municípios sobre as pessoas internadas no HCRB, a ATSM, por meio dos apoiadores institucionais responsáveis pelo assessoramento e acompanhamento das regiões Metro II e BL, instituiu uma rotina na qual, mensalmente, as equipes técnicas deveriam comparecer à unidade para autorizar ou não a continuidade da internação de seus munícipes. Tratava-se de construir um espaço de discussão entre as equipes municipais e a equipe do HCRB – que a cada mês fazia os laudos para continuidade das Autorizações de Internações Hospitalares (AIHs) –, capitaneada pela ATSM e por profissionais do Centro de Atenção Psicossocial (Caps) de Rio Bonito, serviço municipal responsável pela articulação do cuidado em saúde mental de todos os equipamentos do território, incluindo o HCRB. Tal procedimento técnico visava implementar, além da responsabilização dos programas municipais no acompanhamento aos munícipes internados, a construção e efetivação de projetos terapêuticos que pudessem viabilizar a alta hospitalar, uma vez que a supervisão dos mecanismos financeiros não era atribuição direta das equipes técnicas.

Assim, ao pouco ou nenhum monitoramento dos municípios que sediavam os hospitais e dos municípios internantes sobre o acompanhamento dos casos e à fraca estrutura da Rede de Atenção Psicossocial (Raps) local, somava-se o apetite dos prestadores em prolongar as internações, mantendo a ocupação máxima dos leitos, preferencialmente com baixíssimo custo. A assistência esperada deu lugar ao abandono, numa perspectiva de desumanização daqueles que ali se encontravam, demonstrado pelas condições precárias da estrutura física, da alimentação fornecida sem observação dos mínimos critérios nutricionais, ou ainda pelas raras ofertas de atividades, ou quaisquer ações que visassem a recuperação e a perspectiva de alta.

Em 4 de novembro de 2005, a Deliberação da Comissão Intergestores Bipartite do Estado do Rio de Janeiro (CIB-RJ) n.º 203 instituiu no estado as Centrais Regionais de Regulação (CREGs), tendo como ação disparadora a regulação dos leitos psiquiátricos da Região Metropolitana II, em janeiro de 2006. Um Protocolo Estadual de Internações Psiquiátricas foi criado. Nele, além dos fluxos e critérios, cada município definia sua porta de entrada para a solicitação de internação, mas esta só era autorizada pela CREG quando avaliada pelo coordenador municipal de saúde mental. Antes da implantação das centrais, em grande parte dos casos, os coordenadores municipais de saúde mental não eram sequer informados das internações.

Apesar dos inegáveis avanços nessa direção (de que os programas municipais de saúde mental tivessem o conhecimento sobre sua clientela), tal esforço não resultou na corresponsabilização esperada da totalidade de municípios. As justificativas estavam sempre relacionadas à falta de apoio das secretarias municipais de saúde, que não viabilizavam as ações de acompanhamento (falta de transporte, recursos, serviços de atenção diária etc.). Mas era sobretudo obstáculo ao cuidado territorial a insuficiência de serviços extra-hospitalares nos municípios de origem.

Embora a partir dos anos 2000 tenha havido uma importante reorientação dos recursos e incentivos financeiros por parte do Ministério da Saúde (MS) para induzir a implantação e implementação de ações e serviços extra-hospitalares em saúde mental[4], mediante várias portarias ministeriais, a resistência de boa parte dos gestores municipais para efetivarem investimentos nessa área foi sempre recorrente. Tal resistência exigia da área técnica estadual o desenvolvimento de estratégias de assessoria e acompanhamento aos municípios, de forma próxima e regular.

Os relatórios emitidos pela CREG Metro II davam uma boa medida da qualidade dos encaminhamentos e reiteravam a impressão que tínhamos a partir das denúncias, relatórios e observação direta da situação das internações psiquiátricas: baixíssima exigência para a disponibilização de leitos para internação psiquiátrica; laudos de AIH incompletos, sem dados de exame psíquico e físico ou história pregressa dos pacientes; alta prevalência de "família solicita internação" como justificativa; internações de quadros de abstinência alcoólica e de drogas (que deveriam ser indicadas para tratamento em hospital geral); e diagnósticos imprecisos (como alteração do comportamento e distúrbio de comportamento).

Em relatório da CREG Metro II, em 1º de setembro de 2007, o HCRB recebia 22% do total de encaminhamentos realizados, com média de permanência de 337,8 dias. A regulação das internações, o acompanhamento da efetivação do protocolo e as ações implementadas junto aos municípios impactaram de forma relevante o número de internações no ERJ.

A ATSM manteve uma agenda de reuniões trimestral no HCRB com a equipe técnica da unidade e os municípios internantes, em que

---

[4] Somente a partir de 2006 houve a inversão dos recursos financeiros do MS, dos gastos em serviços hospitalares para os serviços comunitários (Gonçalves et al., 2012).

se foi construindo uma parceria entre as equipes. As reuniões evidenciavam a insuficiência da assistência ali prestada: condições cada vez mais precárias de hotelaria (estrutura física e alimentação, principalmente); não aquisição dos insumos necessários à prestação de um cuidado qualificado (dificuldades da unidade em prover a compra de medicamentos ou procedimentos clínicos de alto custo para os internos, por exemplo); número reduzido de profissionais proporcionalmente ao número de leitos ocupados; e a complexidade da demanda de assistência.

Em junho de 2007, a ATSM convocou todos os municípios internantes a realizar um censo psicossocial, a partir de um modelo já aplicado em outros processos de desinstitucionalização no estado. Em julho de 2008, apenas 11 municípios (em um total de 26) haviam concluído o censo.

Tais dados descrevem como o estado foi criando estratégias de gestão, implicando os municípios e criando mecanismos para que os gestores municipais se comprometessem com as ações. Não eram poucas as resistências enfrentadas, mas buscando parcerias, inclusive intersetoriais, a ATSM seguiu firme no objetivo de consolidar mudanças em direção a um cuidado em saúde mental prioritariamente extra-hospitalar e em liberdade.

Em 13 de setembro de 2007, o MS publicou a Portaria GM n.º 501, com o resultado do Programa Nacional de Avaliação do Sistema Hospitalar/Psiquiatria (PNASH-Psiquiatria) de 2005, que indicava o HCRB para descredenciamento pelo SUS e convocava os gestores ao planejamento para o fechamento. Estando já instituída a CREG regional, e em acordo com os coordenadores municipais de saúde mental, a GSM não pôde, devido à insuficiência da rede substitutiva, suspender imediatamente as internações na unidade. Entretanto, ficou pactuado que as indicações para internação no HCRB só ocorreriam como procedimento de exceção, por autorização direta do coordenador municipal de saúde mental. Apenas em setembro de 2009 as internações no HCRB foram definitivamente suspensas.

Por essa época, o HCRB ainda contava com 630 leitos cadastrados. Visando diminuir o porte do macro-hospital e com isso melhorar as condições, inclusive materiais, da assistência prestada, a GSM estabeleceu, junto a direção do HCRB, a proposta de diminuir gradativamente o número de leitos, conforme as Portarias GM n.º 52 e n.º 53, de 20 de janeiro de 2004. A redução de módulos de 40 leitos acarretava mudança na classificação do hospital e aumento do valor da diária hospitalar. A direção do hospital formalizou até 2008 a redução de 150 leitos e no início da ação tripartite, em junho de 2010, a unidade possuía 440 leitos SUS cadastrados no Cadastro Nacional de Estabelecimentos de Saúde (CNES). O aumento das diárias hospitalares, entretanto, não promoveu melhora das condições de hotelaria e assistência na unidade.

O subfinanciamento do Governo Federal, queixa recorrente da direção do hospital, não justificava as más condições encontradas, tendo em vista que a precarização da assistência estava antes relacionada ao lugar reservado na sociedade para o "louco". Lugar de exclusão. Um modo de ver e tratar as pessoas com sofrimento psíquico, que flertava com a desumanização, como já indicamos.

A partir da indicação de descredenciamento do HCRB pelo PNASH-Psiquiatria, as denúncias movidas pelos conselhos profissionais e pelo Conselho Estadual de Saúde ganharam mais destaque na mídia e entre os órgãos reguladores. Em maio de 2008, o Conselho Regional de Psicologia do Rio de Janeiro (CRP-RJ) encaminhou ao Ministério Público Estadual (MPE) um relatório de inspeção realizada em conjunto com o Grupo Tortura Nunca Mais e o Movimento de Luta Antimanicomial, a partir de denúncias de maus-tratos a internos da instituição. A partir daí, o MPE passou a arguir o estado e os municípios sob sua jurisdição em relação às providências cabíveis e aos projetos terapêuticos individuais que visassem a desinstitucionalização dos pacientes internados. O Ministério Público Federal (MPF) também solicitava esclarecimentos e providências ao MS. As denúncias provocaram ainda a participação da Superintendência Estadual de Direitos Humanos e Assistência Social, e foi instituída uma agenda de reuniões regulares envolvendo o MPE e MPF, os conselhos profissionais, mais especificamente o município de Rio Bonito e a Secretaria Estadual de Saúde.

A mobilização desse conjunto de órgãos reguladores e controle social resultou na convocação dos entes responsáveis por garantir o direito à saúde em condições dignas, conforme os princípios do SUS, para dar respostas a essa situação. Diante das dificuldades em avançar em relação ao que vinha sendo combinado com a direção da unidade, no tocante a exigências mínimas de dignidade para os internos, e por ser o HCRB um hospital de natureza privada, conveniado ao SUS, uma intervenção passou a ser cogitada como possibilidade de ação efetiva.

Dando prosseguimento, o MPF convocou os gestores tripartite (MS, SES e Secretaria Municipal de Saúde – SMS de Rio Bonito) a realizar investimentos mais concretos para a desinstitucionalização dos pacientes internados e o fechamento da unidade.

Foram realizadas duas visitas de fiscalização pela Vigilância Sanitária da SES-RJ, em que se evidenciou que precariedades já apontadas em outras vistorias não foram sanadas ou sequer minoradas, o que resultaria em medidas punitivas, como a desativação de setores. O Departamento Nacional de Auditoria do SUS (Denasus) realizou a Auditoria Diaud/RJ/Denasus/MS n.º 10.049, constatando inúmeras irregularidades nas contas apresentadas pela instituição, além de carência de recursos humanos (RH), alimentação deficiente, higiene, rouparia e estrutura físicas precárias.

Em 2006, o MS havia lançado o Pacto pela Saúde, regulamentado na Portaria MS/GM n.º 399, de 22 de fevereiro de 2006, visando promover inovações nos processos de gestão das três esferas do SUS. Somente em dezembro de 2009, o município de Rio Bonito aderiu ao pacto, tornando-se assim gestor pleno do sistema de saúde, ou seja, assumindo a responsabilidade por administrar todos os níveis de complexidade dele. Nessa condição, o repasse dos recursos financeiros oriundos do Governo Federal passou a ser feito diretamente para o município de Rio Bonito, que efetivava o pagamento aos prestadores de serviço, como no caso do HCRB, não mais tendo o estado como intermediário, como fora até então.

Com a continuidade da precarização da assistência prestada e piora dos indicadores de saúde, inclusive com número expressivo de óbitos, o MPF e o MPE formularam um Termo de Ajustamento de Conduta (TAC) tripartite em junho de 2010, que vigorou no período de um ano, com os seguintes objetivos:

1. Realização de censo psicossocial.
2. Contratação de equipe de apoio.
3. Rastreamento da condição clínica dos internos, com realização de exames e encaminhamento para tratamento quando indicado.
4. Intensificação do trabalho junto aos municípios internantes.
5. Estratégias junto à administração e direção do hospital para garantir investimento de recursos nas ações consideradas prioritárias.
6. Obras emergenciais para melhora da estrutura arquitetônica e de serviços com recursos tripartite.

Importante salientar que o detalhamento técnico, a formulação dos objetivos do termo, bem como os meios para atingi-los, resultaram do trabalho dos apoiadores regionais e dos gestores da ATSM, uma vez que estes tinham o conhecimento da unidade e da rede territorial adquirido na função de assessorar os municípios envolvidos e coordenar as ações na unidade. Durante todo o tempo em que ocorreu o processo de desinstitucionalização do HCRB, a ATSM manteve uma agenda constante com o MPE e o MPF, avaliando e definindo estratégias para cada momento.

O censo psicossocial do HCRB e seus desdobramentos

O TAC tripartite definia que a contratação da equipe de apoio para a realização do censo seria de responsabilidade da SMS de Rio Bonito, por meio de verba específica repassada da SES para o teto financeiro do município. Para tanto, foram contratados 15 profissionais, mas eles seriam mantidos, embora em número menor, no período de seis meses a um ano, para incremento da assistência na unidade; houve também aporte financeiro do estado para a SMS garantir insumos (como medicamentos) e obras emergenciais na unidade.

O censo psicossocial do HCRB visava conhecer o perfil dos internos para o planejamento das ações na construção dos Projetos Terapêuticos Singulares (PTS) dos casos, tanto no âmbito hospitalar quanto no municipal, identificando a articulação necessária à criação ou implementação de ações e serviços para o atendimento da demanda. Iniciou em 12 de julho de 2010, tendo como objeto 367 pacientes internados de 30 municípios diferentes, sendo dois de outros estados. São Gonçalo, com 24% dos internos, era o município mais numeroso, referência para 24% dos internos, e com uma rede extra-hospitalar ainda muito incipiente. Em seguida, vinham os demais municípios da região metropolitana II: Rio Bonito com 12%[5], Itaboraí com 9% e Niterói com 6%. O Rio de Janeiro, da região Metropolitana I, tinha 7%, sendo 63,2% dos internos entre 40 e 59 anos. Dos entrevistados pelo censo, 55,4% tinham entre 1 e 10 anos de internação. As visitas eram eventuais para 34% da população e mensais

---

[5] Até a implantação da Central de Regulação no ERJ, em 2006, era comum que os municípios que sediavam os hospitais psiquiátricos tivessem alto número de munícipes internados, uma vez que o setor de emergência do município era a porta de entrada mais direta para as internações, sendo considerado o município de origem dos usuários. Somente com o trabalho clínico ou com o levantamento correto pelo Serviço Social essa distorção era corrigida.

para 28%; sendo que 31% não recebiam visitas. 59,9% não saíam de licença. 76% tinham bom grau de autonomia; e dos 24% restantes, metade tinha autonomia parcial, metade não tinha (12%). 45% dos internos recebiam algum tipo de renda, 49% não tinha renda, 6% eram ignorados. 40% eram curatelados. Para 80% dos internos, não houve informações sobre tratamento extra-hospitalar.

Com relação ao diagnóstico sindrômico dos internos, 43,32% tinham histórico de quadro psicótico (independentemente das doenças de base) sem sintomas agudos há pelo menos cinco anos. 22,34% apresentavam quadro sugestivo de deficiência mental.

Segundo a orientação das equipes, 92% não apresentava quadro que justificasse a continuidade da internação; 34% tinham indicação para serviço de atenção diária; e 27% necessitariam ser acolhidos em SRTs.

O censo psicossocial e o incremento da equipe técnica contratada pela Comissão Tripartite (CT) possibilitou o rastreamento das condições clínicas dos internos e o cuidado adequado aos agravos encontrados: 100% dos pacientes realizaram hemograma completo, glicose, provas de função renal e hepática e eletrólitos. Exames de pacientes com alterações foram repetidos ou complementados por outros exames. Quando havia alterações na função hepática ou no exame clínico, eram solicitados exames Hbs-Ag ou Anti-HCV, processados no Hospital Estadual Prefeito João Baptista Cáffaro (HEPJBC), localizado em Itaboraí.

Foram diagnosticados oito casos de hepatite B ou C, que foram encaminhados ao ambulatório municipal de gastroenterologia para acompanhamento. Diante de tal quadro, foi indicada a realização de sorologia para hepatite B e C para toda a clientela.

Nessa primeira fase foram realizados 23 exames de RX de tórax emergenciais e 12 ultrassonografias de abdome total. Foram diagnosticados três casos de tuberculose ativa. Os pacientes receberam tratamento pela SMS Rio Bonito. Esse dado indicou a realização da RX de tórax para todos os pacientes internados. Mediante projeto elaborado em parceria entre a área técnica de saúde mental da Secretaria de Estado de Saúde e Defesa Civil (SESDEC) e a Gerência de Pneumologia Sanitária da SESDEC, a Unidade Móvel do Hospital Universitário Clementino Fraga Filho foi disponibilizada para a realização dos exames nos pacientes internados.

Foi evidenciado também um número razoável de pacientes com hiperglicemia (28 pacientes com glicemia acima de 110, segundo levantamento em 5 de novembro de 2010), os quais foram também acompanhados pela equipe contratada pela ação tripartite e pela equipe do HCRB.

Dois pacientes foram diagnosticados como portadores de insuficiência renal crônica, sendo um com indicação para hemodiálise, recebendo também acompanhamento médico pela SMS Rio Bonito.

A SMS Rio Bonito agilizou a realização de consultas ambulatoriais e de alguns exames nas unidades municipais ou no HRDV, em sua maioria aqueles solicitados pela equipe do HCRB, mas também por indicação da médica clínica contratada pela ação tripartite.

A partir da equipe contratada, foi garantida a rotina das visitas diárias (rondas) dos médicos clínicos, psiquiatras e enfermeiros a todas as enfermarias para identificação precoce de casos de descompensação da saúde clínica. O outro viés da equipe multiprofissional contratada era a intensificação das ações junto aos municípios internantes. Diante da realidade insuficiente de serviços extra-hospitalares na rede, a indução era para a resolução dos casos de retorno familiar. Além disso, a ação durante a vigência do TAC tripartite se debruçava sobre a regularização de documentação e das curatelas dos internos, o que caminhava muito lentamente ao sabor dos fluxos burocráticos, apesar das parcerias realizadas com a Tutela Individual do MPE e os órgãos da Assistência Social e Polícia Civil Estadual (Instituto Félix Pacheco).

Um ano de TAC

No primeiro dia da ação tripartite, foi realizada uma reunião entre a CT e a direção da unidade, para pactuar ações emergenciais com metas a serem cumpridas e estabelecidas por meio de um Plano Operativo de Ação (POA). A fim de incentivar o cumprimento das metas e viabilizar economicamente a efetivação das ações, a unidade faria jus à diferença entre o valor das AIHs relativas ao número de pacientes internados e o total de 400 AIHs (número de leitos registrados no CNES) por meio do cumprimento de metas pactuadas mensalmente.

Assim, a unidade receberia 100% da diferença de valores quando atingisse mais de 90% das metas; 90% de diferença quando cumprisse entre 81% e 89% das metas, e não receberia nada se ficasse abaixo dos 80% de metas alcançadas.

Tomou-se como parâmetro o relatório de não conformidades da Vigilância Sanitária (VISA) estadual e foi proposto que os itens relacionados à infraestrutura (reparos das instalações) seriam realizados pela SMS-RB, supervisionada pela CT, com suporte de funcionários do HCRB, e que os itens relativos à assistência seriam garantidos pelo HCRB.

Para o primeiro mês, os indicadores estabelecidos no POA, que a direção do HCRB deveria garantir, foram: a melhoria na qualidade e quantidade das refeições (seis por dia), a higiene da unidade e dos pacientes, medicação, rouparia, colchões e transportes. Note-se que essas metas constituem condições básicas e mínimas para a sobrevivência digna, que não eram cumpridas havia décadas. Nessa precariedade, encontrava-se grande parte dos internos com longa permanência.

A situação de grande carência da unidade obrigou a SMS Rio Bonito a fazer doações emergenciais de alimentos, medicamentos e outros insumos, além de se responsabilizar pela dedetização e desratização regulares nas dependências do HCRB, atendendo a uma das exigências.

Como não cumpriu a maior parte das metas pré-estabelecidas, o HCRB acabou não fazendo jus à diferença no seu financiamento proposto no POA durante o ano em que vigorou o TAC tripartite. Ao mesmo tempo, havia um clima constante de insegurança na unidade. A direção e grande parte dos funcionários do hospital se mostravam resistentes às novas diretrizes para a assistência.

Em 18 de abril de 2011, o município de Rio Bonito entregou à administração do HCRB as enfermarias 10, 11 e o refeitório, que foram reformados conforme a avaliação que identificou as necessidades mais urgentes da estrutura física da unidade. Obras emergenciais seguiram-se em outras enfermarias.

Entretanto, após um ano da assinatura do TAC, a situação da unidade e da saída dos pacientes não havia se modificado de forma expressiva.

Tabela 1 – Altas e Óbitos em 1 ano de TAC

TOTAL DE PACIENTES INTERNADOS EM JUNHO 2010	380
TIPO DE ALTA	N.º DE PACIENTES
Alta por transferência para tratamento clínico	19
Alta para Retorno Familiar	21
Alta para Serviço Residencial Terapêutico	7
Alta por transferência para outra unidade psiquiátrica (transinstitucionalização)	16
Óbitos	6
TOTAL DE ALTAS	69
TOTAL DE PACIENTES INTERNADOS EM AGOSTO 2011	311

Fonte: Acervo HCRB (2016)

Apesar de a Equipe Censo contratada e os apoiadores da ATSM intensificarem as ações, o ano de 2011 terminou com 264 pacientes ainda internados.

O MPF e o MPE procederam à judicialização da Ação Civil Pública (ACP) n.º 0001370-41.2011.4.02.5107 (2011.51.07.001370-2).

A requisição de serviços do HCRB

Em 9 de fevereiro de 2012, tendo como réus os gestores das três instâncias governamentais e os proprietários do HCRB, a partir do Plano de Ação apresentado pela área técnica de saúde mental da SES-RJ, a audiência judicial na Vara Federal de Itaboraí determinou que: o município de Rio Bonito realizasse a requisição parcial das instalações e serviços da unidade, passando a administrá-la; o MS mantivesse no teto financeiro do município os recursos referentes a 454 AIHs; o estado mantivesse o repasse mensal estabelecido desde o TAC; que a equipe técnica da ATSM fosse responsável técnica pela ação.

O plano elencava ainda outros pontos relativos ao desenho da ação que foram sendo revistos e redesenhados, de acordo com os desdobramentos, que nem sempre foram previstos.

Inicialmente, o plano definia: o descredenciamento imediato dos leitos ainda existentes do HCRB no SUS (conforme determinado pelo PNASH-Psiquiatria, sem emissão de mais AIHs); a coordenação da unidade por uma equipe gestora com seis membros escolhidos após análise curricular (coordenador geral, diretor médico, diretor administrativo, supervisor de equipe de enfermagem, supervisor de equipe multiprofissional e supervisor de RH); que na unidade deveria estar garantido o quantitativo de profissionais para assistência, em consonância com as normas expressas na legislação, de acordo com o número de pessoas internadas, e o quantitativo de RH deveria ser redimensionado à medida que diminuíssem os internos.

As equipes técnica e administrativa foram, no primeiro ano, constituídas mediante seleção pública por análise de currículo. Mas por exigências legais dos órgãos envolvidos, todas as equipes eram renovadas a cada dois anos por meio de processo seletivo simplificado (o Edital n.º 4/2010), obedecendo aos critérios de prova escrita (com questões gerais e específicas de cada categoria e função), análise de currículo e entrevista.

Garantimos também nesse Plano de Ação a disponibilização pela SES de um veículo diário (uma van), que foi fundamental para todos os deslocamentos de internos e equipe aos municípios internantes. Havia naquele momento 263 pacientes internados, de 21 municípios e três de outros estados.

A requisição de serviços pela SMS de Rio Bonito foi publicada no Decreto RB n.º 672/2012. A "requisição parcial" das instalações foi a figura jurídica adequada à ação, uma vez que na "intervenção" o órgão interventor herdaria também as dívidas do proprietário original, o que era necessário discriminar.

Dessa forma, ficou estabelecido como objetivo principal da ação a substituição da assistência prestada no HCRB, realizando a transposição de todos os pacientes internados em leitos SUS para a Raps, conforme as diretrizes da Lei n.º 10.216/2001.

Em março de 2012, foram alocados ainda mais recursos financeiros para a realização de reformas e aquisição de equipamentos e mobiliários para a unidade. O valor foi passado do MS para o estado por meio da

Portaria GM/MS n.º 532/2012, e posteriormente repassado para o teto financeiro de Rio Bonito (Deliberação CIB-RJ n.º 792/2012).

A equipe gestora do HCRB iniciou então suas atividades no dia primeiro de março de 2012, com 254 internos referidos a 24 municípios.

Nesse mesmo mês, tomando por base os dados gerados no censo psicossocial sobre a necessidade de dispositivos extra-hospitalares para a desinstitucionalização, o MS repassou para o estado recursos financeiros para a ampliação de Caps e SRTs nos municípios com pacientes internados no HCRB.

A sentença final, reafirmando os termos da audiência de 9 de fevereiro de 2012, só foi homologada pela 1ª Vara Federal de Itaboraí em 25 de agosto de 2014.

Sobre o uso das dependências

Grosso modo, pode-se descrever o espaço do HCRB como um complexo quadrangular à beira da BR-101, limitada lateralmente por muros e em sua parte posterior por uma estrada de terra. A expansão de suas atividades como macro-hospital psiquiátrico, entretanto, fez com que ocupasse também parte do terreno do outro lado dessa estrada de terra, onde funcionava a enfermaria feminina, fora do complexo principal do HCRB, mas contígua a este.

No que tange à área física do HCRB ocupada durante a ACP, inicialmente foram ocupadas a área da sede, como era conhecida a edificação principal, e outra próxima, em área térrea (onde funcionavam tanto atividades técnicas quanto administrativas), o refeitório, cozinha, lavanderia, almoxarifado, a enfermaria de cuidados clínicos, e quatro enfermarias masculinas e uma feminina. No segundo mês da requisição, reformas adaptativas em uma quinta enfermaria possibilitaram que as internas fossem instaladas também dentro dos muros do HCRB.

Em abril de 2014, para a implantação das casas de transição, alguns espaços da área administrativa foram utilizados. A diminuição do número de internos e a instituição de uma enfermaria mista possibilitaram a gradativa redução dos espaços ocupados.

Sobre a condução técnica pela ATSM

Conforme estabelecido na sentença judicial, a GSM da SES-RJ foi a responsável técnica pela condução da ação. Constituímos uma equipe gestora para a unidade composta por profissionais com experiência em desinstitucionalização e gestão de serviços, que organizou durante todo o período o cuidado e assistência. A GSM comparecia à unidade cerca de quatro vezes por semana no início, espaçando com o tempo essa frequência, à medida que o trabalho técnico se consolidava, concentrando-se mais no monitoramento junto à equipe gestora sobre os direcionamentos e mudanças necessárias em cada momento da ação.

Sobre o patrimônio

Judicialmente, a ACP foi dividida em dois processos judiciais independentes. Um deles dizia respeito aos aspectos financeiros que envolvem os proprietários do HCRB, e um segundo processo cujo fim era especificamente técnico e referia-se à qualidade de vida e desinstitucionalização dos internos.

O primeiro processo era de competência do município de Rio Bonito, incluindo a definição do valor do aluguel a ser pago aos proprietários pela requisição do imóvel. O material permanente em condições de uso existente no HCRB por ocasião da requisição foi listado por representantes dos proprietários e do município de Rio Bonito. Uma comissão municipal estimou o valor financeiro dele, que foi dividido para compra em 12 cotas, acrescidas ao valor mensal do aluguel.

O segundo processo teve gestão técnica da GSM e gestão financeiro-administrativa municipal. Eram realizadas reuniões regulares entre as duas esferas, minimamente com frequência mensal. Em alguns encontros, os representantes da área técnica da Coordenação Nacional de Saúde Mental do MS estiveram presentes.

Nos quatro anos que durou a ACP, a relação entre a GSM e a esfera municipal foi de mútua cooperação. Tal parceria foi importante no drible e resolução de problemas que surgiram ao longo do tempo, muito decorrentes da inerente ancoragem dos procedimentos administrativos na estrutura municipal. Assim, os processos de compra para a unidade (alimentação, material de limpeza, medicamentos, insumos, material de consumo e material permanente) estavam atrelados aos processos e licitações do próprio município. Embora a ACP fosse tripartite e tivesse recursos financeiros próprios e definidos, o HCRB se viu em diversos momentos com dificuldades para garantir o aporte desses itens. Para a superação de tais situações emergenciais, foi fundamental a vontade política dos gestores e a parceria entre os técnicos das duas instâncias.

A prestação de contas sobre os recursos financeiros usados no HCRB era complexa pois era preciso registrar e cotejar todo o material recebido no HCRB com os registros de saída no município a fim de separar o gasto real do HCRB das contas municipais. Nos quatro anos que durou a ACP, o município de Rio Bonito apresentou, a pedido da ATSM, três prestações de contas.

Em reunião tripartite ocorrida em agosto de 2012, foi determinado que tudo que fosse adquirido para o uso do HCRB ficaria, ao final da ação, para o programa de saúde mental de Rio Bonito. Destacamos então a compra de duas viaturas, e de quatro máquinas para lavanderia hospitalar (uma lavadora, uma centrífuga, um secador rotativo e uma calandra, entregues à unidade em setembro de 2015). Esses bens foram adquiridos por meio de licitação municipal.

Sobre o fechamento do HCRB

Em meados de 2015, no terceiro ano da intervenção, avaliamos que, como o trabalho técnico de preparação de alta para os internos remanescentes, a aproximação com os territórios de origem e destino e a previsão de implantação dos serviços necessários de cada município estavam adiantados, poderíamos estabelecer uma data limite para o encerramento da ACP.

Entendemos que esse limite era necessário para que os municípios concluíssem a implantação e/ou expansão de seus serviços, se responsabilizando por esses internos remanescentes, em sua maioria sem rede de apoio social ou familiar. Além disso, havia naquele momento mais funcionários do que internos no HCRB, e a continuidade da ação não se justificava nem do ponto de vista técnico, nem do ponto de vista econômico. Caso continuasse, em 2016 teríamos que realizar um novo processo seletivo para toda a equipe. E as dificuldades em efetivarmos a desvinculação dos gastos do HCRB dos demais gastos da SMS de Rio Bonito eram grandes.

Devido a isso, o desabastecimento de insumos na unidade era cada vez mais frequente, obrigando a equipe gestora a uma verdadeira ginástica burocrático-administrativa para garantir um cuidado adequado.

Estabelecemos o dia 29 de fevereiro de 2016, quando completaríamos quatro anos de requisição de serviço, como data para o fechamento. A partir de então, iniciamos um processo de conscientização dos municípios internantes, por meio de reuniões nos vários espaços de gestão bipartite: com os Secretários Municipais de Saúde e plenárias das Comissões Intergestores Regionais (CIR) envolvidas, fóruns regionais, grupos condutores estadual e regionais da Raps, assembleias do Conselho de Secretários Municipais de Saúde do Estado (Cosems), além das ações diretas junto às equipes de desinstitucionalização dos municípios. Alguns processos de aquisição de material permanente que estavam em vias de finalização foram direcionados para dispositivos do município de Rio Bonito. O novo maquinário da lavanderia foi instalado na UPA local; e a estrutura física da padaria foi também encaminhada ao município.

Um detalhe curioso sobre isso, acontecido no mesmo mês, parece ter contribuído para que todos os internos do HCRB retornassem a seus municípios de origem na data estabelecida: o secretário de saúde de um município importante do estado recebeu ordem de prisão por não ter efetivado a desinstitucionalização de um interno de hospital de custódia. Assim, um município acolheu seus munícipes no Caps AD municipal na primeira noite e outro alugou uma casa de temporada para acolher provisoriamente os moradores.

Diferente de outros processos de fechamento de hospitais psiquiátricos em que o município sede acaba adotando usuários sem território bem definido, Rio Bonito só acolheu aqueles que eram seus munícipes. Em 29 de fevereiro de 2016, os 54 últimos internos do HCRB retornaram a seus municípios de origem, conforme previsto.

Foi um dia de muita emoção e expectativa. Durante todo o processo, apoiadores, e equipes técnicas envolvidas na ação desenvolveram laços entre si e com aqueles para os quais vislumbravam certo renascimento, que de alguma forma se inaugurava naquele ato de fechamento do HCRB.

Uma das apoiadoras do estado pernoitou na unidade naquela noite com a equipe técnica do HCRB e acompanhou os últimos internos para o município de Saquarema na manhã seguinte, dia 1º de março de 2016, pois na véspera chovia muito. Durante o mês de março finalizamos os procedimentos administrativos para a devolução do imóvel aos proprietários, e visitamos os oito municípios que haviam recebido os últimos 54 internos, de modo a encerrarmos a ACP em 31 de março de 2016.

Em 29 de março de 2016, a ATSM realizou reunião na unidade com a equipe gestora do HCRB, com a participação da Coordenação Municipal de Saúde Mental, do secretário municipal de saúde e do procurador do município, ocasião em que foram discutidos os procedimentos finais para a conclusão da ACP, prestação de contas e entrega do imóvel.

Em 31 de março de 2016, a ATSM entregou o ofício AB/GSM n.º 30/2016 à SMS Rio Bonito, formalizando o encerramento técnico da ACP.

Sobre a reorientação das AIHs psiquiátricas

Com o fechamento do HCRB, os recursos financeiros referentes a 454 Autorizações de Internações Hospitalares (AIHs) que estavam *"congelados"* no teto financeiro de Rio Bonito puderam retornar aos municípios internantes. Assim, na CIB de fevereiro de 2016, a ATSM e a Saeca/SES-RJ procederam à reorientação dos recursos aos municípios que compunham o teto financeiro de AIHs municipal, conforme publicado na Deliberação CIB-RJ n.º 3696, de 1º de abril de 2016. Em janeiro de 2018, a Portaria MS/SAS n.º 110/2018 inclui o HCRB entre os hospitais psiquiátricos desabilitados do Sistema SUS, concluindo o processo de fechamento do macro-hospital psiquiátrico.

Referências

BRASIL. **Lei n.º 10.216, de 6 de abril de 2001.** Dispõe sobre a proteção e os direitos das pessoas portadoras de transtornos mentais e redireciona o modelo assistencial em saúde mental. Brasília, DF: Presidência da República, 2001. Disponível em: https://www.planalto.gov.br/ccivil_03/leis/leis_2001/l10216.htm. Acesso em: 26 abr. 2024.

BRASIL. Ministério da Saúde. Gabinete do Ministro. **Portaria GM/MS n.º 399, de 22 de fevereiro de 2006.** Divulga o Pacto pela Saúde 2006 – Consolidação do SUS e aprova as Diretrizes Operacionais do Referido Pacto. Brasília, DF: MS, 2006. Disponível em: https://bvsms.saude.gov.br/bvs/saudelegis/gm/2006/prt0399_22_02_2006.html. Acesso em: 12 abr. 2024.

BRASIL. Ministério da Saúde. Gabinete do Ministro. **Portaria GM/MS n.º 52, de 20 de janeiro de 2004**. Institui o Programa Anual de Reestruturação da Assistência Psiquiátrica Hospitalar no SUS – 2004. Brasília, DF: MS, 2004. Disponível em: https://bvsms.saude.gov.br/bvs/saudelegis/gm/2004/prt0052_20_01_2004.html. Acesso em: 12 abr. 2024.

BRASIL. Ministério da Saúde. Gabinete do Ministro. **Portaria GM/MS n.º 532, de 28 de março de 2012**. Brasília, DF: MS, 2012. Disponível em: https://bvsms.saude.gov.br/bvs/saudelegis/gm/2012/prt0532_28_03_2012.html. Acesso em: 12 abr. 2024.

BRASIL. Ministério da Saúde. Secretaria de Assistência à Saúde. **Portaria MS/SAS n.º 501, de 13 de setembro de 2007**. Brasília, DF: MS; SAS, 2007. Disponível em: https://bvsms.saude.gov.br/bvs/sas/Links%20finalizados%20SAS%202007/prt0501_13_09_2007.html. Acesso em: 12 abr. 2024.

GONÇALVES, R. W.; VIEIRA, F. S.; DELGADO, P. G. G. Política de Saúde Mental no Brasil: evolução do gasto federal entre 2001 e 2009. **Revista Saúde Pública**, São Paulo, v. 46, n. 1, p. 51-58, 2012. Disponível em: https://www.scielo.br/j/rsp/a/dHkQcq4vB6RS7Cn53VLg59B/abstract/?lang=pt. Acesso em: 12 abr. 2024.

RIO DE JANEIRO. Secretaria de Estado de Saúde. Comissão Intergestores Bipartite. **Deliberação CIB-RJ n.º 203, de 4 de novembro de 2005**. Aprova a expansão escalonada de leitos/internações por especialidade na rede de centrais de regulação do Rio de Janeiro. Rio de Janeiro: SES; CIB, 2005. Disponível em: http://www.cib.rj.gov.br/deliberacoes-cib/149-2005/novembro/194-deliberacao-cib-rj-no-0203-de-04-de-novembro-de-2005.html. Acesso em: 12 abr. 2024.

RIO DE JANEIRO. Secretaria de Estado de Saúde. Comissão Intergestores Bipartite. **Deliberação CIB-RJ n.º 1.792, de 10 de maio de 2012**. Pactua o repasse de recursos referente a portaria GM/MS n.º 532/2012. Rio de Janeiro: SES; CIB, 2012. Disponível em: http://www.cib.rj.gov.br/deliberacoes-cib/62-2012/maio/2004-deliberacao-cib-n-1792-de-10-de-maio-de-2012.html. Acesso em: 12 abr. 2024.

RIO DE JANEIRO. Secretaria de Estado de Saúde. Comissão Intergestores Bipartite. **Deliberação CIB-RJ n.º 3.696, de 1º de abril de 2016**. Aprova os limites financeiros globais/mensais dos municípios do estado do Rio de Janeiro. Rio de Janeiro: SES; CIB, 2016. Disponível em: http://www.cib.rj.gov.br/deliberacoes--cib/501-2016-deliberacoes/marco/4225-deliberacao-cib-n-3-696-de-01-de--abril-de-2016-republicada.html. Acesso em: 12 abr. 2024.

SANTOS, M. T. da C. **A Reforma Psiquiátrica no Rio de Janeiro a partir dos anos 90**: às tramas da política, Rio de Janeiro. 2007. Dissertação de Mestrado em Saúde Coletiva – Instituto de Medicina Social, Universidade do Estado do Rio de Janeiro, 2007.

CAPÍTULO 3

HOSPITAL COLÔNIA DE RIO BONITO: DA INSANIDADE À CIDADANIA

Luiza Helena Aurelio Dias

Marcos Argôlo

Durante muitos anos o Hospital Colônia de Rio Bonito (HCRB) foi um hospital psiquiátrico de referência nas regiões Metropolitana 2 e Baixada Litorânea do estado do Rio de Janeiro, para "internação" de pacientes que se encontravam em quadros agudos com demanda de internação psiquiátrica, bem como quando, por uma linha higienista, pessoas improdutivas ou desviantes não podiam permanecer nas ruas e para lá eram levadas. Muitos esquecidos, muitos abandonados e negligenciados, além dos tais andarilhos que, sem documentos, iam ficando – e, como eram "loucos", ninguém os procurava.

A Lei n.º 10.216/2001, conhecida como Lei Antimanicomial, que promoveu a Reforma Psiquiátrica, está em vigor desde abril de 2001, tendo como diretriz principal o fechamento gradual dos manicômios e definindo que os portadores de transtorno mental devem ter o direito a tratamento humanizado, sem enclausuramento e exclusão (que eram frutos de uma lógica hospitalocêntrica de décadas). Pensando que os hospitais psiquiátricos teriam seus serviços encerrados, também se previu a construção de uma rede de saúde mental composta por Centros de Atenção Psicossocial (Caps) e Residências Terapêuticas (RTs).

Atendendo a um movimento de fechamento do HCRB, um Termo de Ajustamento de Conduta (TAC) Tripartite foi realizado em junho de 2010, definindo a realização de um Censo Psicossocial dos internos. Este TAC vigorou até julho de 2011 e uma equipe foi contratada especificamente para mapear a população de pacientes na unidade e também dar celeridade à identificação civil, pois muitos não possuíam registros e documentos, além de definir o futuro da instituição.

Em 7 de fevereiro de 2012, numa audiência judicial com representantes das três instâncias de governo, definiu-se a data para o início do efetivo processo de desinstitucionalização da clientela do HCRB, por meio da figura jurídica da "requisição parcial de serviços".

Vale ressaltar que o processo seria realizado privilegiando a permanência dos profissionais que ali trabalhavam, até pelo impacto que o município de Rio Bonito poderia sofrer com um grande número de demissões, já que praticamente todos eram moradores locais e, sendo assim, todos tiveram o direito de se candidatarem para a seleção. Estávamos cientes dos riscos de como essa seleção foi realizada, pois eram profissionais tão institucionalizados em suas práticas e lógica assistencial quanto os pacientes em longo tempo de internação. Sendo assim, foi preciso um esforço maior por parte da Área Técnica de Saúde Mental da Secretaria de Estado de Saúde - SESRJ (responsável técnica pela ação) para que se fizesse a divulgação ampla do edital da seleção, análise de currículos e contratação da nova equipe assistencial.

Nesse processo também estavam incluídos os profissionais que ocupariam as funções de coordenador geral, diretor médico, supervisor da equipe multidisciplinar, supervisor de enfermagem e coordenador administrativo, os quais receberam a denominação de equipe gestora.

Em 28 de fevereiro de 2012, 173 profissionais já estavam selecionados e contratados e uma reunião com a Secretária de Saúde do município de Rio Bonito foi realizada para apresentação da equipe gestora e ações subsequentes.

Em 1º de março de 2012, com o ofício expedido pela Secretaria de Saúde do município de Rio Bonito aos proprietários do HCRB, a equipe gestora assumiu a unidade e com ela todos os profissionais que fariam parte da ação, como técnicos, nutricionista, cozinheiros, auxiliares de serviços gerais, auxiliares administrativos, motorista, barbeiro, porteiro, dentre outros. Diante de alguma necessidade de serviço que não havia sido previsto no edital, a coordenadora de saúde mental de Rio Bonito era acionada e imediatamente nos disponibilizava.

Apesar de embrionário, começava efetivamente o processo de desinstitucionalização dos 255 pacientes do Hospital Colônia de Rio Bonito. Entretanto, devido ao falecimento de uma paciente nesse primeiro dia, passamos a contar com 254. Vimos, de imediato, a importância de circularmos por todos os espaços do HCRB e começarmos a pensar no desenvolvimento do trabalho, pois aquelas pessoas já tinham sido tão negligenciadas que mereciam, urgentemente, de um cuidado mais adequado e humanizado.

A partir disso, uma reunião entre equipe gestora, técnicos da GSM e a equipe técnica do HCRB aconteceu e dois pontos importantes foram elucidados: o de que precisávamos ter um olhar para dinâmica de funcionamento da instituição e também para os pacientes nas suas diversas formas de cuidado; e de que o foco deveria ser na "Porta de Saída" – esse sim, sempre foi o nosso norte durante os quatro anos do processo.

Foi necessário compreender como era o dia a dia dos pacientes antes da intervenção, organizar rotina, protocolos, comunicação interna e externa, fluxos, compras de insumos etc. e gradualmente nos inserirmos no cotidiano dos pacientes. Essa ação de apropriação da rotina do hospital ficou denominada como **"ENQUANTO ISSO"**. Sim, sabíamos que o **processo de desinstitucionalização** específico com os pacientes, deveria ser feito pelos municípios internantes e que a essa equipe gestora caberia a articulação com a Comissão Tripartite (CT), órgãos de fiscalização e municípios internantes e a responsabilidade do cuidado aos pacientes que lá estavam durante todo processo.

Toda a movimentação da intervenção fez com que alguns pacientes, os com mais autonomia, se aproximassem com dúvidas e reivindicações, o que pode ser constatado com a foto a seguir.

Bilhete de LCN

Frente:

"Ah, Doutora Luíza, qual é a verdade? Uma lide falou para mim que já tinha um hospital pronto pra levar todos os pacientes pra lá e pacienta e ia entregar o hospital pra Dona do hospital, o hospital HCRB, Lide falou que o hospital já é da prefeitura, que ela tinha perdido o HCRB, outros disse que só entregaria se a dona: pagasse as dívidas. Todas — porque ninguém pode pega o que não é dele,".

Verso:

"otros lides disse que a prefeita ou ministério público estava ajudando ela pagar as dívidas depois entregará a eles se não tiver hospital pronto nenhum para levar os pacientes/ masculino- feminino porque o juiz não dá jeito para construir um hospital para levar todos os pacientes. A para um hospital construído seria bom."

Assina o nome – Enfermaria 4, prontuário 34, às 04:08, dia 22/07/2012.

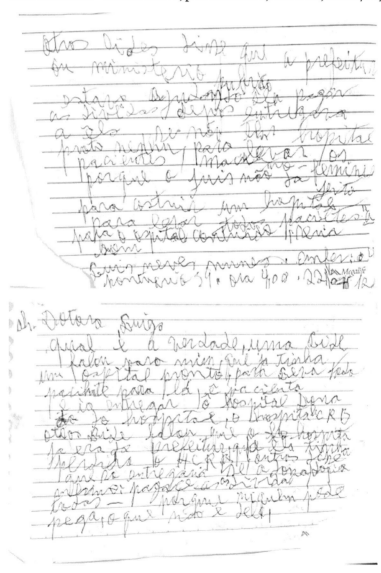

A equipe gestora era formada por:

- coordenador geral – visão macro do trabalho;
- diretor médico – responsável pela reorganização do cuidado médico e farmácia;
- supervisora clínica da equipe multidisciplinar – acompanhamento e supervisão da equipe multidisciplinar;
- supervisor de enfermagem – acompanhamento e supervisão de enfermeiros, técnicos e auxiliares de enfermagem;
- supervisor de recursos humanos – organização do recurso humano e interface entre município de Rio Bonito e HCRB;
- diretora administrativa – responsável pela parte administrativa do HCRB, desde a compra de material até a reorganização dos espaços internos.

Como já tínhamos o resultado apresentado pela Equipe Censo, precisávamos elaborar como o trabalho seria desenvolvido para a implementação imediata. A estrutura das "equipes de tratamento", como inicialmente designamos, deveria ser organizada se baseando no número de pacientes e profissionais. Agrupar munícipes por região também seria uma estratégia para que o trabalho fosse viabilizado, principalmente quando precisássemos nos deslocar para visitas técnicas às equipes de saúde mental ou mesmo visitas aos familiares. Sendo assim, contaríamos com quatro equipes que ficariam responsáveis por desenvolver ações pertinentes à desinstitucionalização que compostas por profissionais de psiquiatria, clínica médica, assistência social, psicologia e supervisão de enfermagem. A quinta equipe seria responsável por implementar e desenvolver atividades de vida diária (AVDs) e oficinas terapêuticas, sendo composta por terapeutas ocupacionais e uma psicóloga.

Tabela 2 – Distribuição dos profissionais nas mini equipes

Equipe	Municípios	No. Pacs.
I	São Gonçalo e Niterói	89
II	Rio Bonito, Itaboraí e Manhuaçu (MG)	55
III	Itanhem (Ba), Magé, Mesquita, Nova Iguaçu, Rio de Janeiro, Tanguá, S. J. Meriti, Casemiro de Abreu, R. das Ostras, Friburgo	55
IV	Araruama, Arraial do Cabo, Cabo Frio, Iguaba, Macaé, Maricá e Saquarema	55
V	Oficinas Terapêuticas e Atividades de Vida Diárias	Todos os pacientes

Obs: Dados obtidos através dos resultados do trabalho da Equipe Censo

Fonte: os autores

Como São Gonçalo era o município com o maior número de internos, a equipe que fosse designada para trabalhar com esses munícipes ficaria com um profissional a mais, pois já havíamos estipulado a média de 50 por equipes.

Vale ressaltar a importância do profissional farmacêutico, uma vez que, além da organização do setor, deveria contribuir para a desmedicalização dos internos, como uma etapa do processo de desinstitucionalização. Herdamos pacientes muito medicalizados com esquemas psicotrópicos, mesmo sem indicação clínica para tal. Com uma assistência digna e próxima, foi possível uma revisão importante das prescrições e diminuição significativa das medicações utilizadas. Via de regra, isso ocorreu sem que houvesse qualquer piora nos quadros psíquicos dos internos. Ao contrário, foi imediatamente possível ver pacientes com melhor interação, com melhora na marcha, discursos mais coerentes e atendendo às atividades propostas. Com isso, a nossa avaliação era de que estávamos no caminho certo.

Com o trabalho formatado e com as diversas demandas que surgiam, percebemos a necessidade da realização de reuniões semanais com todos os integrantes da equipe multidisciplinar.

Num primeiro momento, a supervisão não podia se restringir à discussão dos casos, mas estar atenta às especificidades que alguns casos requeriam; deveria buscar a compreensão sobre o funcionamento da instituição e necessidades dos pacientes, para implementar ações visando a autonomia de cada indivíduo.

Mostrou-se urgente a organização do acesso dos pacientes ao refeitório – para além da desconstrução de uma fila imensa que logo cedo se formava com a aproximação dos horários das refeições – e da forma como eles recebiam a comida e se alimentavam. Ficou então acertado com a nutricionista que todos passariam a utilizar as mesas para as refeições. Para os que se recusavam a sentar-se à mesa, pois aprenderam que podiam e deviam comer sentados no chão e de prato na mão, foi preciso que os técnicos de referência se pusessem à frente desse cuidado e propiciassem novas descobertas. Foi muito gratificante quando um paciente – já internado no HCRB e que há mais de 40 anos se posicionava num canto do refeitório, onde recebia sua comida nas mãos e só comia agachado –, ocupou seu lugar na fila e foi servido podendo, inclusive, escolher o que queria comer.

As reformas dos espaços físicos já estavam em andamento e o reposicionamento das enfermarias também foi prioridade, uma vez que as mulheres ficavam num espaço anexo e o acesso a esse local se dava por meio de um portão de grades que permanecia trancado.

Um fato importante em relação aos espaços físicos é que geralmente nessas instituições existe um espaço de comércio denominado de "Cantina", que, além da venda de produtos, poderiam ter um papel importante na relação institucional por aproximar pacientes, técnicos e familiares. No entanto, observa-se que essa aproximação não produz efeitos terapêuticos positivos, no sentido de um cuidado ampliado e de resgate da autonomia, e, além disso, propicia um consumo desenfreado e quase sempre com abuso financeiro em relação ao paciente e aos seus familiares. A cantina que existia no HCRB não era diferente e o contrato com o beneficiário do comércio era informal. Como não podia deixar de ser, principalmente pela característica do "negócio", o encerramento do contrato demandou um certo esforço, pois nos deparamos com certa resistência, inclusive dos internos. Após várias tentativas de mudanças nas relações institucionais que pudessem tornar aquele espaço um local possível de resgate à cidadania, só nos restou, de forma progressiva, avançar para o fechamento, o qual ocorreu em 2015.

Os Caminhos da Ação

Conforme o processo de desinstitucionalização avançava e, consequentemente, o número de pacientes reduzia, a avaliação dos processos em curso se fazia necessária e, por meio dos seminários clínicos que aconteciam trimestralmente, discutíamos o que estava ou não funcionando adequadamente. Reavaliar o processo também era uma estratégia para implicar tanto profissionais quanto gestores municipais e pactuar ações. Nesse sentido, a parceria com o Ministério Público (MP) da comarca de Rio Bonito foi essencial, principalmente para assegurar o cumprimento das pactuações que visavam o retorno dos pacientes aos seus municípios de origem, o que nem sempre acontecia sem determinação judicial ou contingenciamento financeiro.

Seminário Clínico

1. Ocorreu em 19 de maio de 2012, com o título "**Os caminhos da Ação**". Todos os envolvidos na ação foram convidados a participar, inclusive familiares.

Conclusões:

- a avaliação era favorável ao processo em curso e ao trabalho engrenado;
- os dispositivos de apoio e famílias não teriam responsabilidades aliviadas;
- a Área Técnica de Saúde Mental da SES-RJ deveria manter o monitoramento dos casos;
- o MP do estado do Rio de Janeiro e possíveis contribuições para processo de desinstitucionalização;
- havia a necessidade de inclusão do profissional da clínica médica na equipe multidisciplinar;
- havia a necessidade de uma **enfermagem** mais presente no pátio e menos nos postos.

2. Os **Avanços e Entraves no Processo de Desinstitucionalização do HCRB** foi tema do segundo seminário, ocorrido em 25 de agosto de 2012. Foram eles:

- Avanços:

    - projetos terapêuticos redefinidos;
    - melhor adequação na construção de vínculo entre equipe e pacientes;
    - estabelecimento de vínculo com familiares de pacientes;
    - mudança do paciente do lugar de objeto para sujeito;
    - maior número de pacientes frequentando atividades terapêuticas;
    - batizado da equipe V como *Equipe Vida* e sua potencialização com a inclusão de três monitores.

- Entraves:

    - carência de supervisão de desinstitucionalização;
    - falta de suporte veicular adequado ao trabalho;
    - falta de compromisso dos familiares e dos municípios com o processo de desinstitucionalização do HCRB;
    - ausência das equipes de desinstitucionalização municipais e Caps;
    - necessidade de maior proximidade entre equipe vida e as equipes de tratamento;
    - falta de dispositivos nos municípios para acolhimento dos egressos de longa permanência do HCRB.

Conclusão

Os profissionais da equipe vida deveriam ser incluídos nas mini equipes para a implementação de atividades necessárias aos projetos terapêuticos singulares.

Para a busca da solução dos pontos apresentados como entraves, os coordenadores de saúde mental e secretários de saúde dos municípios internantes deveriam ser acionados, além da administração municipal para a cessão do transporte (fosse de Rio Bonito ou até mesmo do município que teria a visita técnica do HCRB).

Vínhamos caminhando para a humanização dos espaços e em agosto desse mesmo ano e substituímos a enfermaria de intercorrências clínicas pela de **cuidados próximos**. Como o próprio nome diz, seria um local onde pacientes com maiores necessidades de cuidados, estariam próximos às áreas onde não só a enfermagem, mas médicos e todos os outros técnicos estariam.

Ainda havia muito a ser feito e, enquanto trabalhávamos para reordenar equipes, fechar enfermarias e repensar as atividades desenvolvidas diariamente, nos deparávamos com desabastecimento amplo, o qual exigiu a busca por um canal de comunicação mais próximo do setor de abastecimento com o aval da estrutura do município de Rio Bonito, Prefeitura e Secretaria de Saúde.

Chegamos ao final do 1.º ano da AÇÃO com menos 54 pacientes, dos quais:

- 18 retorno familiar;
- 5 RTs;
- 16 transinstitucionalizados (o que foi acordado com os municípios diante da dificuldade de ação mais intensa e eficaz, devido à distância);
- 2 óbitos;
- 1 abandono pós-licença;
- 2 abrigo;
- 3 intercorrência clínica seguidas de óbito;
- 6 intercorrência clínica seguida para transinstitucionalização;
- 1 óbito no Caps (os pacientes eram levados para atividades nos Caps dos municípios mais próximos).

Um fato importante a registrar foi a necessidade de um novo processo seletivo no início de 2013, já que com a eleição para prefeito em outubro de

2012, e nova gestão municipal, todos os contratados seriam automaticamente desligados. Entretanto, a seleção precisaria cumprir um decreto municipal e todos os profissionais do HCRB, exceto a equipe gestora, passariam por prova de conhecimentos, geral e específica e entrevistas, que seriam realizadas pelos técnicos da Área Técnica da GSM SES-RJ e equipe gestora do HCRB.

Essa etapa da seleção foi realizada em fevereiro de 2013 e em março um novo quadro de funcionários foi formado e contratado. Com a meta de aumentarmos o número de pessoas desinstitucionalizadas e por meio da avaliação sobre o que ainda precisava ser feito, a equipe multidisciplinar foi requisitada a focar o trabalho clínico na preparação dos pacientes para as altas. Com isso, a busca por familiares e emissão de documentos foram potencializadas, além dos acordos com familiares e municípios para as saídas terapêuticas. Aos poucos víamos pessoas mais autônomas, com circulação maior pelos espaços e com mais "liberdade" em suas atitudes. Enxergávamos pessoas e não pacientes. Cada vez menos Loucos e mais Cidadãos, mas muito ainda precisava ser feito.

Inicialmente, o projeto de desinstitucionalizar os 255 pacientes tinha um prazo estabelecido judicialmente de dois anos, podendo ser prorrogado. Com todas as dificuldades enfrentadas, pois não bastava agir dentro da instituição, terminamos 2013 com apenas 34 pessoas desinstitucionalizadas ao longo do ano.

A equipe multidisciplinar também vinha evoluindo e conseguindo trabalhar mais num processo micro e individualizado, já que o tempo de "arrumação da casa" estava finalizado.

Nossos seminários continuavam e, com os mesmos objetivos de sempre, partíamos do que poderia não estar funcionando para encontrar soluções viáveis. A supervisão passou a fazer reuniões mais frequentes com as mini equipes, principalmente para discutir os casos e projetos terapêuticos singulares e as reuniões gerais somente uma vez por mês.

O terceiro ano da ação, 2014, foi o ano da ousadia.

Buscando melhor adequação dos internos para a vida fora do hospital, já que muitos estavam ali há mais de 10 ou 15 anos, a equipe gestora decidiu em reunião que deveríamos criar espaços semelhantes a uma residência e que poderiam ser denominadas de "Casas de Transição". Entretanto, eram os técnicos que teriam maiores recursos para organizarem e definirem como aquelas pessoas ocupariam as casas e o que precisariam encontrar. Sendo assim, os critérios para ocupação delas foram definidos em reunião da equipe multidisciplinar, tendo como prioridade na ocupação os que estavam com perspectivas de alta mais imediatas.

Casas de transição

A escolha pela localização das casas de transição partiu, inicialmente, da avaliação dos espaços livres do HCRB, os quais tivessem em seus formatos a possibilidade de organização e decoração semelhantes a uma residência. Também foi pensado e privilegiado que, se possível, esses espaços deveriam estar em áreas próximas ao portão de saída, pois simbolicamente daria a sensação de que a alta hospitalar estaria próxima e também pela própria estrutura física da instituição. Além disso, o suporte do técnico de referência seria indispensável para o desenvolvimento de certas habilidades que a vida na instituição não permitia.

A primeira casa foi montada em abril de 2014, e com a experiência adquirida do que estava funcionando e precisava de ajustes, fomos gradativamente implantando outras. Ao final de 2014, já tínhamos três casas de transição em funcionamento.

Essa foi uma prática muito importante não só porque humanizamos os espaços, mas também as relações. As pessoas conviviam em um grupo menor e vivenciavam o dia a dia de uma casa. Pacientes viraram moradores e técnicos cuidadores, evidenciando assim que as mudanças desejadas refletiam na clínica desses pacientes.

Mais do que os anos anteriores, essa ação começou a possibilitar que aquelas pessoas vivenciassem realmente a cidadania. Não só pela autonomia, mas também pela forma como os profissionais se relacionavam com elas.

Outra ação importante foi o fechamento da enfermaria de cuidados próximos e a criação de alojamentos mistos. Inicialmente, pacientes e alguns membros dos recursos humanos da instituição estranharam, mas com a condução clínica adequada, logo todos estavam totalmente inseridos na nova realidade.

Ao fim de 2014, nossa avaliação era de que o projeto das casas de transição era um sucesso e que deveríamos insistir nesse modelo para o próximo ano. Apesar disso, somente 50 pessoas haviam sido desinstitucionalizadas.

Como um novo processo seletivo precisaria ser realizado, deveríamos redimensionar o quadro de funcionários para adequação ao número de pacientes, já que com a redução de mais de 50% pessoas ainda internadas e, proporcionalmente, também dos alojamentos, poderíamos trabalhar com um número mais adequado de profissionais atuantes na ação.

No quarto ano, 2015, começamos com 116 pessoas ainda no HCRB, o que nos mostrava a necessidade de intensificar as ações junto às equipes municipais, mas também modificar uma dinâmica rígida de cumprimento de horários e regras que ainda existiam e que era contrária a ideia de cidadania que tanto pregávamos. Desativamos o grande refeitório e criamos cozinhas e espaços para as refeições, estes próximos aos alojamentos e mais personalizados, propiciando maior autonomia daquelas pessoas.

Era visível como cada ação correspondia a mudança positiva no comportamento daquelas pessoas que ainda se encontravam "internadas". Mesmo que quiséssemos dar outro nome, elas estavam sim, sem a liberdade que mereciam.

Era necessário ainda pactuar acordos e solicitar cada vez mais auxílio do MP e da SES-RJ, pois já não estávamos tendo êxito com alguns municípios. Em reunião realizada em dezembro de 2015, para a qual foram convocados os municípios que ainda não haviam se organizado para receberem seus pacientes, pactuamos para o fim de fevereiro de 2016 o fechamento definitivo do HCRB.

Iniciar o ano de 2016 com prazo de fechamento foi uma estratégia utilizada para atingirmos o objetivo de não entrarmos no quinto ano da ação, fato também cobrado pela área técnica da Gerência de Saúde Mental da SES-RJ. Foram dois meses intensos de trabalho, com redução de 43 pessoas desinstitucionalizadas, dos quais 4 óbitos, 28 para RTs em seus municípios de origem; 5 transinstitucionalizados para o Hospital Psiquiátrico de Jurujuba em Niterói e 6 para retorno familiar. Precisávamos não esmorecer e manter a pactuação.

O objetivo foi alcançado e em 29 de fevereiro de 2016, os últimos internos foram levados para seus municípios de origem. Entretanto, devido ao mau tempo que gerou chuvas torrenciais na região, acarretando queda de barreiras e estradas interditadas, o motorista da van, que havia deixado o HCRB com nove pacientes e dois técnicos para levá-los a um município da baixada litorânea, foi obrigado a retornar com eles para o hospital. Pernoitaram e no dia seguinte, com a diminuição das chuvas, conseguimos levá-los ao destino.

CAPÍTULO 4

A DESCONSTRUÇÃO DE ANTIGOS SABERES NO PROCESSO DE DESINSTITUCIONALIZAÇÃO DO HOSPITAL COLÔNIA DE RIO BONITO

Neste capítulo descreveremos algumas práticas que eram exercidas no interior do Hospital Colônia de Rio Bonito, tomando como foco a experiência vivida pela equipe de enfermagem, serviço social, psicologia e médica. O processo de desinstitucionalização dos internos do hospital foi importante e impactante não apenas para estes, mas também para a transformação de antigos saberes em novos. Veremos também como esta nova prática implica diretamente nas diretrizes propostas pelo movimento da Reforma Psiquiátrica Brasileira.

As diversas práticas profissionais

Enfermagem

Vagner Marins Barcelos
Cláudia Gonçalves Andrade de Brito
Solange Nascimento Pereira Vielman

A assistência de enfermagem psiquiátrica/saúde mental no Hospital Colônia de Rio Bonito (HCRB) se constituiu historicamente como uma prática hospitalocêntrica, fruto da necessidade de disciplinar o comportamento considerado inapropriado pela sociedade, daqueles que se encontravam internados naquela instituição.

As internações no HCRB eram longas e as pessoas com transtornos mentais permaneciam, na maioria das vezes, em condições de segregação. O hospital priorizava a contenção física e o controle dos pacientes, com pouca ou nenhuma ênfase na reabilitação e reintegração social.

Os cuidados de enfermagem eram padronizados e sem nenhuma consideração às necessidades individuais dos pacientes. Quando havia alguma ação mais holística, essa era isolada, pois partia da visão de algum enfermeiro ou enfermeira mais comprometida e com um olhar mais humanizado do cuidado.

Para prestar a assistência no HCRB, a enfermagem estava dividida em duas equipes:

- Assistência direta – composta por **técnicos e auxiliares de enfermagem,** os quais tinham a responsabilidade de separar, preparar e administrar os medicamentos, além da higiene e cuidados com o corpo dos pacientes. Também era função deles a arrumação e manutenção dos leitos limpos, servir refeições aos mais debilitados e aos contidos, observar a refeição dos demais usuários no refeitório, a vigília e observação dos pacientes no pátio e no interior dos pavilhões, além dos cuidados comuns de enfermagem como curativos sondagens e punções.

- Assistência indireta – composta por **enfermeiros**, aos quais, nesta época, cabia a supervisão dos profissionais técnicos e auxiliares de enfermagem, além da atuação nos casos de maior complexidade, organizar e remanejar os outros membros da equipe pelo hospital caso houvesse necessidade, bem como a responsabilidade pelos agendamentos de consultas externas a unidade e encaminhamento dos pacientes para realização dessas consultas acompanhados de um auxiliar ou técnico de enfermagem.

Podemos observar que o cuidado de enfermagem nesse período no HCRB era muito mais centrado na rotina da instituição e em um cuidado coletivo do que em um cuidado individualizado. Como afirma Carvalho *et al.* (2019), as instituições que ficavam encarregadas pela assistência psiquiátrica não eram voltadas para o doente em si, mas sim, para isolar esse indivíduo da sociedade e mantê-lo afastado de problemas. Por sua vez, a equipe de enfermagem era constituída pelo enfermeiro, que detinha a "autoridade" e presidia as ações de enfermagem, e pelos auxiliares e/ou técnicos de enfermagem, que executavam essas ações sem qualquer embasamento teórico para o manejo com o cliente psiquiátrico.

Com a intervenção no HCRB no ano de 2012 e, consequentemente, a chegada de uma equipe gestora que ficaria responsável pelo fechamento do hospital e pelas mudanças no processo assistencial até o seu fechamento, houve a necessidade em se adequar a assistência aos moldes da Reforma Psiquiátrica e, para isso, foi preciso o rearranjo da equipe de enfermagem. Já não era possível estar só na supervisão ou nos postos de enfermagem, mas era necessária uma integração multidisciplinar e interdisciplinar e os enfermeiros foram incluídos nas equipes multidisciplinares (vide capítulo 3). Com isso, passaram a executar ações como técnicos em saúde mental, juntando seus saberes específicos da enfermagem aos saberes multidisciplinares, no caminho da construção de uma assistência de melhor qualidade para os pacientes.

Claro que não podemos dizer aqui que toda essa mudança foi fácil. Houve a necessidade de um período de adaptação e transição para mudança de paradigmas, pois para muitos, foram anos numa assistência centrada em um manicômio. Precisaríamos passar a pensar a assistência de forma multidisciplinar, com o olhar para fora dos muros do hospital e, nesse processo, muitos profissionais enfermeiros, técnicos e auxiliares pediram demissão ou saíram do processo por não se adaptarem ao novo modelo.

Com a mudança, houve uma transformação significativa no papel da equipe de enfermagem, que deixou de ser apenas cumpridora de procedimentos práticos para participar ativamente no tratamento, por meio do exercício profissional mais autônomo. Com as novas responsabilidades que o enfermeiro adquiriu após essas mudanças de papel da equipe, ressalto a importância hoje atribuída à participação desse profissional no tratamento como um processo que se traduz numa mudança de paradigma do modelo assistencial intramuros para o atendimento em sociedade, o que configura um importante passo para a ressocialização desses pacientes (Carvalho *et al.*, 2019).

Outro ponto importante vivenciado pela equipe de enfermagem foi quando perceberam as contradições nos diferentes modelos de intervenção. As práticas orientadas pelo modelo asilar convivem lado a lado com práticas em que o(a) enfermeiro(a) é o(a) agente terapêutico(a) que deixa de agir como vigilante e agente repressor(a) para ser um(a) agente terapêutico(a). Passa, assim, a se preocupar com a promoção da qualidade de vida e com a constituição de sujeitos responsáveis por suas escolhas, gerando assim dúvidas relativas à assistência e demonstrando a preocupação dos profissionais em aperfeiçoá-la (Carvalho *et al*., 2019; Alessi, 2003).

Assim, a meta do cuidado da enfermagem passa a ser a priorização das interações positivas da pessoa com o ambiente, promovendo o bem-estar e propiciando que o paciente tenha a percepção de si próprio, valorizando-se o contexto em que se encontra, com vistas a sua inclusão social. O papel da enfermagem também é buscar compreender o paciente de forma integral, considerando não apenas os aspectos físicos, mas também os emocionais e sociais; bem como trabalhar para que cada um possa participar ativamente na comunidade e retomar suas atividades cotidianas. No HCRB, além do tratamento, os enfermeiros também passaram a atuar na prevenção da agudização dos transtornos mentais, promovendo hábitos saudáveis e oferecendo suporte emocional.

Com todo esse processo, a enfermagem passou a ser mais empática, utilizando conhecimentos para a escuta qualificada, sempre pronta para cuidar. Dessa forma, os avanços do profissional de enfermagem no HCRB aconteceram no sentido de acompanhar os pacientes numa proposta terapêutica com características diversificadas e heterogêneas, devido aos novos processos impostos pela transformação do serviço e com as necessidades que surgiram a partir da restauração da assistência psiquiátrica. Agindo conforme o que preconiza a Reforma Psiquiátrica, cujo objetivo é substituir o hospital psiquiátrico pelos centros de atenção psicossocial, a inserção dos enfermeiros na equipe multidisciplinar propiciou também a qualificação de mão de obra para inserção na rede de atenção psicossocial.

Serviço social

Juliana Marina de Campos

A atuação do serviço social iniciou-se na composição da Equipe Censo, no ano de 2010, propiciando assim a articulação com a equipe do serviço social do próprio hospital e com as equipes municipais, possibilitando a alta de um número expressivo de pacientes. Em 2012, com a chegada da intervenção, aproximadamente metade dos pacientes já haviam recebido alta, porém ainda era um número pouco expressivo.

A proposta inicial do Censo Clínico Psicossocial era produzir um mapeamento psicossocial de todos os pacientes e para isso precisou rastrear cada caso, denotando as condições clínicas, psiquiátricas e sociais dos pacientes, tais como: quem tinha família; quem recebia ou não visitas; quem tinha benefício e usufruía dele; e quem tinha o benefício, mas não usufruía dele. Esse censo seria concluído com uma impressão diagnóstica e com os devidos encaminhamentos.

A Equipe Censo tinha uma sala cedida pelo hospital, onde se concentrava o trabalho administrativo. O papel da equipe no que se refere ao trabalho técnico, era adentrar as enfermarias, preencher o formulário específico do censo – que consistia na coleta de dados, com ações como: pesquisar os prontuários, atender os familiares, entrevistar os usuários e articular com os municípios –, bem como realizar um trabalho de fundamental parceria com os funcionários do hospital.

Urgia absorver o máximo de informações para que pudéssemos reconstruir as histórias daqueles indivíduos, há muito assujeitados às condições degradantes. Ao final do dia, esse formulário era entregue ao assistente administrativo para a compilação de todas as informações, viabilizando a criação de um panorama da situação psicossocial dos referidos usuários. Nesse contexto, os municípios foram convocados a assumirem a responsabilidade que lhes cabia em relação aos seus supostos pacientes internados. Assim, fez-se valer um princípio tão difundido pelo SUS: o princípio do território.

Em 2012, o hospital passou a ser administrado pela equipe gestora, constituindo-se por equipes que tinham como missão o cuidado e a desinstitucionalização. Os projetos terapêuticos eram construídos em conjunto pelas equipes de tratamento e pelas equipes de desinstitucionalização dos municípios. O serviço social teve papel fundamental nessas ações, assim, lançando mão de seu arcabouço técnico e instrumental, visando a garantia de direitos daquelas pessoas que há anos viviam alijadas de sua cidadania e à margem da sociedade. Pudemos identificar inúmeras situações de violação de direitos, como: abandono familiar, abuso financeiro e ausência de benefícios assistenciais. Frente a essas situações de violações de direitos, o serviço social se fez presente, atuando também em estreita articulação com o Ministério Público (MP). Na ocasião, chegamos a ter um canal direto com a Promotoria da Comarca de Rio Bonito.

O serviço social, durante a intervenção, foi se reinventando, abrindo espaço para a construção de um trabalho interdisciplinar. Na sala da equipe multidisciplinar, reformularam-se as ações quando necessárias, objetivando sempre atender as demandas e os desafios que surgiam. O que imperava era o cuidado pautado na ética do melhor interesse do usuário, que rompia inclusive com a lógica biomédica, até então predominante, contemplando assim a saúde como um completo estado de bem-estar físico, mental e social. Assim sendo, foi viabilizada a emissão de documentos civis e o requerimento de benefícios junto ao INSS. Era fundamental garantir benefícios sociais que oportunizaram a reinserção social e a continuidade do tratamento pela rede extra hospitalar. A aquisição de rendimentos se dava pelos benefícios previdenciários, pela Lei Orgânica da Assistência Social, bem como pelo Programa de Volta Pra Casa, que potencializou a desinstitucionalização, com mais um auxílio financeiro, conforme a Portaria n.º 10.708/2003. Outro marco importante foi a criação da Raps, por meio da Portaria n.º 3.088/2011, que ampliou de uma vez os dispositivos extra hospitalares.

A orientação da equipe gestora era que as equipes de tratamento conhecessem as redes que estavam se organizando para cuidar dos usuários no espaço extra hospitalar e trabalhando com a proposta da reinserção social. Havia uma direção que buscava garantir a saída cuidadosa e responsável dos pacientes que haviam rompido todo tipo de vínculo social e afetivo. Tivemos a preocupação de buscar garantias de que, de fato, os usuários seriam acolhidos nos seus municípios. Uma das estratégias marcantes eram os inúmeros passeios propostos, que sempre aconteciam com as equipes de plantão aos sábados, reunindo pacientes que lotavam a van para um passeio em suas cidades de origem, para um almoço em restaurante ou para uma ida à praia.

As equipes eram centradas em uma desinstitucionalização voltada para práticas inovadoras do cuidado, com a atenção centrada na pessoa e no seu território. Atividades foram propostas, tais como: passeios; grupos; saída individual; rodas de conversa, frequências aos Caps, as RTs etc.

Foi um processo demorado que constantemente forçava a equipe gestora a passar por novas reconfigurações na assistência, reformulando os modelos de equipes multidisciplinares e de pessoal de apoio e tendo que investir em estrutura e qualidade de vida para os que ali ainda permaneciam. À medida que reduzia o número de pacientes internados, reduzia-se o número de pessoal e técnicos, mas o serviço social se fez presente em todo o processo.

O serviço social da ação de intervenção, com suas atuações memoráveis e muitas vezes emocionantes, entrou para a história e serviu de incentivo às futuras gerações de profissionais dessa categoria.

Psicologia

Guilherme Manhães Ribeiro

Talvez o mais correto fosse dizer que o processo de desinstitucionalização era dos pacientes/usuários internados e não do HCRB, contudo, esse processo envolveu bem mais do que os futuros usuários dos mais diversos Caps.

Uma das razões se deve ao fato de muitos profissionais que trabalharam por longos anos no Hospital terem sido contratados no processo. E como implantar uma nova lógica de cuidado e sobretudo mudar a mentalidade daqueles colaboradores quanto à clara possibilidade de uma assistência mais adequada nos serviços de base comunitária, completamente diferente do que eles conheciam como tratamento?

Além dos profissionais citados, a forma de atuação dos psicólogos era regida por um modelo ambulatorial e a concretude disso podia ser observada com a famosa sala da psicologia. São vários os exemplos de coisas e processos institucionalizantes. Mas vamos nos deter ao que foi mais rico durante os quatro anos da ação de intervenção.

A atuação do psicólogo no HCRB passou a ser regida pela lógica da atenção psicossocial, tendo como um dos princípios "o trabalho compartilhado". Isso significava que as ações não se davam de forma isolada e, para toda decisão e condução dos casos, havia troca com os outros saberes que compunham a equipe e, mais ainda, a humildade de não se fechar numa visão única e reducionista.

Muitas vezes estivemos na barbearia, no refeitório, na cantina ou no pátio. Habitamos os espaços onde os internos estavam; ali era o nosso "consultório". Escutá-los e valorizar cada fala era o que tínhamos de mais importante. Foi o que nos permitiu refazer histórias que pareciam perdidas.

Entrar no carro e seguir a direção indicada por alguém institucionalizado por anos sem uma visita familiar, era da ordem do impossível para muitos, mas foi assim que promovemos encontros que não aconteciam por mais de 20 anos.

Tínhamos como equipe uma visão muito clara do quanto precisávamos vincular aquelas pessoas de uma maneira diferente, pois só assim conseguiríamos fazer com que elas, de fato, acreditassem que era possível recomeçar a vida fora dos muros do hospital. Apesar dos longos anos de maus tratos e condições insalubres, aquele ambiente foi se tornando algo natural. Uma das formas que encontramos para começar a desnaturalizar esse modo de vida foi por meio das saídas terapêuticas.

Essas saídas aconteciam normalmente aos sábados, pois tínhamos o privilégio de ter um automóvel de 15 lugares que nos permitia levar diversos usuários para várias cidades e lá, além de trabalharmos o reconhecimento do território, eles faziam as refeições em bons restaurantes e frequentavam espaços até então tido como impossíveis de estarem novamente.

Outra ação de forte consistência na atuação dos psicólogos foi em relação ao convencimento das famílias a receberem de volta os seus entes e sobretudo mostrando o caminho para o cuidado fora do hospital. Na maioria das vezes esses familiares queriam garantias de que tudo ficaria bem ou que teriam suporte da rede municipal, o que nem sempre era possível de imediato. Foi preciso construir a confiança entre as famílias e os dispositivos de saúde mental dos diversos municípios com os quais estávamos envolvidos. Nesse momento, um grande desafio era colocado para os profissionais, pois embora as cidades possuíssem os Caps, eram poucas as que tinham leitos de suporte de saúde mental em hospital geral. Muitas vezes marcamos visitas acompanhadas com os profissionais dos Caps para que a família pudesse ter um pouco mais de segurança. Por fim, o trabalho do psicólogo no processo de desinstitucionalização foi marcado pelo compartilhamento de saberes visando o bem-estar dos usuários e familiares.

Terapia Ocupacional

Talita Ximenes Jório

Ressalto aqui a importância de este relato partir de uma profissional, à época recém-formada, para a qual a visão acadêmica estava se havendo com a visão do campo da prática. Enquanto estudantes, temos a formação baseada na Reforma Psiquiátrica, com olhar voltado totalmente às bases da desinstitucionalização, talvez, inclusive, com uma ideia romantizada do processo. Estudar sobre como era tratada a saúde mental e como acreditávamos que deveria ser, mostrou-se de uma forma bem diferente na prática. Baseado em Mângia (2002, p. 131-133) a experiência da desinstitucionalização italiana trouxe inovações para a terapia ocupacional no campo da Reforma Psiquiátrica, ao assumir como objeto da ação terapêutica a pessoa e suas necessidades e não a doença e os sintomas. Nesse contexto, a ação terapêutica deve investir na complexidade da vida cotidiana da pessoa, englobando os aspectos: práticos, concretos, simbólicos, relacionais e materiais, de forma a produzir movimentos capazes de oferecer suportes, proteção e resolução de problemas que contribuam para a superação da situação existencial. Esse modelo considera que o sujeito deve compartilhar e ser parceiro dos projetos e processos, e que é por meio dos espaços relacionais que ele restaura sua contratualidade de cidadão e de produtor de sentido para sua vida.

Ao chegar no HCRB, de fora, poderíamos ter uma ideia de um local quase apropriado (se é que já existiu essa definição, em qualquer época, para uma internação psiquiátrica), visto a questão do espaço físico amplo e arborizado. A visão era de um espaço com vastas possibilidades ocupacionais, incluindo atividades como refeições ao ar livre, cultivo de uma horta terapêutica, práticas físicas e psicomotoras, grupos de atividades corporais, além de atividades lúdicas e outras iniciativas afins.

Entretanto, ao adentrar o local foi possível notar uma grande similaridade ao que estudamos sobre manicômios por meio dos livros, documentos e relatos de experiências: os locais de atendimento da equipe técnica eram totalmente apartados dos internos, instalações de dormitórios coletivos malcuidados e com pouca ou nenhuma privacidade, ausência de atividades direcionadas e abandono dos internos, os quais perambulavam, alguns sem vestimentas e sem objetivo algum no amplo espaço da colônia. Pegavam coisas do chão e bebiam água em garrafas sujas. Quanto à alimentação, apesar de ser realizada em um refeitório, muitos comiam no chão, com as mãos e com roupas (quando as usavam) sujas. O processo de desinstitucionalização foi iniciado ali mesmo, a partir de cada corpo daqueles pacientes que, em sua maioria, exemplificava o termo "institucionalizado". Era um desafio enquanto terapeuta ocupacional trabalhar autonomia e independência em todos os sentidos que essas expressões possam abarcar. Muitos não tinham outra função além de sobreviver. Grande parte do trabalho incluía estar fisicamente presente durante a rotina do hospital, acompanhando os horários da alimentação, visitando os dormitórios, reorganizando as vestimentas. Assim, era possível realizar intervenções importantes relacionadas às Atividades de Vida Diária.

Por outro lado, alguns pacientes claramente não deveriam estar naquele espaço por tanto tempo ou, na maioria das vezes, tempo algum, pois o motivo que os levou à internação era completamente esdrúxulo, tal como ter deficiência intelectual, auditiva, entre outras. Portanto, havia muito trabalho a ser realizado dentro da instituição antes mesmo de ser pensado um trabalho extramuros. De acordo com Ghirardi (1999 *apud* Taveira, 2008, p. 41), apesar do movimento de transformação da assistência, as pessoas com transtornos mentais no Brasil ainda têm sido marginalizadas e excluídas socialmente. Nesta perspectiva, surgem as práticas pautadas pelo paradigma social de reabilitação que visam a inclusão social, isto é, a construção de espaços sociais receptivos para atender populações com algum tipo de diferença ou deficiência, e sujeitos com o desejo de ocupar um lugar de participação na vida social.

O formato de organização do trabalho foi inicialmente dividido entre equipes, sendo montadas quatro equipes de referência e uma equipe específica de terapia ocupacional, contando com quatro terapeutas ocupacionais e um psicólogo, que foi nomeada como Equipe V (vide cap 3).

Portanto, ao iniciarmos o processo de intervenção, lidamos com alguns entraves principais que afetaram a realização do trabalho, como: espaço inadequado para atividades gerais e de Vida Diária, falta de materiais para as oficinas, higiene precária dos espaços e dos pacientes, assim como estado precário das vestimentas individuais, resistência dos pacientes em sair do espaço circulante para a parte da frente da instituição e para a sala onde eram realizadas as atividades, além de equipe reduzida para dar conta de todo o trabalho individualizado que precisava ser instituído. Afinal, de acordo com Galheigo (1988), o "conceito de atividade possibilita à terapia ocupacional acesso à toda manifestação humana. Coloca sob seu domínio: o cotidiano nas necessidades de autocuidado e automanutenção, a capacidade de criação e produção, o lazer, a brincadeira infantil, a necessidade de instrumentos para a adaptação".

Ressalto também a questão de estar inserida em uma equipe que já atuava no local, antes da intervenção. O fato de chegar uma nova profissional, recém-formada, com olhares distintos e atuação divergente, foi um desafio importante. Inicialmente, houve tensão dentro da equipe e resistência no acolhimento das ideias e sugestões apresentadas. De fato, a gestão anterior teve papel indubitável na condução do trabalho da equipe previamente instituída no local. Entretanto, fica um questionamento sobre até que ponto existiu um cumprimento de exigências e/ou uma conformidade nas (in)ações.

Conforme avançávamos, diante das dificuldades que se apresentavam, utilizávamos estratégias para que os pacientes pudessem se sentir atraídos pelas atividades propostas. Francisco (2001) coloca que o processo terapêutico tem por princípio ser o momento em que, por meio do fazer (atos, ações, atividades), o paciente possa se reconhecer como sujeito que cria, atua, reconhece, organiza e gerencia seu cotidiano concreto. O autor afirma também que os atendimentos de terapia ocupacional devem fornecer o espaço onde as dificuldades e contradições vividas possam ser trazidas para o fazer concreto, abrindo então a possibilidade de reconhecimento e enfrentamento das dificuldades cotidianas na busca de uma autonomia e organização subjetiva.

Dentre as atividades realizadas pela nossa equipe estavam as oficinas de atividades expressivas, confecção de artesanatos, eventos sociais comemorativos, eventos de esporte e dança, jardinagem, atividades lúdicas, salão de beleza, atividades musicais e, posteriormente, atividades direcionadas para geração de renda. Para essas propostas, foram levados em consideração as palavras de Lopes e Leão (2002, p. 62), quando escrevem sobre a terapia ocupacional: "os fundamentos da profissão vêm ao encontro da proposta de produzir e conceber saúde e, principalmente, pelo uso do recurso 'atividade' para a busca de autonomia e da participação social". Além da opinião de Castro & Silva (1990, p. 74-75) quando diz que

> [...] toda atividade humana está inserida numa realidade social, portanto, ao realizar uma atividade o homem criador não está exclusivamente exprimindo seus sentimentos, mas projetando nela tudo que percebe como próprio [...] do seu contexto cultural que afetou, direta ou indiretamente suas experiências. As experiências, sejam elas pessoais, sociais ou afetivas, são fundamentais visto que se constroem pelas relações.

Sendo assim, é possível dizer que as atividades assumem um papel de grande importância no acompanhamento terapêutico dos indivíduos, atuando como canal de expressão de conteúdos internos e de projeção da sua história e de seus desejos.

É importante ressaltar os avanços significativos obtidos no trabalho que, de forma geral, iniciou-se a partir da revitalização e humanização dos espaços coletivos, até poder contar com a inclusão de oficineiros na equipe. A criação de um novo espaço para a enfermaria feminina, o aumento do número de pacientes participando das atividades e sendo referenciados à Equipe V, além da implementação de oficinas de geração de trabalho e renda, também foram um grande avanço na etapa inicial da intervenção no HCRB. Aos poucos a rotina da colônia ia se modificando, com os internos mais presentes e engajados nas atividades.

O projeto "nossa cantina"

As cantinas, nas instituições psiquiátricas, sempre foram um local mal utilizado no que tange as prováveis potências terapêuticas e, no caso do HCRB, não foi o contrário.

Vínhamos lidando com um possível fechamento desse espaço (vide capítulo 3), mas percebemos que deveríamos insistir na possível transformação e caminhar no sentido de uma geração de renda.

A organização desse projeto foi estruturada em quatro etapas principais: compra de insumos; venda dos produtos; fechamento de caixa; e distribuição da renda entre "salários" e fundos para a aquisição de novos itens para venda. Além dessas etapas, ocorria a definição de como seria a escolha dos internos que ficariam na venda direta e na organização do material, incluindo estoque e compra, e de como poderíamos fazer um rodízio para atender a um número maior de participantes. Entretanto, a própria indicação dos internos foi uma questão importante, visto que as equipes apresentaram dificuldade em apontar os possíveis candidatos. Apenas duas equipes sinalizaram nomes para inclusão no projeto. De fato, era um paradoxo compreensível. Por um lado, precisávamos de internos um pouco mais independentes, pois as funções eram demandantes de atuação direta. Por outro, se tais internos apresentassem um bom nível de independência, caberia os incluir em uma atividade comumente institucionalizada?

Como consequência, nessa etapa o maior desafio foi a questão da desinstitucionalização dos processos e dos comportamentos. Embora compreendesse a importância de promover autonomia e independência entre os pacientes, enfrentei obstáculos que afetaram o sucesso do projeto.

Além da mentalidade predominante naquele contexto, tive dificuldades em me desinstitucionalizar, pois minha preocupação com o êxito do projeto acabou se sobrepondo ao incentivo que eu deveria ter oferecido aos internos selecionados para executá-lo. Permaneci próxima a eles com o intuito inicial de treinamento e supervisão, porém mantive essa proximidade por um período longo, o que poderia ter sido reduzido de forma mais gradual e natural.

Finalizo aqui ressaltando a necessidade de registrar meu tempo de atuação nesse processo de intervenção, iniciado em março de 2012 e finalizado em março de 2013, tendo o projeto de geração de trabalho e renda "Nossa Cantina" iniciado alguns meses após minha inserção na equipe. Questionei ter sido escolhida para gerenciar o projeto com objetivo de compreender o que era esperado profissionalmente da minha atuação enquanto terapeuta ocupacional, obtendo como resposta ser a exemplificação do "novo", o que entendi prontamente. Entretanto, apesar de estarmos todos com a mentalidade voltada para os processos de desinstitucionalização, ser responsável pela gerência do projeto também gerou atritos internos na equipe. A sensação era de estar nadando contra a corrente, sem nenhum outro auxílio que não a luz do direcionamento que me orientava enquanto supervisão de equipe e de bagagem estudantil. Portanto, levando em consideração os atravessamentos, foi possível atuar no processo da intervenção durante um ano, permanecendo à frente do projeto "Nossa Cantina" por alguns meses.

Medicina

Carlos Eduardo de Moraes Honorato

A rotina do médico psiquiatra no HCRB era intensa e desafiadora, porém gratificante para aqueles que se identificavam com a proposta da desinstitucionalização. O hospital psiquiátrico, que historicamente serviu como instituição total, era um espaço onde a complexidade das doenças mentais se manifestava de maneiras variadas. Lembro como em meus anos de formação eu ouvia dos mestres que só nesses locais era possível observar estigmas como o "bico esquizofrênico" ou outros quadros descritos pelos autores clássicos. Hoje suponho que qualquer médico com anos de prática no cuidado em saúde sabe o quanto seus padrões e certezas estão distantes do que é apresentado nos manuais acadêmicos. Pois para tratar é preciso compreender e humanizar a experiência dos pacientes, naquilo que se expressa no corpo físico e social.

Uma parte essencial do trabalho médico era realizar avaliações psiquiátricas detalhadas. Cada paciente chegava com uma história única, muitas vezes marcada por traumas, estigmas e anos de internação. O diagnóstico, nesse contexto, exigia uma escuta atenta e uma abordagem empática. Buscava entender não apenas os sintomas, mas também as experiências de vida que moldaram cada indivíduo. Embora a burocracia do sistema exija sempre o diagnóstico médico e o tome como referência para o reconhecimento público daquelas pessoas, a elaboração diagnóstica construída no HCRB não se restringia à avaliação de sinais e sintomas. A divisão da equipe de assistência em miniequipes trazia um número ilimitado de elementos da história pessoal, do momento familiar, das respostas e perspectivas dos internos às intervenções da equipe. A avaliação dos sintomas e da evolução dos quadros era um processo coletivo, no qual o Projeto Terapêutico singular (PTS) era sempre rediscutido pela equipe multiprofissional. Neste contexto, a prescrição de medicamentos nos casos era um recurso importante, mas apenas uma parte do tratamento.

Ao mesmo tempo, ao assumirmos o cuidado da instituição encontramos na população de internos uma parcela fisicamente doente ou com alta vulnerabilidade clínica. E também quadros de difícil manejo pela psicose exuberante, resistentes, ou ainda pelo acúmulo de comorbidades psico-orgânicas. Na primeira fase da intervenção, esse contingente tornou necessária a organização de uma enfermaria de cuidados próximos, onde a atividade médica e da enfermagem era mais monitorada.

A seleção da equipe de assistência pela equipe gestora do HCRB visava, é claro, a presença de médicos clínicos e psiquiatras sintonizados com a Reforma Psiquiátrica e com a Atenção Psicossocial, mas em uma unidade hospitalar que requer médicos e enfermagem durante 24 horas nos sete dias da semana, fica difícil garantir esse "perfil" para todos os contratados. Mas ocorreu que à medida que a equipe interventora imprimiu sua "dinâmica", foram permanecendo ou ganhando relevância os clínicos e psiquiatras que melhor ampliavam sua visão definindo-a em um PTS coletivo.

Era importante que o psiquiatra valorizasse as abordagens terapêuticas integradas, trabalhando em colaboração com psicólogos, terapeutas ocupacionais e assistentes sociais para desenvolver planos de cuidado personalizados. As terapias grupais e atividades recreativas foram fundamentais para promover a socialização e o preparo de alta dos internos. A atuação clínica transdisciplinar do psiquiatra que coordenou durante o período de intervenção uma oficina de artes plásticas, que inclusive gerou produtos como exposições de pinturas e participação em publicação de livro impresso, é um belo exemplo de como podemos qualificar e expandir nossas especificidades em uma práxis que supere as limitações de visões únicas, no caso a biomédica. Ou ainda a participação da psiquiatra experiente e respeitada junto com a equipe multiprofissional na oficina onde falavam sobre as perspectivas de volta para casa...

Assim, durante o processo de desinstitucionalização, a partir do trabalho em equipe, o papel do médico se expandiu. Além do tratamento direto, envolveu-se ativamente na elaboração de estratégias para reintegrar os usuários às suas famílias e à comunidade. Identificando recursos locais, esteve presente no trabalho territorial, na construção de redes de apoio e nos momentos de educação da equipe e da comunidade sobre a importância da inclusão social.

Sabemos que o trabalho em Saúde Mental enfrenta grandes desafios. No HCRB havia resistência à mudança, tanto por parte da equipe quanto da sociedade, o que tornava o processo mais difícil. No entanto, no cotidiano cada pequeno sucesso – como quando um paciente no qual estávamos investindo reencontrava a família – trazia uma sensação de propósito e renovação para todos os envolvidos. E no enfrentamento dos desafios é importante que a palavra do médico, socialmente reconhecido como o detentor do conhecimento, legitime o cuidado em liberdade.

A experiência médica no HCRB nos ensina o quanto a Psiquiatria na Atenção Psicossocial é um campo que exige compreensão compartilhada da condição humana. Ao longo dos anos neste trabalho, não é difícil ver que a transformação não acontece apenas nos pacientes, mas também nos profissionais.

Reflexões finais

Com a implementação da interdisciplinaridade no HCRB, observou-se uma melhora significativa na qualidade do atendimento e na qualidade de vida dos pacientes. A colaboração entre diferentes profissionais permitiu um diagnóstico mais preciso e um plano de tratamento mais abrangente, considerando todas as dimensões do bem-estar do paciente/usuário (Santos; Portugal; Nunes, 2023).

Os usuários, por exemplo, passaram a receber um atendimento mais contínuo e personalizado, que não apenas tratava os sintomas, mas também promovia a reintegração social e a recuperação funcional. Além disso, a inclusão de familiares no processo terapêutico e a participação ativa dos pacientes em seu próprio tratamento contribuíram para uma maior adesão ao tratamento e melhores desfechos.

A melhora no atendimento a partir da implantação da equipe multidisciplinar pôde ser evidenciada pela redução das crises agudas e maior interação do usuário com a equipe. Com isso, o modelo interdisciplinar permitiu uma abordagem preventiva e proativa, que identificou e interveio precocemente nos problemas, possibilitando uma aceleração no processo de alta (Ramos; Paiva; Guimarães, 2019). No relato retroativo da terapeuta ocupacional podemos avaliar como a profissional se ressentiu de uma maior integração com os demais terapeutas ocupacionais e mesmo com a equipe multiprofissional, por estar responsável por uma ação específica onde o suporte provinha basicamente de seu próprios recursos terapêuticos, que se provaram limitados naquele contexto em produzir os deslocamentos necessários.

A desinstitucionalização do HCRB foi mais do que uma mudança de modelo; foi uma transformação cultural e ética, onde se pôde aprender que a recuperação vai além do tratamento clínico; envolve a restauração da dignidade e do papel social do indivíduo. A experiência nos ensinou que a verdadeira cura é um caminho coletivo, em que profissionais, pacientes e comunidade trabalham juntos.

Ao olhar para trás, pode-se ter orgulho do que conseguimos alcançar. O processo de desinstitucionalização não foi fácil, mas cada história de sucesso, cada vida transformada, fez todo o esforço valer a pena. Esse capítulo de nossas vidas é um testemunho do poder da esperança e da resiliência humana. A saúde mental deve ser abordada com compaixão, e a inclusão deve sempre ser o nosso norte.

Referências

CARVALHO, C. M. S. M. de; SHUBERT, C. O.; OLIVEIRA, S. M. L.; FAJIN, L.; BISTENE, A. F. S. da S.; REGO, E. C. F. do. A trajetória da enfermagem em saúde mental no Brasil. **Ciência Atual**, Rio de Janeiro, v. 13, n. 1, p. 2-17, 2019. Disponível em: inseer.ibict.br/cafsj. Acesso em: 17 fev. 2025.

CASTRO, E. D.; SILVA, R. J. G. **Processos criativos e terapia ocupacional**. Revista de Terapia Ocupacional da USP, v. 1, n. 2, 1990.

FERNANDES, C. J. *et al*. Índice de Cobertura Assistencial da Rede de Atenção Psicossocial (iRAPS) como ferramenta de análise crítica da Reforma Psiquiátrica brasileira. **Cadernos de Saúde Pública**, [s. l], v. 36, n. 4, p. e00049519, 2020. Disponível em: https://www.scielo.br/j/csp/a/kwX3sCFtqPrPccKj7TVhXBJ/?lang=pt. Acesso em: 2 jan. 2025.

FRANCISCO, B. R. **Terapia ocupacional**. 2. ed. Campinas: Papirus, 2001.

GALHEIGO, S. M. **Terapia ocupacional**: a produção do conhecimento e o cotidiano da prática sob o poder disciplinar: em busca de um depoimento coletivo. 1988. Dissertação (Mestrado em Educação) – Universidade Estadual de Campinas, Campinas, 1988. Disponível em: http://www.bibliotecadigital.unicamp.br/document/?code=vtls000018051. Acesso em: 2 jan. 2025.

GHIRARDI, M. I. G. **Representações da deficiência e prática de reabilitação**: uma análise do discurso técnico. Tese (Doutorado em Psicologia) – Universidade de São Paulo, Faculdade de Psicologia, São Paulo, 1999.

LOPES, R. E.; LEÃO, A. Terapeutas ocupacionais e os centros de convivência e cooperativas: novas ações de saúde. **Rev. Ter. Ocup. Univ. São Paulo**, São Paulo, v. 13, n. 2, p. 56-63, 2002. Disponível em: https://www.revistas.usp.br/terocup/article/view/39872. Acesso em: 2 jan. 2025.

MACEDO, J. P. *et al*. A regionalização da saúde mental e os novos desafios da Reforma Psiquiátrica brasileira. **Saúde e Sociedade**, Rio de Janeiro, v. 26, p. 155-170, 2017. Disponível em: https://www.scielo.br/j/sausoc/a/Wqd68d9LsLfWn9Pr7TGbLbh/?lang=pt. Acesso em: 2 jan. 2025.

MÂNGIA, E. F. Contribuições da abordagem canadense "prática de Terapia Ocupacional centrada no cliente" e dos autores da desinstitucionalização italiana para a Terapia Ocupacional em saúde mental. **Rev. Ter. Ocup. Univ. São Paulo**,

São Paulo, v. 13, n. 3, p. 127-134, 2002. Disponível em: https://www.revistas.usp.br/terocup/article/view/39930. Acesso em: 2 jan. 2025.

MINÓIA, N. P.; MINOZZO, F. Acolhimento em saúde mental: operando mudanças na Atenção Primária à Saúde. **Psicologia: Ciência e Profissão**, Brasília, DF, v. 35, p. 1340-1349, 2015. Disponível em: https://www.scielo.br/j/pcp/a/FmK3k8HTBgb6yKNvqL5ydb8/?lang=pt. Acesso em: 2 jan. 2025.

OLIVEIRA, F. B.; SILVA, K. M. D.; SILVA, J. C. C. Percepção sobre a prática de enfermagem em Centros de Atenção Psicossocial. **Rev. Gaucha de Enfermagem**, Porto Alegre, v. 30, n. 4, p. 692-699, 2009. Disponível em: https://www.scielo.br/j/rge/a/hHBtmZTtwX4JmHN4rhJ8t9r/?lang=pt. Acesso em: 2 jan. 2025.

RAMOS, D. K. R.; PAIVA, I. K. S. de; GUIMARÃES, J. Pesquisa qualitativa no contexto da Reforma Psiquiátrica brasileira: vozes, lugares, saberes/fazeres. **Ciência & Saúde Coletiva**, v. 24, n. 3, p. 839–852, mar. 2019.

SANTOS, C.; PORTUGAL, C.; NUNES, M. Economia solidária e saúde mental: relato de experiência de práticas virtuais. **Saúde em Debate**, Rio de Janeiro, v. 46, p. 251-260, 2023. Disponível em: https://www.scielo.br/j/saude/saudeemdebate/a/TU2yPFF/. Acesso em: 2 jan. 2025.

TAVEIRA, B. B. **Reforma psiquiátrica e a família no tratamento do sujeito em sofrimento psíquico**. 52 f. Monografia de graduação (Bacharelado em Psicologia da Faculdade de Ciências da Saúde) – UniCeub, Faculdade de Ciências da Saúde, Brasília, 2008. Disponível em: https://repositorio.uniceub.br/jspui/bitstream/123456789/2606/2/20360290.pdf. Acesso em: 1 mar. 2025.

PARTE II

NARRATIVAS SOBRE VIDAS: CASOS CLÍNICOS QUE MARCARAM O HOSPITAL COLÔNIA DE RIO BONITO

Figura 4 – A mudança na forma de cuidar, internos saindo do hospital para atividade externa

Fonte: acervo dos autores

CAPÍTULO 5

CASOS CLÍNICOS

Ana Regina de Souza Gomes
Cátia Maria Azevedo da Conceição
Carlos Eduardo de Moraes Honorato
Juliana Marina de Campos
Solange Nascimento Pereira Vielman

A construção e a narrativa de casos toca a verdade do sujeito e pode provocar situações de difícil manejo. A opção de trazer um capítulo em que pudéssemos narrar histórias de vidas se deu porque o campo da saúde mental é amplo e bastante heterogêneo, tanto no que diz respeito às referências teórico-práticas, quanto ao conjunto de instituições envolvidas na atenção e cuidados da rede pública.

Portanto, não há como fugir da grandeza dessas histórias de vida real, pois se o fizermos, abriremos mão de nosso mandato clínico e manteremos a cronificação, que tanto condenamos pela conivência com a inércia da doença que leva à segregação e hospitalização. Acreditamos no processo de desinstitucionalização e no significado da Reforma Psiquiátrica para cada indivíduo que, por décadas, foi esquecido em instituições que pouco se assemelhavam a locais de cuidado. Por isso, mergulhamos nas narrativas e construímos uma ponte rumo à eternidade possível para cada um dos que ali viveram, destacando que, com a introdução dos tratamentos alternativos ao modelo asilar defendidos pela Coordenação de Saúde Mental do Ministério da Saúde, surgiram questões norteadoras para o trabalho clínico no HCRB:

- Quem deve ser responsável pela proteção às "vítimas" do transtorno mental? Dito de outra forma, como deve ser o cuidado ao portador de doença mental? Melhor ainda: como nos responsabilizar por pessoas nessas condições?

- Mudar de vida é possível? Viajar? Novos rumos? Conclusão de um círculo?
- Volta ao lar a ser reconstruída? Irmãos, sobrinhos, mãe, quem os espera?

Com a clareza que o trabalho se faz sem a pretensão da cura e sim da melhora, da compreensão, do entendimento, da inserção na sociedade, do poder viver, do ser aceito... Todas essas perguntas constroem relatos de casos clínicos que destacamos a seguir:

Descrição dos casos

Casos 1 a 5: Atravessando Fronteiras

Ana Regina de Souza Gomes

1. CCL ou "F"

Quando a conheci, internada no HCRB, ela dizia se chamar F. Foi somente após investigações que descobrimos sua verdadeira identidade. Chamava-se... CCL. Tinha 26 anos de vida e já estava internada no HCRB havia sete anos, desde 13 de abril de 2005. Possuía renda própria, benefício de direito por ter trabalhado como profissional autônoma, na Cooperativa de Fibra de Bananeiras de Rio Bonito. Foi moradora de via pública (na Zona Sul do município), tendo passado pelo Departamento Geral de Ações Sócio Educativas (Degase) e Unidade de Semiliberdade do Sistema Socioeducativo (Criam), hoje conhecido como Centro de Recursos Integrados de Atendimento ao Adolescente (Criaad), em Ricardo de Albuquerque, município do Rio de Janeiro.

Por um tempo morou com a avó, mas fugiu de casa e pela rua afora acabou encaminhada ao Conselho Tutelar e à Secretaria do Bem Estar Social do município de Rio Bonito, dali sendo internada no HCRB.

Durante essa internação, nosso contato ficou intenso. Gostava de estar junto a mim e a outro paciente. Gostava de escrever. Falava muito, mas quando a abordamos quanto à alta e a possibilidade de encontrar familiares, desconversava, não colaborava. Soubemos apenas o nome da mãe, que morava em Cosmos.

Sem maiores pistas para identificar familiares, nos unimos à equipe de saúde mental do município do Rio de Janeiro que indicou a possibilidade de encaminhamento de CCL para abrigo da assistência social no bairro da Ilha do Governador.

"VIM DA RUA. PARA LÁ QUERO IR". Seu lema.

Foi concretizada sua transinstitucionalização para o abrigo, mas em pouco tempo soubemos que havia desaparecido desse abrigo, pois a instituição não tinha caráter restritivo. Daí em diante começam nossos *"encontros desencontrados"*, que se fizeram das formas mais inusitadas...

Em uma carona vinda de Paracambi, município da região centro-sul do estado, passando pela Avenida Brasil, na altura da "cracolândia", avisto CCL. Grito, e ela escuta. Olha... que temeridade! O impulso foi maior, mas o carro não parou... Me desculpo com o colega motorista. Não era para acontecer...

Novo desencontro... CCL na rua, no centro do Rio de Janeiro hora do almoço. Ela me pede dinheiro. Ofereço o que comer, e combinamos um novo encontro para trazer roupas etc. No dia seguinte... cadê ela? Nada de C...

Rua Conde de Bonfim, Tijuca... Sentada na porta de uma loja, lá estava ela. Novamente me preocupo, marco minha volta combinando levar objetos para ela, que se esquiva. Quer dinheiro, quer comer, mas desconfiada, não me esperou... "Que sina a minha", pensei...

Igreja em frente ao prédio em que resido. Lá está C., sentada no chão, "pedinte" a quem ia e vinha da missa. Como sempre, quando me encontrava, fala meu nome, e desta vez me pede uma quentinha e também uma Coca-Cola. Me animei. Fui às tais compras, acreditando que esse pedido significava fome ("você tem fome de quê?" "Mas tem medo? ...de quê?"), e que poderia ser uma possibilidade melhor para ajudá-la...

Volto munida das encomendas, e cadê ela? C. novamente evapora... Ainda rodei pela praça e pelas ruas próximas... Mais uma vez ela some... Maltrapilha, suja, um molambo andarilho... Donde concluo que o medo do que eu represento, representava (instituições pela vida), e superava as necessidades dela...

Quero encontrá-la mais vezes. Mas como? Onde? Para que? Para mais um desencontro, para saber de mais um óbito... Sua condição, seu aspecto geral me dá esse temor...

A RUA era seu mundo desde sempre... Eu... nós... a seus olhos desejando tirá-la de seu "conforto", sua opção de vida. Mas por que não?

Há tempo não a vejo. Saudades da minha "vizinha"... Era um bom vínculo o nosso, apesar de amedrontá-la... Pena ter perdido seus escritos. Mas continuo "ouvindo" sua voz dizendo meu nome com todas as letras: "ANA REGINA!".

2. MCM

Ela era uma mulher branca, obesa, de 45 anos. Estava internada havia cinco no HCRB. Possuía total autonomia, tinha renda própria. O censo psicossocial concluía pela hipótese diagnóstica de "quadro psicótico de longa evolução sem sintomas agudos". Estado geral: ótimo.

Tentativas de encontrar familiares sem êxito algum, pois a rejeitavam por ser homossexual e por sua aparência física. Ainda internada no HCRB, encomendou que comprássemos para ela bermudas grandes, pois se preocupava em ter roupas para poder passear, o que passamos a fazer. Em uma das saídas, fez questão de ser fotografada com o motorista de nossa viatura e com todo o grupo. Em conjunto com a equipe de saúde mental que era referência para o endereço que constava no prontuário (zona oeste, município do Rio de Janeiro) indicamos Residência Terapêutica no mesmo bairro.

O trabalho de alta foi bem aceito por MCM e sua adaptação no SRT foi excelente... Durante muito tempo acompanhamos sua permanência por meio de visitas e contatos telefônicos... estava bem, tinha planos, queria ter uma companheira... Mas no último contato, tempos depois de sua alta hospitalar, fomos informados de seu falecimento. Que pena... Bem, pelo menos ela pôde ser livre e ter esperanças, fazer planos. Espero que tenha conseguido realizar alguns. Final de vida em um lugar melhor? Neste caso, acreditamos que sim.

3. APM

Quando conhecemos APM no HCRB, ele tinha 45 anos e estava internado havia quatro. Era um negro alto e esquálido. Quando começamos a acompanhá-lo no HCRB, tinha a perna engessada, resultado de uma queda dentro do hospital.

Mineiro natural de um município do sudeste do estado, no Vale do Rio Doce, filho de José e Maria, andarilho, com primos em São Gonçalo, que inicialmente foi considerado seu município de origem. O motivo da internação registrado em prontuário foi "DISTÚRBIO DE COMPORTAMENTO", sem maiores detalhes.

Fizemos contato com alguns familiares e também com a equipe de saúde mental do município. N., a coordenadora de saúde mental do município, dá início às visitas locais. E., irmã de A. e profissional de saúde (técnica de enfermagem), se apresenta como porta-voz da família e se dispõe a preparar mãe, irmão e filha de APM para recebê-lo de volta ao lar.

De nossa parte, é iniciado o processo de alta e o paciente se encontra preparado e ansioso para tal acontecimento. Definimos a questão do transporte: nossa viatura não podia ultrapassar os limites do estado e vice-versa. Dividimos então a distância: fomos até um município limite, onde estava à nossa espera o transporte que nos levaria até sua cidade!

No entanto, a viagem foi cansativa: ele com a perna imobilizada em gesso, sentado em postura incômoda, muito desconfortável e numa certa agitação, não parava de falar... Fizemos as paradas necessárias e complicadas, mas seguimos...

O primeiro encontro, já no final do dia, foi com a família: mãe, irmão e filha... EMOCIONANTE!!!!

Rumamos para a pousada. A fome veio e perambulamos pela cidade. Um pé de cajá no meio do caminho me tenta (lembranças de minha infância), mas deixo para mais tarde e procuro algo mais substancial. Paro em um bar com TV transmitindo o jogo do Flamengo. Escolher no menu o "caldo de pinto"... Nome hilário, sabor delicioso... Depois fui dormir. Descansar, enfim.

No dia seguinte fomos ao Centro Municipal de Saúde, onde a equipe de saúde mental nos aguardava. Solícitos, apresentam os detalhes do Projeto Terapêutico Singular (PTS), as propostas de acolhimento e tratamento de A. explanadas. Tiramos fotos, e fomos à casa da família para a equipe conhecê-lo.

Bem recebidos, referem que a noite transcorreu sem problemas. Mais fotos, agradecimentos.

A coordenadora municipal de SM me ofereceu um lanche em sua residência, e combinamos meu retorno... Aí sim me certifico que este nosso trabalho é uma cachaça, uma bebedeira sem fim... Há um transporte que sai pela madrugada rumo a uma cidade mais próxima com pacientes que são levados para tratamento clínico.

Madrugada na estrada... maior toró! Sorte que fui a primeira passageira a ser pega e fui de "copiloto", ajudando o motorista a olhar o meio-fio. Enfim me deixaram na rodoviária local, onde o transporte do estado iria me resgatar. Mas a espera foi longa. Não havia avisado o horário em que estaria lá, pois não tinha uma noção exata. Assim, resolvi preservar o motorista. Sempre priorizo o respeito e o cuidado com o outro. Mas os doces mineiros me salvam...

Relatos de muita emoção. Falo de mim, mas também do que é significativo em nosso trabalho, daquilo que é necessário e possível de se fazer na tentativa de proporcionar novos rumos à vida de alguém que esteve em situações por vezes cruéis, sem acesso a um tratamento digno. Só lamento não ter saboreado aquele cajá mineiro...

Para escrever este relato, entrei em contato com a irmã de APM. Ela me falou que ele bolinou a filha e que foi preso por abuso. Gostaria de ter conversado com a equipe de saúde, saber a versão deles, e se ainda mantinham o vínculo com ele. O "distúrbio de comportamento" alegado como motivo de internação se referia a algo assim, que deveria ter merecido uma atenção diferenciada por parte de quem cuida? Fragmentações do cuidado que o manicômio produz...

4. VJS

Não tivemos a informação precisa de sua data de nascimento, aparentava ser mais idoso, devido talvez ao passado de alcoolismo ou aos anos de institucionalização e ausência de estímulos. Em 26 de janeiro de 2014 ele recebeu alta do HCRB. Mais de dez anos internado!!!! Tempo, tempo, tempo... Na volta que o tempo dá, vou lembrando... era andarilho e havia sido recolhido em via pública para internação.

Minha entrada no caso se deu quando o enfermeiro Edmilson solicitou a avaliação de um paciente que não falava, nem interagia a nenhuma abordagem... Começou então nossa saga com visitas ao leito, várias vezes na semana. Em uma delas, por um momento surgiu um balbucio com o nome da cidade de onde veio, I. Fomos à caça, e o estado de São Paulo foi a primeira hipótese, pois me lembrei de uma cidade por lá com o mesmo nome. Só que não...

Continuando em nossas visitas ao leito, VJS um pouco mais receptivo vai tentando lembrar de sua cidade... A essa altura, já tínhamos esclarecido que a cidade de origem não ficava no estado de São Paulo...

VJS teria vindo da Bahia vagando pelas estradas até Rio Bonito, sendo internado por estar em condições físicas e mentais precárias. Nas lembranças ele nos fala da serralheria em que trabalhou... tinha escola perto... fomos desvendando o *"mapa"* de VJS... construindo um caminho... Que desafio!....

Agora acertado o nome da sua cidade: I., na Bahia.

Passamos a "viajar" ao encontro da cidade. Da Coordenação Estadual de Saúde Mental para a Equipe de Saúde Mental Municipal de I. E depois de várias ligações telefônicas, contatamos T. (amiga de internet até hoje!), enfermeira, coordenadora de saúde mental de lá. Cidade pequena, mas com estrutura de saúde bem equipada, inclusive com Centro de Atenção Psicossocial (Caps).

Daí em diante, a equipe municipal, super parceira, vai a campo achar a tal serralheria. Por aqui continuamos o preparo de alta de VJS, já falando da cidade, da equipe e de possível viagem de volta para casa.

Junto à gerência estadual de saúde mental do Rio de Janeiro e à equipe gestora do HCRB, vamos organizar a viagem. Transporte terrestre, por meio de carro ou ônibus? Ou avião? O que seria mais viável, considerando as condições físicas e psíquicas de VJS? Ele se mostrava calmo, cooperativo e demonstrando interesse na volta à sua vida pregressa.

Nossa comunicação telefônica nessa altura nos traz boas novas: a equipe municipal identificou a moradia e o irmão dele (que se incomoda com as notícias sobre VJS). Achava que havia falecido, recorda que ele bebia muito. Não queria saber dele.

Passo seguinte: a equipe local se empenha nas buscas de outros vínculos familiares. Uma sobrinha, filha do irmão que não havia sido receptivo, concordou em receber e cuidar do tio. Lembro-me do seu apelido carinhoso. Com essa "luz" iluminando nossa estrada o planejamento da viagem avançava a passos largos. Entendemos que a via aérea seria a melhor opção. Mais rápida, mais segura...

Continuamos as trocas telefônicas, ficando acertado o voo Rio de Janeiro-Vitória, onde um transporte baiano nos aguardava na chegada no aeroporto. Partimos para os "finalmente" por aqui: calcular as condições do trânsito, a ponte Rio-Niterói que engarrafa pela manhã etc.

Articulei uma "parceria técnica" em minha casa, para que VJS viesse na noite anterior para dormir no Rio de Janeiro e assim sairíamos tranquilamente de manhã cedo rumo a mais uma etapa dessa nossa "loucura". Com a cooperação de todos, isso se deu da melhor forma possível. Chegada no Rio de Janeiro, banho, jantar, dormida, e a melhor assessoria que ele poderia ter... médico em casa!

Viagem tranquila, transporte nos aguardando em Vitória. O motorista, parceiro, super cuidadoso nas paradas, abismado com a minha "dedicação". Brinquei com ele: "são as 'maluquices' do ofício".

Ao chegarmos no Caps municipal, a equipe nos aguardava com um misto de ansiedade e curiosidade, mas todos empenhados na ótima recepção. A sobrinha de VJS também, querendo logo ver o tio, quem sabe pensando se acertou na aposta de cuidá-lo.

Então fomos descansar, pois no dia seguinte teríamos os detalhes finais... e pensar em retornar. Uma pousada foi designada para mim. Simples e aconchegante... Para que mais? E VJS foi para casa da sobrinha...

Na pousada, pensamentos voam... cansaço, agitação. Da janela, dava para ver e sentir a cidade pequena, acolhedora... Será que volto aqui um dia? Havia sido tensa e cansativa a viagem. Chegar até este momento no trabalho dessa alta! Mas com a cocada baiana adoçando a carioca, tudo foi válido, e é até bom relembrar todo o processo.

Amanhece. Dia lindo! Caps, VJS e sua sobrinha, equipe... Todos interessados no nosso relato: sobre o trabalho, o fechamento do hospital, a minha equipe... e da "coragem" de realizar aquele traslado.

As atividades do Caps são apresentadas a ele e à sobrinha. Almoço, fotos, me despeço de todos. A noite havia transcorrido bem.

Levam-me para um giro pela cidade. Visito um museu com peças de artistas locais, vou à casa de uma artista interessantíssima, que vai pintando toda a casa em vez de quadros. Mora "dentro" de sua arte, seu museu...

Então a rodoviária, para pegar um ônibus de Salvador para São Paulo, com parada no Rio de Janeiro. Viagem tranquila na volta; o ônibus passa em frente ao HCRB. Respiro aliviada... mais um bem encaminhado!

Vasculhando meus arquivos, me deparei com uma mensagem de internet de fevereiro de 2014, dizendo: *"amanhã VJS começa a fisioterapia... o Caps ama você!!"*.

E aí me pergunto: como não beber dessa *"cachaça"*?

Tempos depois, em uma das subsequentes trocas telefônicas, sou informada que ele faleceu... era idoso, mas estava sendo cuidado. A institucionalização fragiliza os corpos e destroça vidas!

5. JL

Negro alto e magro, andarilho com história de alcoolismo, conforme o prontuário da instituição, internado pelo município de SG, no Rio de Janeiro. Estava há mais de 20 anos fora de sua cidade natal. Seu território de origem era o município de N. E., em Minas Gerais. Tinha condições de alta, mas não recebia visitas nem havia registro prévio de contato com seus familiares.

Por meio da Coordenação Estadual de Saúde Mental de Minas Gerais, estabelecemos diálogo com a equipe municipal de saúde mental, que busca e encontra familiares de JL. Mas que trazem dificuldades, receios em recebê-lo de volta.

A equipe municipal, cuidadosa, coloca-se como referência e apresenta as possibilidades de apoio e acompanhamento no tratamento de JL.

Por aqui trabalhávamos com ele a saída do HCRB. Ele se mostrava um tanto desconfiado, mas, ao mesmo tempo, ia entendendo sobre o fechamento do hospital e constatava que outros internos amigos já haviam saído de alta...

A equipe mineira nos dá o sinal verde para receber JL, e por aqui agilizamos nosso périplo... Conseguimos que o transporte nos levasse até Minas Gerais. G. era o motorista escalado. Atencioso, cuidadoso.

Chegado o dia da partida. Viagem longa, mas tranquila. Já era noite quando paramos em um posto de gasolina que era também pousada e restaurante, e assim pudemos comer e dormir. Jantar farto, e JL indo à forra do tempero mineiro, que lhe fez tanta falta por longo tempo.

Hora de dormir. O motorista se prontificou a estar no mesmo quarto que ele, e assim se deu nosso descanso...

Pela manhã, saboreamos aquele delicioso café mineiro... JL interessado na paisagem que víamos da varanda do restaurante. Montanhas... Lindo visual...

Encontramos em seguida com a equipe e após as apresentações, fomos ao encontro dos familiares de JL.

Como já prevíamos, foi um encontro difícil. Devido ao passado de alcoolismo, a família não desejava tê-lo próximo. Situação complicada. História de rejeição familiar e inclusive na rua onde moravam, mas uma vizinha já tinha se comprometido junto à equipe local a intermediar seu retorno ao território, e assim se deu o *"toma que o filho é seu"*...

Hora de despedidas, sempre com muita emoção. Retorno desejando que a equipe e a família se entendessem no cuidado dele.

Mantenho contato com L., uma das técnicas que nos recebeu à época, hoje aposentada. Me informa que JL faleceu.

Evoco Guimarães Rosa: *"A MORTE PODE SER MESMO O FIM?"*: *"Considerar esta possibilidade que tanto nos assusta, porém o único dever é lutar ferozmente para introduzir no tempo de cada dia o máximo de eternidade"* (Guimarães Rosa)!!!

Quanto a mim, me sinto feliz pelo que pude proporcionar. E sou grata a todos que dividiram muito comigo...

Caso 6: A.

Cátia Maria Azevedo da Conceição

Identificação: A., nascido no Espírito Santo em 1959, solteiro, pais falecidos, primeira internação aos 29 anos, em 25 de janeiro de 1988. Internado no HCRB desde 1996, com diagnóstico de Esquizofrenia Paranoide – CID X F:20.0; e Transtorno Psicótico Agudo de tipo esquizofrênico – F:23.2 e 06.8.

Inicialmente, o paciente era referenciado ao município de Itaboraí, portanto cuidado pela equipe II. Em julho de 2012, após a irmã informar mudança para o município de Tanguá, recebemos o caso.

História de vida: A. é o filho caçula de uma prole de nove, sendo seis mulheres e três homens. Os vínculos familiares eram preservados com uma das suas irmãs, que é sua curadora e o visitava com frequência, além de sempre acompanhar o tratamento ambulatorial de A. com regularidade. A. também teve uma irmã internada no hospital que faleceu no curso de sua internação.

Segundo pesquisa de prontuário, a doença de A. estava relacionada à dinâmica familiar abusiva pois, frequentemente, seu genitor mantinha relações sexuais com sua irmã mais nova, tendo dois filhos com ela.

As internações de A. ocorreram por não adesão ao tratamento, culminando em reagudização do quadro, com agressividades dirigidas a vizinhos e familiares, além de alucinações visuais. No início da doença, apresentava atitudes de isolamento, ficando em condições de mendicância na rua. Teve três passagens anteriores pelo Hospital Colônia, uma delas por três meses, recebendo alta por melhora do quadro, porém com o falecimento de sua mãe, a qual era "muito ligado", voltou a ser internado no HCRB e, desde então se recusava a sair do hospital mesmo que fossem licenças para casa.

Ao retornar para casa, chegou a trabalhar com o pai na agricultura e na SPAN (cooperativa de leite). Porém, com a nova internação, A. pouco conversava, não interagia com pacientes ou funcionários, e quando estava alterado falava alto e circulava no pátio gritando sozinho. Tinha a ideia fixa de se relacionar sexualmente com sua irmã, segundo informações da própria irmã, que se mostrava abalada emocionalmente, confessando ter medo do irmão.

Iniciamos o trabalho com A., mas durante as abordagens, ele se mostrava resistente ao contato, recusando nossa aproximação e o diálogo. Entretanto, prosseguimos insistindo numa possível receptividade e, atualmente, sua resposta à abordagem se baseia na seguinte fala: "não tenho condição de sair do hospital ou participar de atividade, sou um ser *mental*".

Toda e qualquer estratégia e proposta de atividades eram utilizadas pela equipe, tais como passeio em grupo, saída individual, roda de conversa, dentre outras, que eram negadas por A.

Encontrava-se delirante, com discurso coerente, dentro da sua ideação delirante, devido aos processos de hospitalização a que ele foi submetido nos 17 anos de internação ininterrupta, fortalecendo a cronificação, intrínseca a um processo psicótico.

O hospital psiquiátrico favorece o processo de cronificação (embotamento afetivo, isolacionismo, hábitos grotescos e dificuldade para realizar ações práticas). Ao cronificar o sujeito, a instituição psiquiátrica o condena ao internamento por toda a vida, ou podemos dizer, a morte em vida, pois impossibilita qualquer possibilidade de retorno ao convívio social, pela falta total de resolutividade das ações terapêuticas.

A. não tinha crítica da sua morbidade e das suas condições de vida dentro do manicômio. Entretanto, tratava-se de um sujeito com autonomia, não necessitando de cuidados de terceiros para higiene alimentar. Tinha boa circulação no pátio e esporadicamente ia à parte da frente da instituição, aceitando visita da irmã que lhe trazia lanches.

No trabalho com a família, sua irmã relatava ter uma casa em Tanguá, a qual reformou um quarto para o seu irmão residir, porém sem sucesso diante da recusa de retorno ao lar. O paciente possuía documentação completa e renda, e era aposentado. Do ponto de vista das questões sociais e familiares, estava pronto para alta, porém sem desejo de sair do hospital.

Apesar do investimento na possibilidade de retorno familiar, essa possibilidade foi se esgarçando frente a negativas de A. em aderir um projeto terapêutico de reabilitação psicossocial. Foi necessária a modificação do projeto de desospitalização do paciente, para inserção em residência terapêutica. Em 8 de abril de 2015, foi efetivada sua alta, mesmo com sua recusa expressa na saída, foi preciso a intervenção e conversa de vários técnicos da equipe para que ele aceitasse conhecer a RT de Tanguá, aceitando sair apenas no último instante.

A inauguração da RT de Tanguá aconteceu em abril de 2015. Dois dias depois A. leva um tombo, e a partir desse dia não andou mais, apesar de ter feito todos os exames e não ter nenhuma lesão que justificasse a paralisia. Ele permaneceu acamado até falecer em setembro de 2022. A irmã continuou a dar assistência nas visitas que prestava no hospital. Porém, mesmo com o paciente acamado, sem condições físicas de ameaçá-la, mantinha os mesmos medos da época da internação.

Na contramão do encarceramento promovido pelo manicômio, foi necessário deslocar o olhar da doença para o sujeito, trazê-lo para o cotidiano, reapresentar a vida, criar espaço de descoberta das possibilidades, oferecendo convivência familiar social. No trabalho com os pacientes do HCRB, obtivemos boas respostas nas saídas terapêuticas propiciadas aos pacientes, em que havia o resgate de experiências cotidianas como ir ao barbeiro, banco, fazer compras e lanches.

Caso 7: Gilbert (Carlos Gilbert Mateus)

Carlos Eduardo de Moraes Honorato

Como apoiadores da Coordenação Estadual de Saúde Mental referidos à Ação Civil Pública para o fechamento do Hospital Colônia de Rio Bonito (HCRB), nossa relação com os internos não era de assistência direta – para isso havia equipes de referência. Entretanto, como judicialmente tínhamos a responsabilidade técnica pela Ação, nossa frequência à unidade era intensa e além das discussões técnicas realizadas, acabávamos nos aproximando mais de alguns pacientes.

Assim, desde o início da "intervenção", e considerando o clima de ameaça que pairava entre funcionários e pacientes, não perdíamos as oportunidades de esclarecer aos internos mais "lúcidos" os objetivos da ação e garantir que ninguém seria abandonado. Que quando o hospital fechasse eles estariam bem, junto a seus familiares ou, caso isto não fosse possível, em residências terapêuticas, certamente em condições de vida muito melhores.

O acesso livre à equipe técnica a quem desejasse, sem as limitações de confinamento e de hierarquia que caracterizam as instituições totais, era um diferencial estabelecido. Gilbert fazia parte desse grupo, que se aproximava para conhecer a equipe técnica, apresentar suas queixas e demandas, ou simplesmente ver o que acontecia. Em um desses primeiros dias, para responder aos seus questionamentos, disse-lhe que era preciso confiar naquela equipe interventora que tomava o cuidado deles como objetivo. Neste ponto ele me interrompeu e me disse: "eu confio em você". Parei, meio desconcertado por aquela declaração tão direta dirigida a mim, e em tudo que ela implicava.

O que fazer diante dessa colocação tão personalizada? Realizei imediatamente que era preciso aceitá-la, e não recuar diante disso. Remeti-me às palavras do Pequeno Príncipe, do Exupéry, que considero tão importantes como princípio clínico: "tu te tornas responsável por aquilo que cativas".

Durante todo o tempo em que o conheci, dou-me conta disso agora, não senti necessidade de aprofundar o conhecimento de sua história prévia, e Gilbert não falava muito disso. Era um homem branco, magro, na casa dos 40 anos, cuja aparência exterior não diferia tanto da média de pessoas menos comprometidas que tínhamos ali: o tipo físico que sugeria talvez uma ascendência do nordeste do país; alguns sinais que revelavam o perfil da longa institucionalização: a falta de alguns dentes, o uso de várias roupas sobrepostas, o fato de sempre estar carregando alguma sacola ou mochila com seus pertences, como a atestar a eterna falta de um lugar próprio, a garrafa de café cujas doses ele vendia aos outros internos pendurada ao corpo.

Informaram-me que seu pai era estrangeiro, talvez canadense, e que ele tinha inclusive vivido no exterior, daí seu nome do meio, de grafia francesa. Lembro que cheguei a ouvi-lo falar poucas palavras naquela língua, mas imaginava que, se assim foi, ele havia perdido essa fluência.

Gilbert havia sido internado em 7 de outubro de 2006. Quando iniciamos a "intervenção", em 2010, ele já tinha quatro anos de institucionalização. Estando compensado psiquicamente, ele não recebia alta médica, mas por vezes saía de licença do HCRB. A família era de Araruama, e ele ia e voltava sozinho, sempre.

Ao conhecê-lo, o que eu via e sentia era um homem lúcido e orientado (como diz o jargão psiquiátrico), atento, observador, coerente, inteligente e muito perspicaz.

Ele passou a dividir comigo suas reflexões sobre o que se passava na unidade. Informava sobre o funcionamento e sobre os outros internos, quando julgava necessário. Passei a levá-lo para assistir às reuniões de equipe e às discussões que promovíamos na unidade. Sentávamos lado a lado no meio do auditório e ele intervinha com segurança quando desejava. Preocupava-se, sobretudo, com o destino dos antigos funcionários quando o hospital fechasse, se ficariam desempregados e passando necessidades. Suas observações eram sempre pertinentes. Eu entendia que suas questões eram importantes e que era preciso considerá-las.

Carlos Gilbert Mateus saiu do HCRB em 30 de julho de 2014. Poucos meses depois, em uma visita à RT de Araruama, eu o encontrei. Ele circulava muito pelo município. Ia ao Caps, visitava a RT. Naquele dia, cuidadores e técnicos da casa se divertiam contando suas proezas. Lembro que contaram como ele surpreendeu o pastor da igreja, quando este perguntou aos fiéis o que levariam consigo se um incêndio queimasse a casa onde estavam. Enquanto todos respondiam "a Bíblia" (resposta mais indicada, no caso), a mãe, o filho etc. Gilbert respondeu que levaria o celular, pois assim poderia chamar os bombeiros para salvar a todos.

Algum tempo se passou. Ele estava morando em uma das RTs do município. Quando lá voltei, visitei-o. Encontrei ali outro Gilbert. Havia ganhado peso e quase não saía de casa. Conversei com ele, conversei com o cuidador, para que insistissem com ele em fazê-lo sair, circular, movimentar-se. Ele me ouvia e assentia, "tudo bem".

Entretanto, outra transformação havia ocorrido. Ele agora se destacava como artista plástico. Produzia muito nas oficinas do Caps. Seu quarto ficava no último andar da casa, onde ele me levou, para mostrar sua grande produção. Mostrava as telas com orgulho e satisfação. Achei aquilo tudo muito legal, mas eu me preocupava com sua saúde física e tentei focar nisso.

Com muita tristeza recebi a notícia de sua morte. Ao mesmo tempo, soube de sua importância para as oficinas de arte do Caps. Quando foi inaugurado, o Centro de Convivência de Araruama recebeu seu nome.

Entendi que meu relato não poderia terminar tão superficialmente. Que eu precisava ir a Araruama e saber melhor sobre ele antes e depois do HCRB.

Uma de minhas fontes foi o que estava registrado no prontuário do Caps, bastante pormenorizado. Entendi que ele se destacara no território assim como para mim.

Para obter autorização para a publicação deste relato, conversei por telefone com a irmã (responsável legal) e estive com a mãe e o padrasto. A história informada por eles complementou o que eu já conhecia.

Nasceu em 7 de setembro de 1970, no Rio de Janeiro. Quando ia completar 13 anos de idade, o pai biológico o levou para o Canadá, contra a vontade da mãe e do padrasto, que o criara desde pequeno e a quem era muito ligado. Após um tempo longo sem notícias, ela recebeu uma carta em inglês de parentes do ex-marido dizendo que ele estava em uma "casa de repouso". Algum tempo depois, uma assistente social do Canadá com a qual ela conseguira estabelecer contato informou que ele estava em situação de "abandono familiar e com problemas mentais".

Aos 19 anos, o pai biológico o trouxe de volta para o Brasil, entregou-o à mãe no aeroporto, em um estado que a surpreendeu. Gilbert estava agressivo, delirante, e as dificuldades da família em controlá-lo fizeram com que iniciasse a carreira em hospitais psiquiátricos. Quando saiu do HCRB, manteve a relação próxima com seus pais e irmã, mas foi acolhido no SRT e sua frequência ao Caps era bastante intensa.

Ele certamente não era uma pessoa fácil. Sua fala revelava o pensamento superinclusivo, que ao mesmo tempo em que expressava agudeza nas observações, de grande destreza lógica, se espalhava em uma mistura de conteúdos muitas vezes delirantes que exigiam a atenção do ouvinte. Atenção que seu brilhantismo e carisma conquistavam. Mas era um crítico afiado de argumentações robustas. Assim como no HCRB, no SRT e no território ele se colocava no papel de cuidador e protetor dos menos favorecidos, denunciando injustiças reais e cobrando soluções, não raro de forma arrogante. Junto aos profissionais da Saúde e do Programa de Atenção Psicossocial, por vezes ele se colocava como igual. Mas suas reivindicações eram ouvidas e muitas vezes acatadas nos dispositivos da rede. Figura sui generis, manteve a forma extravagante de se vestir. Adornava-se com cordões e colares.

Entretanto, por vezes ele ficava muito perseguido na relação com as pessoas e com a cidade. As alucinações o deixavam nervoso, e sua adesão à medicação antipsicótica era instável e ambivalente, e ele foi se isolando no espaço mais particular do seu quarto, seu ateliê. Graças ao vínculo forte que possuía com o Caps, e depois com o Centro de Convivência, o trabalho com as artes plásticas foi se tornando fonte maior de gratificação e investimento. Era um artista múltiplo: pintava, escrevia poesias. Fazia plantas arquitetônicas com destreza, a ponto de surpreender arquitetos e engenheiros a quem esses trabalhos eram apresentados. A consciência de seu pensamento potente o levava às ideias de grandeza. Dizia-se arquiteto, médico, Deus. Mas seu isolamento era seletivo. Segundo os registros em prontuário, ele "tinha necessidade de falar e trocar experiências. Mas escolhia o ouvinte".

A Covid-19 o levou. Em consequência de sua circulação mais restrita, engordou. Detestava exercícios físicos. Fumante inveterado, começou a ter problemas respiratórios que acompanhava no pneumologista. Foi presa fácil do vírus. No dia de sua morte, o padrasto, que costumava visitá-lo, esteve com ele, estava bem. Mas à noite passou mal, foi levado à UPA municipal e exigiu o atendimento. Jogou-se ao chão do serviço, gritou que estava morrendo. Foi medicado e encaminhado de volta para casa, mas naquela mesma noite faleceu, no corredor da casa, enquanto pedia ajuda. Na morte, como na vida, sua postura foi sempre inconformada, combativa, afirmativa.

Conforme seu desejo, foi enterrado com a bolsa que continha boa parte de sua produção artística, pinturas, desenhos e poesias. A equipe lamentou não ter ao menos tirado cópias dos trabalhos. O que restou está no Caps municipal, ou no Centro de Convivência que leva seu nome.

Nas paredes do CECO, alguns desenhos dele. Explosões de cores que parecem abstratas, mas em um segundo olhar revelam figuras compostas com graça: um palhaço, pássaros, rostos de aspecto cubista, naturezas mortas, e um busto de homem em preto e branco com colares de contas grossas (um autorretrato?). Seu projeto arquitetônico para o CECO de Araruama, enquadrado e pendurado em uma das paredes, surpreende pela riqueza e minúcia de detalhes. Como na relação com ele, sua arte se expressa em elementos que nos interrogam e nos desafiam a um olhar atento. Que ser humano fascinante! Gilbert presente!!!

Figura 5 – Gilbert e dois de seus trabalhos

Fonte: acervo CECO Gilbert Mateus, Araruama

Caso 8: S.

Juliana Marina de Campos

S. ficava na enfermaria 11 do HCRB, apresentava um comportamento embotado, de pouca fala. Na oportunidade, indagamos sobre sua história de vida e no seu discurso ele afirma com bastante coerência que morava em Fortaleza e que veio para o Rio de Janeiro por meio de um trabalho que desempenhava na Marinha. Ele mencionava de onde era, onde trabalhava, relatava o nome completo de todos os seus irmãos e a escola onde estudou. Após recolher todos esses dados, a equipe do serviço social, na sala da Equipe Censo, realizou uma pesquisa no Google e localizou aquele território em Fortaleza que o S. descrevia. De posse de todas aquelas informações, realizamos contato com a equipe de saúde mental do município de Silva Jardim, que era o município responsável por sua internação. A equipe desse município conseguiu localizar os familiares do Sr. S. A partir desse contato, descobrimos que os familiares do referido paciente desconheciam seu paradeiro.

Daí veio a surpresa: os familiares não sabiam que ele se encontrava internado há dez anos. Ele estava desaparecido há 26 anos e a família já presumia sua morte. A reação da família foi um misto de espanto e felicidade. Desse modo, o município de Silva Jardim contactou o programa de saúde mental da cidade onde viviam seus familiares. Assim que seus irmãos descobriram seu paradeiro, compareceram ao hospital imediatamente. O reencontro entre o Sr. S. e seus familiares foi uma experiência emocionante e marcante. Ele pôde regressar à sua terra natal e ao convívio de seus entes queridos.

Essa história foi muito impactante para a equipe, pois a todo o instante o Sr. S. mencionava em seu discurso sobre a sua família e cidade de origem. E uma pergunta ecoava dentro de nós: Como uma pessoa pode passar tantos anos vivendo em condições tão degradantes, com sua liberdade cerceada, privado de sua cidadania e do convívio familiar?

Caso 9: A.

Juliana Marina de Campos

A. foi mais um caso de sucesso para a nossa equipe e para o serviço social. Ele estava internado há 20 anos e por serem longos anos, já não se lembrava mais de como seria viver longe daquele manicômio. Ele havia recebido muito mal a Equipe Censo, pois para ele, éramos a ameaça de acabar com sua casa e seus afetos. Foi um longo processo de conquista e de aceitação. Um dia, aos gritos, nos disse: "daqui eu só saio morto!". Essa ocasião foi tensa, exigindo um certo receio de uma possível agressão por parte dele. Mas precisávamos avançar e a todo momento estávamos recalculando rotas.

Ele estava internado há tantos anos, em situação de abandono familiar, sem documentos e consequentemente sem nenhum rendimento. Conseguimos convencê-lo para a retirada de seus documentos para garantir-lhe renda. Assim, proporcionamos-lhe saídas para o centro da cidade de Rio Bonito para a retirada da Certidão de Nascimento, RG, Título de eleitor e CPF, para logo então fazermos o requerimento do BPC/ LOAS no INSS, onde haveria o pré-requisito da perícia social e perícia médica.

Essas saídas foram dando a ele segurança e uma mínima dose de socialização. Aproveitamos para apresentar a cidade para ele, o levávamos para lanchar e comprar algo. Paralelo a isso, existia o trabalho que era desenvolvido com a sua família. Ele passou a criar referência conosco e aceitava participar dos passeios e foram inúmeros os investimentos com saídas, que denominamos "saídas terapêuticas", "visitas domiciliares" e "licenças terapêuticas" para a casa da irmã que mais tarde o acolheria.

Até que um dia, nossa equipe de sábado foi até a casa da irmã para saber como ele estava lá e recebemos dele, inesperadamente, a chave do seu armário do HCRB, a qual ficava presa em um cordão no seu pescoço: "tome aqui a chave que eu não vou voltar mais para lá não!". Comemoramos muito nesse dia, porque foi um trabalho longo e exaustivo, cheio de desafios, que nos obrigou a recuar várias vezes e que nos surpreendeu naquele momento ao percebermos que ele e sua família estavam prontos.

A. já era diferente do A. que, em uma loja no município de Rio Bonito, tentou oferecer uma gorjeta à atendente, mas ela recusou e gritou envergonhado dentro da loja: "Você está vendo por que eu não posso sair do hospital?!". Aliás, depois do deferimento do seu benefício, ele passou a adorar sair para comprar roupas na cidade; comprar sozinho os seus materiais de higiene pessoal na farmácia e almoçar em restaurantes da região. Lembrei da frase que minha colega e psicóloga Cátia Azevedo me dizia: "quando a gente os organiza por fora, eles se organizam por dentro!".

Caso 10: JP: A busca nunca é impossível

Solange Nascimento Pereira Vielman

JP era um paciente esquecido no meio de muitos em uma enfermaria do HCRB. Um paciente tranquilo e sem histórico de agitação, calmo, lúcido e orientado dentro de sua limitação. Ele "não dava trabalho" para as equipes e, pelo contrário, ajudava os funcionários em alguns afazeres, como pegar roupas na lavanderia com a equipe de enfermagem e outras atividades que solicitavam. JP não se destacava e não era conhecido na instituição, apenas a enfermagem e os profissionais da enfermaria o conheciam.

Quando iniciou o processo de desinstitucionalização, logo foi selecionado pelo município para compor a primeira RT de Rio Bonito. Eu, Solange, enfermeira, tanto do HCRB como do Caps Cleber Paixão de Rio Bonito, conheci JP em um de meus plantões de quarta-feira no HCRB, quando fui acompanhar a primeira visita dos pacientes à nova moradia. Lá estava ele. Quieto e sem transmitir nenhuma reação; seja de alegria ou tristeza, se mantinha sempre apático como tantos outros em que, no prontuário, encontrávamos os clássicos termos: "calmo", "lúcido" e "orientado".

Após várias semanas num processo de adaptação à nova casa, com idas e vindas dos pacientes e futuros moradores para que se ambientassem a um local que não a instituição em que viveram por anos, cheguei ao HCRB para assumir o plantão e me deparei com um prontuário em cima da mesa da enfermagem. Vale ressaltar que essa é uma prática comum quando um paciente se ausenta do hospital por qualquer razão e, nesse caso, a colega do plantão anterior informou que JP havia sido encaminhado para a UPA por alguma intercorrência e estava aguardando resultados de exames e diagnóstico. Chamou-me a atenção aquele prontuário sujo e enorme e comecei a folhear, buscando informações sobre aquela pessoa que, pelo número de páginas, tinha bastante história e tempo de internação. Ao prosseguir na pesquisa, para minha surpresa, identifiquei que tínhamos a mesma origem, o estado do Maranhão. Era de uma cidade conhecida por mim, estava internado no HCRB há 12 anos, e segundo relatos: "houve tentativas de localizar a família, mas sem sucesso". Era meu conterrâneo e, por isso, fiquei muito incomodada e sensibilizada e pensei: "eu vou localizar essa família!".

Imediatamente fiz contato com o meu irmão que mora no Maranhão, em São Luís, próximo à cidade que foi informada por JP. O meu irmão entrou em contato com o cartório daquela cidade e assim os 12 anos de internação de JP, os quais sem documentos, foram resolvidos em 30 minutos. O cartório nos enviou a Certidão de Nascimento dele, que na ocasião já estava morando na RT de Rio Bonito. Os familiares logo entraram em contato comigo. Falei com o seu pai, que era idoso e dizia que os irmãos dele que moravam em Campinas iriam cuidar do caso, na esperança de que pudesse ver o filho em breve. Uma das irmãs fez contato e informou que JP estava desaparecido já há 20 anos. Posteriormente, duas irmãs vieram a Rio Bonito visitá-lo na RT, pois tinha sofrido um AVC, mas estava lúcido. Os irmãos conversaram muito e ele se lembrava de tudo. Foi um reencontro muito emocionante para eles e na mesma proporção para mim, pois foi uma realização não só profissional, mas pessoal também. Dois anos depois, outros dois irmãos também compareceram para visitá-lo. Na época foram feitas tentativas de reintegração familiar, mas sem sucesso. Os irmãos, como todos os outros familiares, não tinham disponibilidade para acolhê-lo. Eles relataram a vida triste que o JP teve desde a infância e que talvez justificasse a fuga e a sua trajetória até os dias de hoje. Contaram que JP tinha retardo mental e que foi criado pela madrasta que o maltratava muito, a ponto de ele ser impedido de conviver com os outros irmãos e até de entrar na casa deles, fazendo JP se limitar a circular somente no quintal. Com isso, ele dormia no galinheiro da família. Ele sofreu muitos abusos, fugia constantemente de casa e ficava andando pelas ruas a esmo, até que um dia saiu e nunca mais voltou.

Com a relação familiar fragilizada e sem perspectivas de um retorno à convivência, a alternativa que foi dada pelos irmãos seria inseri-lo em um asilo, mas as nossas equipes, do Caps e da RT, foram contrárias a essa mudança, haja vista que ele já estava bem-adaptado à moradia onde permanece até a presente data. Hoje, aos 59 anos, JP tem um lar e uma nova família. Tem casa, cama e colchão pra dormir. E, apesar da sequela do AVC, convive em harmonia com seus amigos e cuidadores.

PARTE III

Novos tempos
Novos desafios
Novas experiências

Figura 6 – Explorando o território

Fonte: acervo Caps II Dr. Cleber Paixão, Rio Bonito, RJ

CAPÍTULO 6

Ô QUE RIO BONITO, COMEÇASTE UMA CIDADE. NESTA RIO BONITO HABITAM POVOS QUE CONTAM A LOUCURA E O ESPLENDOR DE TER UM MANICÔMIO EM SUAS TERRAS!

Renata Almeida Martins

Juliana Marina de Campos

Ester Soares Alves Ximenes

Cátia Maria Azevedo da Conceição

Roberta Fernandes Eiras

Rosane Mendes de Melo Tinoco

Figura 7 – Atividade externa

Fonte: acervo Caps II Dr. Cleber Paixão, Rio Bonito, RJ

Neste capítulo descreveremos a trajetória da saúde mental no município de Rio Bonito e as mudanças ocorridas após o fechamento do hospital psiquiátrico que durante 49 anos esteve em funcionamento na cidade e em 2010 foi considerado o maior manicômio do estado do Rio de Janeiro. Essas mudanças serão contadas a partir das vivências de seis profissionais que estiveram e/ou estão atuando nos espaços destinados ao cuidado em atenção psicossocial de Rio Bonito.

Memória, segundo o dicionário Aurélio, significa reter ideias, sensações, impressões adquiridas e o que sabemos sobre elas e vai muito além de qualquer significado ou tradução. Elas nos guiam, nos salvam, nos iluminam, transcendem e, talvez por isso, escrever sobre as memórias do Hospital Colônia Rio Bonito (HCRB), seja não deixar se apagar os horrores do manicômio que, vez ou outra, tenta ressurgir sob a crítica política do fracasso da reforma, nos assombrando. Para os ingênuos, a ideia pode parecer sedutora, mas para todos os pacientes que viveram ou morreram nos manicômios, esse horror precisa estar gravado, ressaltado e eternizado para que NUNCA se esqueça que "**MANICÔMIO NUNCA MAIS**".

A cidade de Rio Bonito está localizada na região do estado do Rio de Janeiro denominada "Metropolitana II", fazendo limite ao Norte com o município de Cachoeiras de Macacu, a Leste com Araruama, a Norte e a Leste com Silva Jardim, a Sul com Saquarema e a Oeste com Tanguá. Atualmente, divide-se em três distritos: Rio Bonito (sede – 1º distrito), Boa Esperança (2º distrito) e Basílio (3º distrito). A área do município é de 462 km², com mais de 50% de território rural e muitas áreas de montanhas. A população de Rio Bonito estimada segundo o IBGE (2022) é de 56.276 habitantes.

Quem passava pela cidade de Rio Bonito, inevitavelmente observava o HCRB, já que ele se localizava às margens da BR-101, importante ligação entre a cidade do Rio de Janeiro, o Norte do estado e a Região dos Lagos. Essa localização tornava-se um facilitador para o recebimento dos andarilhos encontrados nesse movimento na rodovia, muitas vezes resgatados pela própria kombi do hospital. Apesar dos andarilhos serem das diversas regiões descritas anteriormente, muitos acabavam sendo referenciados ao município de Rio Bonito, principalmente oriundos da capital, segundo consta no primeiro censo realizado.

A formação da rede de saúde mental de Rio Bonito

O fechamento do HCRB é considerado uma conquista do movimento da luta antimanicomial, que busca combater o modelo de internação asilar/carcerário na saúde mental. A ação promovida pelo Ministério Público e a movimentação das equipes de saúde municipal, estadual e federal, que lutaram pelo fechamento do HCRB, marcou uma nova perspectiva dentro da cidade de Rio Bonito. Perspectiva que foi impulsionada pela Lei n.º 10.216, de 6 de abril de 2001, que preconiza a substituição dos hospitais psiquiátricos pelo modelo baseado na excepcionalidade da internação e na prevalência de assistência extra-hospitalar, priorizando o atendimento em Centros de Atenção Psicossocial (Caps) e a desinstitucionalização dos pacientes de longa permanência, por meio de projeto terapêutico voltado para a reinserção social.

Até o ano 2003, o município de Rio Bonito praticava a lógica manicomial, compreendendo que só era possível tratar pessoas portadoras de transtornos graves, severos e persistentes, estando internados em hospitais psiquiátricos, pois afinal a cidade possuía sobre suas terras um local bastante fértil para isso. Nesse mesmo ano, o Caps Dr. Cléber Paixão foi inaugurado, trazendo para a cidade a reorientação desse novo modelo assistencial. Porém, era um modelo desacreditado e rejeitado, haja vista que essa estrutura manicomial tinha um peso muito grande para a população local, uma vez que se configurava como fonte de emprego, além de ser um local propício para esconder e excluir todos que causavam transtorno para a sociedade riobonitense.

A presença do HCRB influenciou a história, cultura e economia da cidade de Rio Bonito, tornando-se o segundo maior empregador do município, ficando atrás apenas da prefeitura municipal, além de ter se tornado um grande comprador de produtos e serviços da região.

Em 2007, houve uma pactuação entre Ministério da Saúde (MS) e Secretaria Estadual de Saúde do Rio de Janeiro (SES-RJ), objetivando a diminuição dos leitos psiquiátricos, de acordo com as Portarias GM/MS n.º 52 e 53, de 20 de janeiro de 2004. Também em 2007, a partir da avaliação do Programa Nacional de Avaliação do Sistema Hospitalar/Psiquiatria (PNASH-Psiquiatria) 2005, indicou o descredenciamento do HCRB pelo SUS. Foi assim que os municípios instituíram equipes para acompanhar os pacientes internados com o objetivo do fechamento progressivo dos leitos e o Caps Dr. Cleber Paixão assumiu como estratégia na luta antimanicomial a criação de uma comissão formada por profissionais do dispositivo, a qual denominada de Comissão de Assistência à Desinstitucionalização (CAD). Essa comissão funcionou de 2005 a 2009, e tinha o objetivo de se aproximar dos pacientes e seus familiares para informá-los e sensibilizá-los sobre a reorientação do modelo assistencial introduzidos pela Lei n.º 10.216/2001.

Foi um desafio enorme para a equipe técnica do Caps, principalmente no contato com as famílias, pois muitas não conseguiam compreender que havia outras formas de tratar o louco a não ser o modelo asilar. Sentiam-se ameaçadas, diante da possibilidade de ter que cuidar daquele familiar que já não tinha vínculo afetivo, principalmente devido a décadas de afastamento ou mesmo por terem memórias dolorosas das crises não tratadas. Inicialmente, foram realizadas diversas reuniões com as famílias no Caps para apresentar as condições precárias vividas pelos pacientes no hospital, mostrando dados da pouca efetividade de uma internação de longa permanência, o que denominamos anteriormente de "sensibilização". Essa estratégia visava, além de sensibilizar, apresentar o novo modelo de atendimento psicossocial, o Caps, que propunha um tratamento mais humanizado, em regime de liberdade e totalmente diferente das práticas manicomiais. Semanalmente, a Comissão de Assistência à Desinstitucionalização (CAD) tentava visitar o Hospital Colônia, munidos da missão: pesquisa em prontuários; visita ao paciente; encontros com as famílias e trocas de informações com as equipes do hospital. Buscava-se também comparecer estrategicamente nos momentos das visitas a fim de identificar e conversar com familiares que eram resistentes a essa nova proposta.

A relação da CAD com as equipes do hospital era um ponto delicado da abordagem, pois havia uma visão divergente entre a equipe da atenção psicossocial e a equipe da unidade de internação. Era necessário um esforço maior para que, por meio de inúmeras tratativas, avançassem no sentido de pactuar que os pacientes frequentassem o Caps e participassem das atividades terapêuticas do dispositivo, permitindo a vinculação deles com a equipe, além de se sentirem pertencentes ao território e com a família.

No Caps existia uma ficha de atendimento com o registro de informações referentes a sua história de vida e seu projeto de desinstitucionalização. No curso do processo foram possíveis também algumas saídas, chamadas de licenças, em que eles saíam do hospital e passavam dias na casa da família, como preparação para a alta. Outro aspecto importante é que, por meio da CAD, foi possível a emissão de registros civis, favorecendo a reinserção familiar.

Dentre as atribuições técnicas, a equipe da CAD também atuava com a gestão, nas avaliações mensais da autorização de internações hospitalares (AIH), que era, de fato, a autorização de internação daqueles pacientes. Apesar de parecer um trabalho burocrático, era fundamental como primeira triagem, pois favorecia estabelecer um certo critério para a manutenção e pagamento daquelas internações, já que anteriormente eram renovadas automaticamente, somente pelo hospital e MS.

A desinstitucionalização dos pacientes do HCRB era a pauta mais importante do Programa Municipal de Saúde Mental de Rio Bonito, porém com uma realidade que revelava um enorme desafio e volume de trabalho. Era urgente a necessidade de se ampliar o diálogo sobre a rede, repensar a direção dos casos, organizar o cotidiano dos serviços e refletir sobre a clínica no território, sobre a lógica manicomial privatista em oposição ao surgimento de um novo modelo coletivo de inclusão e participação dos mais diversos sujeitos. Para que tudo isso fosse possível, era necessário que houvesse investimento financeiro em capacitação e qualificação da equipe e um Caps mais adequado às demandas que surgiam. Nesse cenário, em 2010, o município participou da VII Chamada para Supervisão Clínico-Institucional, que foi um programa do MS para a seleção de projetos que visassem a reformulação da assistência em saúde mental e qualificação técnica. Vale ressaltar que a supervisão clínico institucional foi uma das formas de aperfeiçoamento das equipes com o apoio financeiro do MS, baseando-se, inclusive, na Portaria GM/MS n.º 1.174, de 7 de julho de 2005. Atendendo à chamada, o município de Rio Bonito submeteu o projeto intitulado de "Desinstitucionalização dos pacientes do Hospital Colônia de Rio Bonito: das práticas privatistas de asilamento à produção coletiva de cidadania.", o qual foi aprovado em 2011.

A política municipal de saúde mental foi avançando e criando condições técnicas para equipe do Caps desenvolver suas atribuições. Com a contratação de um supervisor clínico institucional que participava das reuniões semanais da CAD, os casos eram discutidos e, por meio de leituras de textos técnico-científicos, a equipe passou a compreender melhor a temática da saúde mental na forma da Lei n.º 10.216 e das diversas portarias que definem a condução da assistência em saúde mental. A presença da supervisora de desinstitucionalização no território (Caps) foi extremamente necessária para ampliar e orientar as ações que permitiriam efetivar a "saída" dos pacientes de maneira a não reproduzir fora do hospital a lógica manicomial, buscando formular e reformular essa nova assistência.

Como exemplo de desafio que a equipe enfrentava, sempre relacionados a problemática sócio familiar, podemos citar o exemplo de uma família que não desejava o retorno do paciente para casa, pois comprometeria o valor do benefício que era dele e estava sendo destinado ao pagamento do curso de inglês da filha. Além disso, surgiam questões relacionadas à dificuldade de acessibilidade, tal como o exemplo de uma família que morava no alto de um morro muito íngreme e, mesmo desejando receber seu familiar, não conseguiam, pois ele era cadeirante. Essas graves questões sociais eram inerentes ao trabalho e, quando as equipes não se sentiam confortáveis para lidar com os casos, o papel do supervisor clínico institucional nas reuniões semanais era imprescindível.

A supervisão clínico-institucional dos processos de desinstitucionalização e da rede de saúde mental atuou no município até 2013, funcionando como um dispositivo que impulsionava e qualificava as equipes técnicas dos diversos serviços que compunham a rede de atenção psicossocial.

Apesar de todo o trabalho realizado naquele momento, o número de altas hospitalares decorrentes das nossas ações técnicas foi muito baixo e, associado a todas as dificuldades já mencionadas anteriormente, nos deparávamos com a falta de dispositivos extra hospitalares como Serviço Residencial Terapêutico (SRT), adesão do município ao programa de Volta Para Casa para incentivar o retorno familiar, dentre outros.

Em 2010, diante do agravamento das condições do hospital, novas pactuações foram feitas entre o MP, SES-RJ, Secretaria Municipal de Saúde (SMS) de Rio Bonito e municípios internantes e, por meio de recursos financeiros direcionados pelo MS ao município, uma equipe multidisciplinar foi contratada e denominada "Equipe Censo" para a realização de um censo psicossocial dos pacientes. Essa equipe ficou lotada no próprio hospital e, mesmo com todo levantamento executado, nada evoluiu no sentido de melhorar a assistência e altas hospitalares.

Em fevereiro de 2011, o Ministério Público Federal (MPF) e o Ministério Público Estadual (MPE) procederam à judicialização da ação civil pública n.º 0001370-41.2011.4.02.5107 (2011.51.07.001370-2), a qual indicava a requisição dos serviços do HCRB pela SMS de Rio Bonito e um ano depois o HCRB passa a ter seu *"processo de fechamento" "inicializado"* sobre os novos *"espaços da loucura na cidade"*.

Ambulatório de saúde mental

Primeiro lugar destinado ao cuidado em saúde mental no município, inaugurado na década de 1980. Nesse espaço encontravam-se psicólogos, assistentes sociais e psiquiatras que conduziam seu trabalho ambulatorial pautado na premissa de que os casos mais graves deveriam ser encaminhados imediatamente ao Hospital Colônia. Pouco mudou ao longo dos anos e nem mesmo com o fechamento do hospital. O diferencial ficou no fato de que crianças e adolescentes com hipótese ou diagnóstico de Transtorno do Espectro do Autismo (TEA) começaram a ser atendidos nesse ambulatório em 2006, e assim foi até a inauguração do centro de reabilitação em 2021 que, por meio de uma equipe específica, passou a atendê-los num trabalho compartilhado com a rede de saúde mental.

As equipes que compõem o ambulatório foram divididas e lotadas nas sedes dos ambulatórios de especialidades médicas do município, sendo divididas entre o Ambulatório Loyola e o Ambulatório de Boa Esperança. O atendimento a crianças com TEA, até então realizado pelo ambulatório, passou a acontecer no Centro de Reabilitação vinculado à Rede de Cuidado a Pessoas com Deficiência (RCPD).

Caps Dr. Cléber Paixão

Considerando que se tratava de uma cidade que foi sede de um grande hospício e mesmo com número de habitantes inferior ao que é preconizado pela Portaria n.º 336, de 19 de fevereiro de 2002, a gestão municipal no ano de 2005, em parceria com as esferas estaduais e nacionais, conseguiu a habilitação do Caps como tipo II.

Serviço Residencial Terapêutico

A primeira Residência Terapêutica (RT) foi inaugurada em 22 de julho de 2011, período em que o HCRB estava em pleno processo de desinstitucionalização e fechamento e no ano seguinte, mais duas foram inauguradas. As residências foram criadas para acolher as pessoas que não tinham mais condições de retornar à convivência familiar, principalmente pela perda dos laços sociais e familiares após décadas de internação. Atualmente, o município conta com três residências com 26 moradores no total.

Com vistas a inauguração da primeira RT, a SES-RJ mobilizou a rede para diversas ações de qualificação da equipe, tais como visita técnica ao município do Carmo (na região serrana do estado), na época, referência em saúde mental e com residências já em fase de funcionamento; cursos de capacitação e aprofundamento aos cuidadores aprovados em processo seletivo; visitas dos pacientes do HCRB a nova moradia e Caps; e sensibilização da comunidade e vizinhança para inauguração do SRT.

Os moradores da primeira casa, que era alugada, eram os que tinham mais autonomia. Listamos aqui seus pseudônimos: A ("sem sobrenome"), S, Z, J, F, J, L e T. A primeira refeição à mesa, realizada na casa, representou um marco importante do resgate da dignidade desses pacientes em contraste com a degradante realidade que viviam no hospital. A casa estava equipada com tudo que era necessário para promover um ambiente funcional e ao mesmo tempo acolhedor para os moradores. A equipe era composta por seis cuidadores plantonistas e uma diarista responsável pelo cuidado com a casa e alimentação. Frequentemente, os moradores circulavam pela cidade em companhia dos cuidadores para conhecerem o bairro, o comércio local e se ambientarem com a localidade e o trajeto até o Caps. Pouco tempo depois, os moradores passaram pela primeira perda na casa, o óbito de L e o desaparecimento de Z.

Ao longo de dez anos, no início do ano 2021, verificou-se a necessidade de reestruturar o serviço das RTs, uma vez que os usuários ainda apresentavam dificuldades de reabilitação psicossocial. Diante disso, as equipes de saúde mental desenvolveram ações visando o processo de reinserção social, no contexto de moradia e cidadania.

Algumas modificações no cotidiano foram realizadas, junto à capacitação de toda equipe de cuidadores, além de reformas estruturais, decoração, compra de móveis, utensílios domésticos, cama, mesa e banho, visando transformar de fato em uma casa familiar, com estrutura que possibilitasse um processo de autonomia e convívio entre os usuários. Nas RTs de Rio Bonito, os profissionais têm o desafio de estimulação diária dos moradores para atividades do cotidiano, tais como o autocuidado, tarefas domésticas e frequência no tratamento de saúde do seu território, por meio da Unidade Básica de Saúde (UBS) e do Caps, além das mais variadas formas de movimentação na comunidade onde vivem. Os cuidadores foram capacitados com o intuito de identificar as aptidões dos usuários para distribuir e ensinar as tarefas domésticas, organizar as atividades de lazer e cultura, a fim de exercitar a autonomia e promover o autoconhecimento.

Essa estratégia vem quebrando o estigma sobre saúde mental e trazendo os usuários como atores do próprio cuidado e em evidência na sociedade, com representatividade em eventos públicos, eventos solenes, datas comemorativas, entre outros, promovendo assim a inclusão social.

Os moradores, como são chamados, e NÃO MAIS PACIENTES, adotaram animais de estimação (cachorros, gatinhos, galinhas), os quais são cuidados com carinho pelos por eles mesmos e também cuidam e cultivam o jardim com um rodízio das atividades de cuidado organizado por eles. Os resultados são surpreendentes e comprobatórios, pois passados quase quatro anos não existem reincidências de internações por surto psicótico. A RT acabou sendo reconhecida regionalmente, recebendo visitas técnicas de outros municípios e participando de eventos científicos para apresentação deste trabalho.

Sobre o Serviço Hospitalar de Referência

Em 1 de março de 2013, é publicada a Portaria n.º 228, que habilitou três leitos no Hospital Regional Darcy Vargas, considerado como Serviços Hospitalares de Referência para atenção às pessoas com sofrimento ou transtorno mental e com necessidades de saúde decorrentes do uso de álcool, crack e outras drogas. Baseado na portaria citada anteriormente, o município de Rio Bonito habilitou, junto ao MS, três leitos em saúde mental no Hospital Regional Darcy Vargas. A UPA do município representa a porta de entrada desses leitos da saúde mental e Caps. Muitos desafios são vivenciados no acolhimento às pessoas que se encontram em estado de emergência psiquiátrica no município. No entanto, o fluxo vem acontecendo sempre com diálogo e parceria com a rede do serviço móvel de urgência e emergência (Samu). Nota-se que a população já conhece esse fluxo e a prática que o riobonitense teve por décadas de encaminhar ao Hospital Colônia já não existe, buscando-se diariamente a compreensão da população de que emergência psiquiátrica, assim como qualquer outra especialidade da medicina, deve ser conduzida à UPA.

Sobre a **Unidade de Acolhimento Adulto Regional**: entre 2015 e 2020, as coordenações das Raps dos municípios de Silva Jardim, Tanguá e Rio Bonito, se uniram com o objetivo de pleitear uma Unidade de Acolhimento Adulto Regional, já que não seria viável tecnicamente a implementação do serviço em cada um dos municípios citados. Optaram por firmar um consórcio para que o serviço fosse implantado em Silva Jardim e, em janeiro de 2020, receberam a autorização e o incentivo financeiro pelo MS. A partir de então, a Raps de Rio Bonito passou a contar com mais esse dispositivo destinado aos munícipes que necessitam do cuidado específico devido ao uso abusivo e prejudicial do álcool e outras drogas. Atualmente, o Caps Dr. Cleber Paixão realiza um trabalho em parceria com o Caps de Silva Jardim nos encaminhamentos e acompanhamentos dos usuários acolhidos nessa unidade.

É importante considerar que o processo da reforma psiquiátrica ainda se encontra em fase de implantação em todo Brasil (inclusive em Rio Bonito) e, embora tenhamos o manicômio fechado, o processo de transformação dos estigmas ainda ocorre em passos lentos. Pudemos vivenciar ao longo de quase uma década do fechamento do HCRB, avanços nas implementações dos dispositivos que substituíram o hospital psiquiátrico, transferindo para a comunidade e o território o cuidado que até então, era exclusividade deste. Contudo, até os dias atuais permanece na fala de alguns munícipes o desejo de ter **em suas terras** um local de "esconderijo" para os portadores de transtornos mentais e todos que atrapalhem a rotina da cidade.

Perguntas do tipo: *"Por que o Hospital Colônia fechou? Era tão bom tê-lo aqui! Estes problemas de surtos eram resolvidos com um simples telefonema e a kombi do HRCB chegava!!!"*. Ainda são frases ouvidas pela equipe que realiza o trabalho árduo e diário na demonstração de que o cuidado no território é possível.

Relato de um caso que marcou a Rede de Atenção Psicossocial (Raps) de Rio Bonito

A seguir, a descrição de um caso que foi considerado um dos mais desafiadores, devido à gravidade das condições clínicas associada a ausência de suporte social e familiar. Aqui, demonstraremos como foi a atuação das equipes de desinstitucionalização do hospital e do Programa Municipal de Saúde Mental, desde o início.

Segundo informações colhidas no prontuário do Caps Dr. Cleber Paixão, B foi admitido no HCRB no ano 2000, aos 18 anos, após ser transferido de uma instituição de menores onde cumpriu medida socioeducativa por furto. Sua mãe contou que ele abandonou os estudos na quinta série e apresentava dificuldade de aprendizagem. Aos 12 anos, iniciou o uso de múltiplas drogas e ficou mais agressivo, chegando a ser expulso da escola. Foi internado no HCRB por ordem judicial e a medida socioeducativa foi substituída por medida de prevenção, devido à gravidade de suas condições psicopatológicas, pois vivia em completa agitação e desorientação.

Em 2010, a CAD inicialmente apontou a necessidade da alta para retorno familiar, mas logo após indicou a transinstitucionalização de B, para continuidade do tratamento em regime de internação hospitalar, haja vista os seguintes comportamentos: desorientação global; empobrecimento geral; embotamento afetivo; fala repetitiva; episódios de agressividade e deambulação sem vestimentas. Contava apenas com a sua mãe para o cuidado, a qual era uma senhora muito humilde e fragilizada.

Em março de 2014, as equipes de referência do HCRB e a do Caps, em estreita articulação, construíram seu o projeto terapêutico de desinstitucionalização. Iniciaram o trabalho com a inserção dele no território, passando a frequentar o Caps duas vezes por semana. Esse translado era feito pela viatura do hospital com acompanhamento de um técnico de enfermagem, mas logo a equipe do Caps avaliou que não havia necessidade desse acompanhamento, e ele foi dispensado. Nesses dias, a equipe de referência do Caps se organizava para recebê-lo. Nesse trabalho que acontecia duas vezes por semana, a resposta obtida foi satisfatória desde o início. B correspondia dentro de seus limites, mas atendia às solicitações verbais, participava dos momentos coletivos como café, lanche e almoço; participava também de grupos terapêuticos: oficina de desenho, de artesanato, oficina de vídeo, oficina do corpo, porém mantendo o quadro de desorientação e oscilando, com o desejo de deambular.

Devido à gravidade do caso, o projeto terapêutico de B foi durante um bom tempo indefinido, entretanto as equipes compreendiam a necessidade de avançar em atividades terapêuticas, tanto dentro do hospital quanto fora dele e para isso, foi muito importante a parceria com a equipe do hospital em seu esquema medicamentoso com a introdução de antipsicótico de última geração, obtendo boa resposta. Dentre as atividades, estavam incluídas o desenvolvimento de ações de reconhecimento do local onde ele viveu com sua família e assim, a equipe definiu um dia para tal. Realizou estrategicamente um passeio até o bairro que ele morava, objetivando estimular e resgatar as memórias. Ele circulou pela rua onde morou e foi levado até o bar do senhor Carlinhos, que ele sempre mencionava em suas falas desconexas. A cada visita ao bairro, nos surpreendíamos com as respostas às ações propostas e víamos nitidamente o seu progresso, até que foi possível B passar o fim de semana na casa da sua mãe. Também era necessário que o caso fosse apresentado à equipe do posto de saúde do bairro onde a mãe residia, o que foi feito simultaneamente ao processo de apropriação de B do território.

Após tantas ações, discussões e estudos do caso, a equipe de saúde mental do município definiu o seu projeto terapêutico, que consistiu na inserção dele na RT do tipo II. Sendo assim, deu-se início a um cuidadoso processo de adaptação de B e também dos outros moradores e cuidadores. Dada a complexidade, esse processo durou exatamente um ano. B saía de licença do hospital para passar dias na RT e de lá frequentava o Caps. Nesse período era possível que a equipe do Caps o visitasse na casa e prestasse orientações e capacitações aos cuidadores, em relação à administração das medicações e manejo clínico. As equipes ficaram atentas às respostas satisfatórias e intensificaram as saídas e o número de dias que ele ficaria fora do hospital. Entretanto, nessa fase de seu processo de desinstitucionalização, aconteciam momentos de evasão e heteroagressividade que sempre eram amparados pelas equipes envolvidas. Mas, apesar de muitas pessoas não acreditarem, a equipe prosseguiu na proposta de ressocialização.

Finalmente, em outubro de 2015, passados 15 anos de internação, foi efetivada a alta e B foi viver definitivamente na RT. Era o início de uma nova etapa de vida para ele e do seu Projeto Terapêutico Singular (PTS), elaborado pela equipe de referência do Caps e que consistia em frequência semanal para participação na convivência, nas oficinas terapêuticas, atendimento individual, visita domiciliar e atendimento familiar com participação no grupo de família.

Foi uma adaptação difícil, pois ainda existiam muitas incertezas. Ele era um homem grande, forte, desorientado e tinha hábito de andar nu pela residência, causando constrangimentos aos moradores e vizinhança. E por falar em vizinhança, foi bastante difícil a aceitação, e quase sempre recebíamos queixas de que ele ficava na frente da casa sem roupas. Ainda eram bem frequentes as fortes crises de agitação psicomotora e heteroagressividade, mas não desistíamos.

A equipe do Caps acompanhava o caso com cautela, mas em nenhum momento houve recusa ou deixamos de acreditar que ele iria se beneficiar em participar de um modelo aberto, fora do ambiente hospitalar. Com o passar do tempo, com interações e ajustes terapêuticos e medicamentosos, começamos a perceber que ele conseguia estabelecer certa conexão com o ambiente e as pessoas no Caps. Não era possível, ao certo, explicar o que B mobilizou na equipe, mas era um misto de preocupação, receio e ao mesmo tempo um desejo de êxito na interação. Seu sorriso era de certa forma ingênuo, caracterizando que ali parecia ainda ter um menino, um rapaz bem vivido.

Durante as oficinas terapêuticas conseguimos estabelecer uma interação por meio da música, principalmente com o funk, ao associarmos à sua história, após alguns relatos coletados de sua mãe, que ele gostava muito de frequentar bailes funks. Algo de sua memória foi marcado pelas batidas de um estilo que trazia o protagonismo de tantas pessoas excluídas socialmente. Foi assim que encontramos uma forma de fazer a palavra circular no contato com o B. O Funk era mais do que uma simples conexão e a música entrou como um lugar onde ele era reconhecido como um sujeito, portador de uma história subjetiva, e isso o diferenciava. Não era então somente o B agressivo, agitado, que causava receio, mas o B que adorava o Funk que tinha o sorriso largo quando era acolhido pela equipe com suas músicas preferidas. B nos ensinou muito enquanto equipe, principalmente a não recuar diante da doença mental e sua complexidade.

Com o início dessa nova fase nas RTs, em 2021, que tinha mais movimentação e direcionamento, seja na rotina, seja na circulação pelos espaços urbanos e na assistência clínica, ele estava muito bem. Sempre cooperante dentro de seus limites, sorridente, alegre e afetuoso. Até que no ano de 2022, aos 40 anos, veio a falecer em decorrência de um sério problema intestinal. Ele era portador de constipação intestinal crônica, que, segundo relatado por sua mãe na RT, ele tinha desde criança. Sempre que ele estava constipado, não sabendo verbalizar o que sentia, ficava agitado, andando de um lado para o outro e agressivo. No manicômio, em meio àquele ambiente macro de instituição total, era inviável o trato dessa questão clínica, o que nos levou a inferir se todas as vezes que ele tinha que ser medicado no hospital total com sedativos SOS e contido no leito, devido às suas crises agressivas, não era ele se sentindo mal clinicamente. Na RT, logo que apareceu essa condição clínica, foi possível dar-lhe um tratamento específico, incluindo consultas com diversos especialistas e dieta específica. B nos deixou saudades e sobretudo a sensação de dever cumprido e a certeza de que foram dados a ele os últimos melhores momentos de sua vida.

"*Eu só quero é ser feliz, andar tranquilamente na cidade onde eu nasci...*".

B pôde andar um pouco mais livre pelos últimos espaços que ocupou, com mais dignidade, portando uma existência.

Referências

BRASIL. **Lei n.º 10.216, de 6 de abril de 2001**. Dispõe sobre a proteção e os direitos das pessoas portadoras de transtornos mentais e redireciona o modelo assistencial em saúde mental. Brasília, DF: Presidência da República, 2001. Disponível em: https://www.planalto.gov.br/ccivil_03/leis/leis_2001/l10216.htm. Acesso em: 26 abr. 2024.

BRASIL. Ministério da Saúde. Gabinete do Ministro. **Portaria GM/MS n.º 3.088, de 23 de dezembro de 2011**. Institui a Rede de Atenção Psicossocial para pessoas com sofrimento ou transtorno mental e com necessidades decorrentes do uso de crack, álcool e outras drogas, no âmbito do Sistema Único de Saúde (SUS). Brasília, DF: MS, 2011. Disponível em: https://bvsms.saude.gov.br/bvs/saudelegis/gm/2011/prt3088_23_12_2011_rep.html. Acesso em: 8 maio 2024.

BRASIL. Ministério da Saúde. Gabinete do Ministro. **Portaria GM/MS n.º 121, de 25 de janeiro de 2012**. Institui a Unidade de Acolhimento para pessoas com necessidades decorrentes do uso de crack, álcool e outras drogas (Unidade de Acolhimento), no componente de atenção residencial de caráter transitório da Rede de Atenção Psicossocial. Brasília, DF: MS, 2012.

BRASIL. Ministério da Saúde. Gabinete do Ministro. **Portaria GM/MS n.º 3.762, de 24 de dezembro de 2019**. Habilita equipes multiprofissionais de atenção especializada em saúde mental e estabelece recurso do Bloco de Custeio das Ações e Serviços Públicos de Saúde. Brasília, DF: MS, 2019.

BRASIL. Ministério da Saúde. Gabinete do Ministro. **Portaria GM/MS n.º 106, de 11 de fevereiro de 2000**. Brasília, DF: MS, 2000.

BRASIL. Ministério da Saúde. Gabinete do Ministro. **Portaria GM/MS n.º 336, de 19 de fevereiro de 2002**. Brasília, DF: MS, 2002. Disponível em: http://bvsms.saude.gov.br/bvs/saudelegis/gm/2002/prt0336_19_02_2002.html. Acesso em: 10 maio 2024.

INSTITUTO BRASILEIRO DE GEOGRAFIA E ESTATÍSTICA (IBGE). **Censo Demográfico 2022**. Rio de Janeiro. IBGE. 2022. Disponível em: https://cidades.ibge.gov.br/brasil/rj/rio-bonito/panorama. Acesso em: 2 ago. 2024.

CAPÍTULO 7

SILVA JARDIM, ENTRE AS PALMEIRAS NASCE UM NOVO LUGAR DE CUIDADO EM SAÚDE MENTAL CHAMADO REDE DE ATENÇÃO PSICOSSOCIAL

Renata Almeida Martins
Andréa de Barros Gomes
Viviane Class Cesar Leite Fogaça

"No novo tempo... Apesar dos castigos...
Estamos crescidos... Estamos atentos
Estamos mais vivos...Pra nos socorrer..."
(Ivan Lins)

SILVA JARDIM. Seu nome atual é uma homenagem ao jornalista e político fluminense Antônio da Silva Jardim. Nascido no município em 18 de agosto de 1860, filho de professor e agricultor da cidade, foi um ativista político bastante reconhecido pela militância em defesa da República. Formado em Direito, defendeu principalmente as causas dos escravos. Foi o mais atuante propagandista da República em todo o estado do Rio de Janeiro e algumas cidades de São Paulo, como Santos. Faleceu em 1891, em uma viagem de férias à Itália, quando foi tragado pelo vulcão Vesúvio.

Silva Jardim localiza-se na mesorregião da Metropolitana II do estado do Rio de Janeiro – de acordo com a regionalização da Secretaria de Estado de Saúde (SES), a 110 km da capital. A cidade abrange uma área de 937.755 km com uma população de 21.352 habitantes, segundo o Censo do IBGE (2023). Destaca-se por ser o maior município em extensão territorial da região, e sua especificidade se dá pelo fato de ser em maior parte por zona rural (a zona urbana ocupa apenas 20% de seu território). Abriga-se nesse município a Reserva Biológica Poço das Antas, considerada a primeira unidade de conservação desse tipo no Brasil, possuindo a maior quantidade de micos-leões-dourados. Faz limite com os municípios de Casimiro de Abreu, Araruama, Rio Bonito, Cachoeiras de Macacu e Nova Friburgo, conforme a figura a seguir:

Figura 8 – Mapa do estado do Rio de Janeiro

Fonte: Wikipédia

A narrativa que tecemos neste capítulo apresenta uma parte do processo de desinstitucionalização do Hospital Colônia de Rio Bonito (HCRB), e da implementação da rede de saúde mental no município de Silva Jardim, no período de 2011 a 2023.

É desse lugar, chamado Silva Jardim, que falaremos sobre os desafios, impasses e sucessos vividos por nós, três psicólogas, que na última década acompanhamos o processo de desinstitucionalização do HCRB e sua repercussão no modelo de cuidado que era oferecido às pessoas que apresentavam alguma questão com sua saúde mental nessa cidade.

A Lei n.º 10.216/2001, também conhecida como Lei da Reforma Psiquiátrica, busca regulamentar as práticas, para que atendam não somente aos princípios do SUS, mas também estabeleçam outros modos de cuidar do usuário de serviço de saúde mental historicamente maltratado (Brasil, 2001). A Reforma Psiquiátrica propõe inúmeras mudanças no cuidado em saúde mental, e os profissionais que atuam nesse campo são desafiados a promover esse cuidado diferenciado. Tínhamos uma certeza, a de que teríamos um grande trabalho pela frente, porém as incertezas eram maiores, afinal estávamos mergulhando em um mar até então desconhecido para nós.

Com a indicação para descredenciamento do HCRB pelo Programa Nacional de Avaliação dos Serviços Hospitalares/Psiquiatria (PNASH-Psiquiatria) em 2007, começa a tomar curso uma nova história da saúde mental em Silva Jardim. A implantação da Rede de Saúde Mental foi iniciada em junho de 2010, com a inauguração do primeiro Serviço Residencial Terapêutico. O HCRB era considerado como o único local de tratamento em psiquiatria na região; contudo, algumas denúncias de maus tratos e negligência começaram a surgir e o hospital passou pelo processo de descredenciamento e de desinstitucionalização.

O cenário da Atenção Psicossocial no município de Silva Jardim começa então a ser redefinido. Foi preciso planejar para construir uma Rede de Atenção Psicossocial na cidade, ou seja, era necessário "receber os loucos na cidade". Nos municípios de pequeno porte, como no caso de Silva Jardim – considerado pequeno porte II, pois apresenta população entre 20.001 e 50.000 habitantes –, a proximidade dos espaços físicos e o conhecimento local entre as pessoas podem ser facilitadores para a comunicação entre os setores e suas equipes. Sendo assim, a redefinição da nova proposta do cuidado que busca a substituição total dos manicômios por dispositivos nos territórios iniciaria com esse ponto positivo.

A pequena cidade possui no seu bairro central uma bela e bucólica praça, com chafariz e árvores sempre bem podadas. Ao redor fica localizado o prédio da prefeitura, o Fórum e no alto do morro a igreja católica que pode ser avistada por todos que caminham pelo centro. Nessa mesma região central, em um quarteirão bem próximo, começou no ano de 2012 a ser construído, no terreno que até então sediava um posto de saúde estadual, o dispositivo principal que concretiza o lugar de substituição do manicômio na cidade, o Centro de Atenção Psicossocial (Caps). Os Caps são serviços territoriais substitutivos em saúde mental, que compõem o SUS. Eles constituem a principal estratégia do processo de uma Reforma

Psiquiátrica, que buscou extinguir situações de abuso, crueldade e barbárie às quais os usuários estavam sendo submetidos não apenas no HCRB, mas em tantos outros hospícios deste Brasil.

O contexto da Reforma Psiquiátrica, que até então para nós era visto na teoria, começamos a vivenciar na prática, o que foi extremamente tocante e importante em nossas vidas profissionais. Podemos afirmar que trabalhar com saúde mental é uma escola e que todos os profissionais deveriam passar por essa experiência, pois nos proporciona olhar para situações que parecem tão simples, mas que infelizmente, para pessoas que vivenciam uma marca de exclusão, como um longo período de internação, não são tão simples assim.

Nos remetemos aos princípios do Código de Ética do Psicólogo, que baseia seu trabalho no respeito e na promoção da liberdade, dignidade, igualdade e integridade do ser humano, apoiado nos valores que embasam a Declaração Universal dos Direitos Humanos (DUDH).

Cada uma de nós teve o desafio de inserir, organizar e manejar os conhecimentos teórico-técnicos e prático-profissionais necessários para atuar na saúde mental. Os movimentos políticos nos espaços de luta dentro e fora dos serviços podem ou não efetivar e dar sustentação para a defesa das mudanças que se quer implantar nesse campo. Assim, a saúde mental demarca um tipo de trabalho que tem como particularidade a de incluir no saber-fazer profissional não apenas conhecimentos técnico-científicos e determinados manejos práticos, mas, especialmente, "a implicação política e afetiva com a construção de outro modo de cuidar e entender a loucura" (Ramminger, 2006, p. 38).

O nosso encontro, enquanto psicólogas, com essa nova realidade territorial, proporcionado pelas políticas públicas, acabou por aproximar a profissão de um contexto ainda distante do que comumente se conhece na formação, o que nos incentivou a buscar qualificação para viver esse trabalho árduo e prazeroso.

As visitas ao HCRB tiveram início efetivo em 2010, com o objetivo principal naquele momento de conhecer quem eram os munícipes que estavam internados naquele hospital e iniciar todo o processo de retirada daquelas pessoas, que por lá estavam por muitos anos. O ambiente daquele lugar era úmido e frio, as paredes em pleno processo de desgaste físico nos trazia uma sensação de que ali o tempo havia parado. Não havia vento e nem cor, e o cheiro forte intensificava a angústia que sentimos ao chegar. Olhar pela primeira vez aquelas pessoas a quem faltava tudo, tudo mesmo, dignidade, respeito, comida, remédios e brilho no olhar, nada possuíam ali.

Seis pessoas foram apresentadas pela equipe de desinstitucionalização que atuava no HCRB, e que segundo eles, eram moradores de Silva Jardim. O processo de reconhecimento e resgate da história familiar de cada um deles foi iniciado com muita intensidade e dedicação, afinal não dava para deixá-los por muito tempo lá naquele lugar em que o tempo parou!

Encontramos seis vidas repletas de histórias e sentimentos. Foi necessário acelerar o processo, retirá-los daquele lugar se tornou prioridade para a gestão pública da saúde mental do município. Eram seis silva jardinenses que, em novembro de 2011, passaram a residir numa casa alugada pela prefeitura, a primeira Residência Terapêutica (RT) do município de Silva Jardim. Dava início ao grande desafio da desinstitucionalização, a inclusão dos excluídos, num dispositivo híbrido, ou seja, uma casa, mas também uma ferramenta terapêutica.

Um acontecimento importante que ocorreu no processo de construção da rede de saúde mental de Silva Jardim, é que antes de inaugurar o Caps, a gestão percebeu a necessidade de dedicar seus esforços centrais naquele momento para a implantação de um serviço residencial terapêutico. Sendo assim, em novembro de 2011 recebemos os ex-internos do HCRB na primeira RT. Somente a partir da chegada dessas pessoas à cidade, e com a certeza de que aqui estavam sendo de fato cuidadas em sua integralidade, a gestão voltou seus esforços para a implantação do Caps.

A desinstitucionalização é um processo complexo que exige uma diversidade de cuidados. Foi percebido que o processo de desinstitucionalização é algo próprio de cada pessoa e contexto e, para tanto, demandou um projeto singular. "Desospitalizar" mostrou-se diferente de "desinstitucionalizar". A dicotomia entre sair e querer permanecer no hospital psiquiátrico era bastante presente nas falas de alguns dos pacientes. Entendemos que estar durante tantos anos em uma instituição provoca sentimentos, traumas e engessa o pensamento.

No tocante à "dignidade" citada anteriormente, em um dos atendimentos realizados ainda dentro do hospital, um dos agora moradores da RT relatou que um dos seus "sonhos" seria não enfrentar mais filas enormes para almoçar e ao ser questionado o que mais desejava ter em sua casa, com emoção respondeu dizendo "que era tomar um banho quente" (sic).

Uma das mulheres que recebemos na RT foi a M. C. Sempre muito apática e silenciosa, passava a grande parte do dia deitada na cama. M.C. tinha duas filhas menores que residiam com o pai e uma tia. Durante seus episódios de crise intensa, ela ficava muito agressiva, andando pelas ruas do bairro onde morava levando suas filhas consigo. Nessas crises, as filhas tinham que a acompanhar nos bares e bailes à noite e por inúmeras vezes foram abordadas pelo conselho tutelar. Todas essas situações vividas pelas filhas as deixaram com muito medo e até vergonha de sua mãe. A internação da M. C. era vista como a solução dos problemas delas e o fechamento do Hospital Colônia trazia insegurança e até pânico para os familiares. O caso da M. C. nos reafirmou que construir uma rede substitutiva ao manicômio se fazia urgente para aquela cidade. As crises que ela vivenciava teriam que ser cuidadas dentro da cidade e não seria mais possível chamar a "Kombi do Hospital Colônia" para levá-la. M. C. não apresentou grandes resistências em ir para a RT, seu maior receio, seria se suas filhas saberiam onde ela estaria para que pudessem vê-la. O retorno familiar nessa situação se tornou um trabalho desafiador, realizado em parceria com Unidade Básica de Saúde (UBS) do território e muito diálogo com as filhas. M. C. se mantinha sempre ociosa, não gostava de cooperar com as atividades propostas e não conversava com os demais moradores. Era possível arrancar sorrisos dela quando as filhas vinham visitá-la, em especial a caçula, que a deixava muito animada. Com o passar dos dias, a introdução de novas propostas terapêuticas e principalmente depois que o Caps foi inaugurado, M. C. teve uma mudança bastante significativa de seu comportamento: passou a gostar de frequentar o Caps e participar das oficinas e festas. Suas filhas foram crescendo, a mais velha se casou. Após seis anos de permanência na RT e o intenso trabalho da equipe de referência do Caps, M. C. construiu um quarto no terreno das filhas e foi morar com sua família. Esse caso nos trouxe muita alegria e motivação e nos faz ter certeza de que escolhemos o caminho certo: o da desinstitucionalização e investimento na vida!!!

A segunda mulher que veio para a RT, podemos chamá-la de "a pequena e intensa C. S.". Pessoa com deficiência auditiva, era muito querida por todos dentro do hospital e conseguia se expressar bem apesar dessa necessidade especial. Ela não demonstrou resistência alguma em sair de lá e fez uma "listinha" de coisas que queria ter em sua casa, pensando com alegria e entusiasmo em cada detalhe da sua futura residência. C. S. foi deixada no hospital por sua mãe. Desde criança, ao apresentar os primeiros sinais de dificuldade com a audição, ela viveu em abrigos, até que ao completar maior idade foi transferida para o HCRB. C. S. era portadora de um problema cardíaco grave que a deixava muito agitada e com dores. Os dias na RT com ela eram de muita festa, demandava atenção o tempo inteiro de todos, e tudo desejava comprar. Uma consumidora bem ativa! Algumas tentativas com seus familiares foram realizadas, porém nenhum destes, inclusive sua mãe, tinha o desejo de tê-la novamente em sua casa. A mãe chegou a dizer que não a reconheceu como filha, o que nos fez declinar totalmente da tentativa de fortalecimento familiar. Somente um tio se interessou em saber notícias dela e até os dias atuais, ele tem contato com ela e a busca para passar algumas festas de fim de ano em sua casa. Contudo, C. S. não deixou de ser alegre, sorridente e festeira. Ela é a Porta-Bandeira oficial do Bloco do Caps, cujo desfile abre o Carnaval da cidade todos os anos, nas sextas-feiras.

 O silencioso e desconfiado N. nos foi apresentado com seu fiel companheiro A., dois homens negros que segundo a equipe do hospital eram grandes parceiros. N. tinha em seu prontuário do HCRB uma hipótese diagnóstica de "F70" (retardo mental), e apresentou no seu primeiro contato conosco extrema dificuldade de articulação verbal, um discurso empobrecido e deteriorado devido ao longo período de internação. Sua relação de amizade com A. nos facilitou a comunicação. Havia também em seu prontuário a informação que ele residia em um distrito chamado Bananeiras. Bananeiras compõe a região serrana do município de Silva Jardim e se apresenta por meio de montanhas, rios e um céu azul que só tem lá. Inúmeras buscas por esse pequeno vilarejo foram realizadas a fim de encontrar algum familiar, porém todas em vão. Já há alguns meses morando na RT, os levamos para tomar banho de rio nas águas cristalinas de Bananeiras. Algumas pessoas os reconheceram, e N. a elas, porém seus familiares ninguém sabia quem eram. N. rapidamente se adaptou à casa, mas devido à baixa capacidade cognitiva, não conseguia distinguir as cédulas de dinheiro, o que demandou um trabalho delicado e cauteloso da gestão das RTs. Contudo, de posse do seu benefício social, adorava comprar havaianas de diversas cores!

 A. tinha pais vivos, porém sem condições de recebê-lo naquele momento, foi o que nos levou a decidir trazê-lo para a RT. Seus pais são divorciados, ambos resistentes e rejeitando a decisão do fechamento do HCRB, pois segundo eles, A. era muito agressivo e extremamente delirante quando estava nas crises. Na sua nova moradia, ele dividia o quarto com N. Seu temperamento é forte, determinado, muito cuidadoso e zeloso com suas roupas e objetos. Gosta de ouvir seu "rádio a pilha", administra seu benefício com rigidez e muito cuidado. Nos primeiros meses de sua nova casa, ele teve um episódio de crise e saiu andando a pé sem comunicar a ninguém, dois dias depois foi encontrado já quase chegando no HCRB. Embora demonstrasse alegria em estar na RT, A. em alguns momentos de crise pedia para retornar ao hospital. Seus primeiros meses na RT foram um processo desafiador, porém A. se tornou naquela casa praticamente um zelador, pois acompanhava de perto toda dinâmica da casa.

J. H. e M. H. eram irmãos, e não estavam no hospital quando o trabalho de desinstitucionalização foi iniciado; haviam sido alocados na RT da cidade vizinha, Rio Bonito, devido à idade avançada e condições clínicas de ambos. Os laços não poderiam ser perdidos e nem distanciados, e com o objetivo de mantê-los unidos, os dois foram recebidos na RT de Rio Bonito temporariamente. No entanto, suas referências eram o município de Silva Jardim. Seus familiares também eram da cidade, mas nenhum deles desejou recebê-los. Sendo assim, após a inauguração da RT de Silva Jardim, ambos mudaram e foram recebidos na cidade natal. A união e cumplicidade fraterna sempre estiveram muito presentes na relação deles. Dividiram o mesmo quarto em casa durante oito anos. Em 2020, após o café da tarde, o Sr. M. H. teve uma morte súbita dentro de casa. Seu irmão J. H., embora clinicamente mais debilitado, faleceu cerca de dois anos depois. Foi uma grande comoção para toda a equipe, em especial para as cuidadoras que tinham por ele um carinho muito especial. Todo cuidado, respeito e dignidade foram ofertados aos irmãos H.

É válido salientar que em todos os casos a família revelou ter um papel de extrema importância para o processo de desinstitucionalização. Com exceção do N., todos tinham família, porém estes não podiam ou não queriam recebê-los em suas casas; era notório o conformismo com a internação por parte de alguns familiares.

O tempo de permanência no hospital psiquiátrico e as passagens sucessivas por internações também contribuíram para a perda da autonomia e a progressiva institucionalização. O desafio agora era outro, deixar um hospital psiquiátrico deflagrante para viver em uma sociedade que, por vezes, se mostrou pouco receptiva. Fez-se necessário superar muitas dificuldades.

No entanto, é importante ressaltar que dificuldades foram superadas e outras nós vivenciamos até os dias atuais. E essas dificuldades começaram antes mesmo da inauguração da primeira residência terapêutica de Silva Jardim, pois foi feito um abaixo-assinado pela vizinhança, visando à não inserção da RT no bairro. Foi necessário dialogar muito com a comunidade.

Um outro desafio superado foi capacitar os cuidadores do SRT para que eles compreendessem que ali não era uma extensão do modelo manicomial e, sendo assim, não precisaria de jalecos brancos ou enfermeiros como cuidadores, mas sim de pessoas auxiliando e ajudando na rotina da casa.

Como resultado de um trabalho, a experiência de sair de um hospital psiquiátrico para uma casa na cidade nos suscitou diferentes desafios, *a priori*, o de se construir experiências e planos individuais que foram abandonados com o ingresso e o afastamento por longos anos em uma instituição psiquiátrica. De forma gradativa, a rigidez vivida durante anos deu lugar à construção de uma nova rotina, novos sonhos, novos tempos. A residência beneficiou a superação da vida, amortizando as rotinas da "esfera manicomial", visto que a casa é o lugar onde nos sentimos protegidos, abrigados, estabilizados e acolhidos.

Dificuldades foram superadas e vitórias alcançadas. Como esquecer dos olhos brilhantes da C. S. tendo o seu quarto? Da alegria dos amigos N. e A.? O chuveiro quente em perfeito funcionamento e as filas que davam voltas e mais voltas no refeitório do hospital que não existiam mais?

Presenciar encontros como o da M. C. com sua filha na RT, após anos sem contato... foi intenso demais! Um trabalho que nos demandou esforços, mas que valeu muito a pena. Após esse encontro, a M. C., que a princípio era tão resistente a tudo, começou a se posicionar de forma totalmente diferente e um novo olhar de esperança começou a renascer.

Um novo tempo, um novo momento: a Raps de SJ

Em março de 2012, foi inaugurado o Caps, constituído na modalidade Caps I, para municípios com população entre 20.000 e 70.000 habitantes, conforme a Portaria n.º 336 de 19 de fevereiro de 2002.

Dois anos após, em 2014, uma linda jornada se materializou com a inauguração de um novo prédio para instalação e funcionamento do Caps. Na ocasião, um discurso repleto de um misto de emoções foi lido a todos presentes pela coordenadora municipal de saúde mental.

RENATA ALMEIDA MARTINS • LUIZA HELENA AURELIO DIAS
CARLOS EDUARDO DE MORAES HONORATO • MARIA THEREZA SANTOS
VAGNER MARINS BARCELOS • MARCOS ARGÔLO • (ORGS.)

Começo dizendo que hoje é um dia muito especial para todos nós aqui presentes, especialmente para os que, de alguma maneira, contribuíram para a realização deste sonho. O Caps Dr. José Gomes Lila foi construído a muitas mãos. Participaram de sua construção não apenas aqueles que ergueram essas paredes, que lhe deram forma, textura, luz e cor. Ele também não é fruto apenas dos seus idealizadores aqui do município de Silva Jardim. Este sonho, aqui materializado, carrega consigo uma história longa, intensa e muito bonita, de muita luta, engajamento e trabalho árduo. História de homens e mulheres que acreditam na utopia de um mundo melhor, mais solidário, mais igualitário e menos excludente. Portanto, cada tijolo que aqui foi erguido começou a tomar forma há muito tempo atrás, ainda na década de 1970, quando as atrocidades e desumanidades cometidas nos manicômios começaram a ser questionadas e enfrentadas, dando forma a um dos maiores movimentos sociais que o Brasil já conheceu: o Movimento Nacional de Luta Antimanicomial. Engana-se quem acredita que esses tijolos são feitos apenas de barro, pois na verdade, são tijolos feitos de fé e esperança, mas também com o sofrimento e a agonia daqueles doentes mentais e de suas famílias que não puderam partilhar da felicidade de serem tratados com zelo, carinho, respeito e humanidade. As paredes que contornam esta obra, hoje inaugurada, não levam apenas água, areia e cimento. Na verdade, o cimento que faz a liga dessas paredes é amor, muito amor, amor que une, que aproxima, que agrega, que fortalece e que cria laços. O telhado que protege o Caps Dr. José Gomes Lila é feito com a força, o empenho e a dedicação de todos aqueles que não mediram esforços para que a saúde pública do nosso município tivesse êxito. As cores que iluminam este que será o novo lar da saúde mental da nossa cidade foram conseguidas a partir de muito trabalho intelectual, tecidos dentro dos próprios serviços de saúde mental. E o chão que caminharemos no dia a dia do nosso trabalho como técnicos de saúde mental na nossa nova sede é um chão já trilhado por muitos outros técnicos de saúde mental que como nós fizeram dessa causa, a causa de sua vida. Falta ainda dizer o motivo pelo qual tudo isso foi construído e idealizado. Falta mencionar os que provocaram todo esse movimento e que acabaram por nos possibilitar vivenciar este e tantos outros momentos ímpares. Alguns os chamam de loucos, outros os chamam de doentes mentais, mas na verdade trata-se apenas de homens e mulheres, que assim como todos nós, estão procurando entender esse mundo, ora encantador, ora estranho e ameaçador. Esses homens e mulheres quase sempre acreditam que participam do cotidiano do Caps para aprender, mas o fato é que nós também aprendemos muito nesse compartilhar.

Buscamos por dinheiro, beleza, sabedoria, conforto, poder, fama, prazeres, mas aprendemos com essas pessoas que nada disso tem valor se não tivermos o essencial: amor, afeto e carinho. Aprendemos com eles que sem a força do laço que nos une em uma família, em uma comunidade, em uma rede de amigos, ou em qualquer outra forma de relação coletiva, adoecemos e enlouquecemos todos. Então toda essa obra só foi possível porque decidimos caminhar lado a lado para aprendermos uns com os outros, porque decidimos entender as diferenças como riqueza e não como impedimento para estarmos juntos. Mas esta obra ainda não está pronta, porque ela também carrega o anseio de tudo que ainda temos por fazer no âmbito das políticas de saúde mental. Trata-se, portanto, de uma obra inacabada que a sociedade como um todo precisa manter em processo de construção.

O Caps Dr. José Gomes Lila, localizado na região central da cidade, com um ótimo espaço físico, tornou-se uma grande conquista para o município e marcou a presença de um novo lugar para a saúde mental. É um lugar que proporciona reinserção social, referência de tratamento para usuário, tomando como foco a não exclusão. E para traduzir todo este anseio dos usuários pela reinserção social, podemos fazer menção à fala de um usuário. Certa vez em um atendimento de desinstitucionalização no Hospital Colônia de Rio Bonito, este usuário me perguntou "Na Casa Terapêutica e no Caps eu vou enfrentar fila? Lá vai ter chuveiro quente?". Ali eu entendi o que era exclusão... Então eu digo a vocês que agora, mais do que nunca, o Caps Dr. José Gomes Lila e o Ambulatório de Saúde Mental estão plantados aqui e se acaso alguém de vocês enlouquecer de alguma maneira, nossas portas estarão abertas para recebê-los.

Ao buscar uma atenção integral aos portadores de transtornos mentais no território de maneira satisfatória, há a necessidade de parcerias entre os serviços de saúde. A atenção básica, que é indicada como uma das portas de entrada da rede assistencial, é propícia para o desenvolvimento de ações em saúde mental, que visam à substituição de práticas tradicionais, focalizadas na doença, por práticas integrais que reconhecem o sujeito nas suas diversas dimensões e como protagonistas do cuidado em saúde (Souza, 2012). O trabalho intersetorial e compartilhado começou a ser realizado, e o pequeno município foi facilitador para essas ações integrativas e a construção de uma rede de atenção psicossocial.

No campo da saúde mental, costuma-se denominar de rede as pessoas e as coisas com as quais os sujeitos se relacionam, e de território o lugar que cada um de nós inventa para viver (Leal; Delgado, 2007).

O Ambulatório Ampliado de Saúde Mental foi o primeiro dispositivo a existir no município, no final da década de 1990; realizava tratamento para transtornos mentais leves ou menos graves. Em 2014, esse espaço passou por uma reforma e ampliação, recebendo novos profissionais e aumentando a equipe multiprofissional.

Em 2013, são habilitados dois leitos em saúde mental, pela Portaria n.º 1.237, de 6 de novembro de 2013, na Policlínica Agnaldo de Moraes, destinados para atender às pessoas com sofrimento ou transtorno mental, e com necessidades de saúde decorrentes do uso de álcool, crack e outras drogas.

Em maio de 2014, foi inaugurada a segunda residência terapêutica para atender os pacientes que estavam internados na Clínica EGO, localizada no município de Tanguá, e outros vindos de outros Hospitais Psiquiátricos, como Clínica Nossa Senhora das Vitórias (São Gonçalo) e Casa de Saúde Vilar dos Teles (São João de Meriti).

Em 2017, foi publicada a Portaria do Ministério da Saúde (MS) que autorizou o incentivo do repasse financeiro para a implantação da Unidade de Acolhimento (UA) para pessoas com necessidades decorrentes do uso abusivo de crack, álcool e outras drogas, no componente de atenção residencial de caráter transitório da Rede de Atenção Psicossocial (Raps). Em 2020, a Unidade de Acolhimento Adulto Microrregional foi inaugurada. Esse dispositivo foi realizado por meio de um consórcio intermunicipal entre: Rio Bonito, Silva Jardim e Tanguá. Nessa unidade, as pessoas buscam dar um novo significado para suas vidas que foram de alguma forma atravessadas pela dependência de drogas.

O serviço residencial terapêutico é reconhecidamente um dos maiores ganhos do processo de reabilitação psicossocial. Pensando na lógica da implantação da RT, no município de pequeno porte como Silva Jardim, fizemos o caminho inverso de outros municípios, a instalação de uma RT antes de um Caps. Desafio maior ainda, pois como manter seis moradores recém-desospitalizados e alguns com longa permanência de institucionalização sem ter o apoio do Caps? A resposta é uma só: trabalhar com profissionais de saúde que acreditaram ser possível executar um processo de reabilitação social desses seis moradores, mesmo encontrando tantas adversidades.

Quando falamos em profissionais de saúde, são englobados de gestão de saúde mental, secretário de saúde, técnicos de saúde mental até cuidadores. Como já supracitado, antes mesmo de inaugurar a RT sofremos um desprezo por parte da população que não aceitava o "louco" sendo seu vizinho. Todos esses profissionais, cada um com sua responsabilidade, foram peças-chaves no cuidado e na promoção da autonomia.

Como alguns exemplos práticos temos a obtenção do Benefício de Prestação Continuada (BPC) dos seis moradores. Todos eram levados ao banco pela coordenadora da RT, formavam uma fila e falavam para o caixa qual a quantia que gostariam de retirar. Ao sair do banco, iam ao supermercado e alguns pediam para comprar alimentos que remetiam a suas memórias afetivas, como jiló e chocolate.

Outro exemplo, é a festa de aniversário que C. S. todo ano exigia, com lista de convidados, guloseimas, bolo e o cuidado de sua aparência. A. e M. C., que sabiam lidar com dinheiro, o usavam de acordo com seus desejos. Ele economizava para comprar um rádio e ouvir o jogo do time do coração, além de hinos evangélicos; ela sacava todo o dinheiro e ficava com uma pequena parte e o restante dividia com os filhos. Ao frequentarem os espaços da cidade, os seis moradores começaram a ser vistos não mais como uma ameaça, mas sim como cidadãos de direitos e integrantes da sociedade.

Nos municípios de pequeno porte, como Silva Jardim, é possível perceber que a realização de ações que proporcionem interlocução no território do serviço e nos espaços públicos pode permitir uma maior compreensão da sociedade sobre o sofrimento psíquico e, consequentemente, uma maior tolerância e aceitação do usuário para com os serviços de saúde mental. Essas ações só são possíveis pela proximidade interpessoal existente nesses tipos de municípios, o que pode ser considerado como uma característica positiva e favorável ao desafio da construção de acesso nesses municípios como também pode conter dificuldades, quando se trata de pessoas excluídas da sociedade por sua doença mental.

No ano de 2018, por meio de uma parceria com o Instituto de Psiquiatria da Universidade Federal do Rio de Janeiro (IPUB), o município foi campo de estudo de um dispositivo de trabalho territorial: uma equipe volante composta de profissionais com experiência em saúde mental, oriunda do Caps, que seguiu as diretrizes conceituais e o mandato terapêutico e clínico em atenção psicossocial. Realizou-se nas ocasiões ações de suporte, orientação e acolhimento em colaboração com a rede de cuidado do território. Uma equipe móvel, que realizou ações e intervenções no território durante apenas seis meses, foi capaz de identificar situações complexas, contudo possíveis de serem cuidadas e acompanhadas em sua própria comunidade.

Durante todo o processo de desinstitucionalização e de construção de uma rede extra-hospitalar no município de Silva Jardim, foi de fundamental importância a articulação com a rede ampliada de cuidado de todo território.

O trabalho que vem sendo defendido pela saúde mental até os dias atuais nessa cidade está pautado no encontro e no trabalho compartilhado que busque fortalecer o diálogo da saúde mental com a atenção básica e com os diferentes segmentos de cuidado da cidade, como: educação, assistência social, cultura, segurança, esporte, defensoria pública, Ministério Público (MP). A criação de estratégias para o fortalecimento e aproximação entre a saúde mental e comunidade é o caminho mais seguro para a garantia do cuidado em liberdade. Entretanto, esse cuidado é algo sempre por construir, e ao garantir a luta constante dos profissionais de saúde mental, deve-se sempre envolver a comunidade.

Acreditamos que a desinstitucionalização e a reapropriação do cotidiano dos seis primeiros moradores das RTs foi para nós, psicólogas atuantes na área da saúde mental, muito além do que seguir o que as leis e as portarias preconizam na implantação de um dispositivo.

Proporcionamos conforto, escuta, reconstrução de referências familiares, criamos vínculos, erramos e acertamos e, acima de tudo, aplaudimos quando a moradora M. C. conseguiu sair da RT, retomou seus laços afetivos e reconstituiu seu lar com sua filha, e choramos quando perdemos nossos queridos irmãos H. Mas, sempre com a certeza de que o nosso trabalho construiu vidas e não se esgota aqui.

Figura 9 – Primeiro aniversário na RT após retorno para o município

In memoriam de M. C., C. S. e A., que faleceram meses após a conclusão da escrita deste capítulo.
Fonte: acervo Caps I Dr. José Gomes Lila, Silva Jardim, RJ

Referências

BRASIL. **Lei n.º 10.216, de 6 de abril de 2001**. Dispõe sobre a proteção e os direitos das pessoas portadoras de transtornos mentais e redireciona o modelo assistencial em saúde mental. Brasília, DF: Presidência da República, 2001. Disponível em: https://www.planalto.gov.br/ccivil_03/leis/leis_2001/l10216.htm. Acesso em: 26 abr. 2024.

BRASIL. Ministério da Saúde. Gabinete do Ministro. **Portaria GM/MS n.º 3.088, de 23 de dezembro de 2011**. Institui a Rede de Atenção Psicossocial para pessoas com sofrimento ou transtorno mental e com necessidades decorrentes do uso de crack, álcool e outras drogas, no âmbito do Sistema Único de Saúde (SUS). Brasília, DF: MS, 2011. Disponível em: https://bvsms.saude.gov.br/bvs/saudelegis/gm/2011/prt3088_23_12_2011_rep.html. Acesso em: 8 maio 2024.

BRASIL. Ministério da Saúde. Gabinete do Ministro. **Portaria GM/MS n.º 121, de 25 de janeiro de 2012.** Institui a Unidade de Acolhimento para pessoas com necessidades decorrentes do uso de crack, álcool e outras drogas (Unidade de Acolhimento), no componente de atenção residencial de caráter transitório da Rede de Atenção Psicossocial. Brasília, DF: MS, 2012. Disponível em:https://bvsms.saude.gov.br/bvs/saudelegis/gm/2012/prt0121_25_01_2012.html. Acesso em: 6 fev. 2025.

BRASIL. Ministério da Saúde. Gabinete do Ministro. **Portaria GM/MS n.º 3.762, de 24 de dezembro de 2019.** Habilita equipes multiprofissionais de atenção especializada em saúde mental e estabelece recurso do Bloco de Custeio das Ações e Serviços Públicos de Saúde. Brasília, DF: MS, 2019. Disponível em:https://bvsms.saude.gov.br/bvs/saudelegis/gm/2019/prt3762_26_12_2019.html. Acesso em: 6 fev. 2025.

BRASIL. Ministério da Saúde. Gabinete do Ministro. **Portaria GM/MS n.º 106, de 11 de fevereiro de 2000.** Brasília, DF: MS, 2000. Disponível em:https://bvsms.saude.gov.br/bvs/saudelegis/gm/2017/MatrizesConsolidacao/comum/4437.html. Acesso em: 6 fev. 2025.

BRASIL. Ministério da Saúde. Gabinete do Ministro. **Portaria GM/MS n.º 336, de 19 de fevereiro de 2002.** Brasília, DF: MS, 2002. Disponível em: http://bvsms.saude.gov.br/bvs/saudelegis/gm/2002/prt0336_19_02_2002.html. Acesso em: 10 maio 2024.

Instituto Brasileiro de Geografia e Estatística (IBGE). **Censo Demográfico 2023.** Rio de Janeiro. IBGE. 2023. Disponível em: https://cidades.ibge.gov.br/brasil/rj/rio-bonito/panorama. Acesso em: 8 maio 2024.

LEAL, E.; DELGADO, P.G.G. Clínica e cotidiano: o Caps como dispositivo de desinstitucionalização. *In:* PINHEIRO, R. *et al.* (org.). **Desinstitucionalização na saúde mental**: contribuições para estudos avaliativos. Rio de Janeiro: Cepesc; IMS/LAPPIS; Abrasco, 2007. p. 137-54.

MARTINS, A. R. **Saúde Mental em Pequenos Municípios**: Análise de intervenção visando reduzir barreiras de acesso no município de Silva Jardim. Dissertação (Mestrado Profissional em Atenção Psicossocial) – Instituto de Psiquiatria, Universidade Federal do Rio de Janeiro, Rio de Janeiro, 2019.

RAMMINGER, T. **Trabalhadores de saúde mental**: Reforma psiquiátrica, saúde do trabalhador e modos de subjetivação nos serviços de saúde mental. Santa Cruz do Sul: Edunisc, 2006.

SOUZA, Ândrea Cardoso de. **Estratégias de inclusão da saúde mental na Atenção Básica no Rio de Janeiro**: um movimento das marés. 2012. Tese (Doutorado em Saúde Pública) – Escola Nacional de Saúde Pública Sérgio Arouca, Fundação Oswaldo Cruz, Rio de Janeiro, 2012. Disponível em: https://www.arca.fiocruz.br/handle/icict/14465. Acesso em: 6 fev. 2025.

CAPÍTULO 8

A CONSTRUÇÃO DA RAPS DE ITABORAÍ A PARTIR DO FECHAMENTO DO HOSPITAL COLÔNIA DE RIO BONITO ATÉ OS DIAS ATUAIS

Guilherme Manhães Ribeiro

A cidade de Itaboraí

O município de Itaboraí, situado na região metropolitana II do Rio de Janeiro, é uma área rica em história e diversidade. Dividido em oito distritos, abriga uma população vibrante de 224.267 mil pessoas, conforme dados de 2022, que conferem uma densidade demográfica de 521,60 habitantes por quilômetro quadrado.

Além disso, seu dinamismo econômico é evidenciado pelo Produto Interno Bruto (PIB) per capita de R$ 23.078,43, registrado em 2021. Entretanto, apesar desses indicadores promissores, os desafios sociais persistem, como apontado pelo Instituto Brasileiro de Geografia e Estatística (IBGE) e que relata um índice de pobreza de 59,43%. Ainda assim, há um segmento significativo da população, cerca de 15,14%, que tem acesso a planos de saúde, conforme IBGE (2019).

É digno de nota que a educação é uma prioridade para os habitantes de Itaboraí, como evidenciado pela alta taxa de escolarização entre crianças de 6 a 14 anos, que atinge impressionantes 97,1%. Itaboraí vem trabalhando na garantia de acesso à saúde básica, a cobertura da Estratégia Saúde da Família alcança atualmente 57% e a Atenção Primária registra um índice de 74,18% (IBGE, 2019).

A saúde mental antes do início do processo de fechamento do HCRB

De acordo com o site do Cadastro Nacional de Estabelecimentos de Saúde (CNES), o município de Itaboraí tinha em funcionamento apenas um serviço de saúde mental, que era o Caps II Pedra Bonita, criado no ano de 2002. No entanto, conforme relatado por profissionais que atuavam na área, havia uma lacuna preocupante, pois todas as faixas etárias eram atendidas no mesmo espaço, independentemente da gravidade ou complexidade dos casos. Essa abordagem, embora fosse um esforço louvável para fornecer assistência, muitas vezes não atendia às necessidades específicas de diferentes grupos etários, resultando em desafios no tratamento e no acompanhamento adequado dos usuários.

Para lidar com essa demanda crescente e reconhecendo a importância da assistência a diferentes grupos populacionais, o município de Itaboraí deu um importante passo em direção à melhoria do atendimento em saúde mental e em 2008 inaugurou o Caps Infanto-Juvenil.

É fascinante explorar o passado em busca de informações sobre a evolução da saúde mental em Itaboraí. Durante essa jornada, me deparei com um documento significativo, o relatório do Coordenador de Saúde Mental do período de 2009 a 2012, Marcos Roca, figura fundamental no processo de construção da futura Rede de Atenção Psicossocial (Raps) do município. Vale ressaltar que, coincidentemente, em 2012 o processo de desinstitucionalização das pessoas internadas no Hospital Colônia de Rio Bonito (HCRB) foi iniciado, fato que se tornou um marco importante na história da saúde mental na região.

Esse relatório é uma peça valiosa que lança luz sobre a mentalidade e as intenções da coordenação de saúde mental de Itaboraí naquele momento, pois refere o quanto o município estava disposto a abandonar a lógica antiquada de cuidados para pessoas com transtornos mentais graves e implementar práticas mais humanizadas, baseadas nos princípios da Reforma Psiquiátrica. Esse movimento representou um importante ponto de virada, indicando um compromisso renovado com o bem-estar e a dignidade das pessoas que por tantos anos ficaram presas sem nunca terem cometido um crime sequer.

Além disso, o processo de desinstitucionalização do HCRB não apenas simboliza uma mudança na abordagem de tratamento, mas também reflete uma nova consciência coletiva em relação à saúde mental e ao respeito pelos direitos individuais.

Ao analisar esse período de transição, é evidente que Itaboraí estava no caminho certo para uma abordagem mais compassiva e eficaz em relação à saúde mental, mas ainda realizava internações com certa regularidade em hospitais psiquiátricos, tais como as clínicas EGO (localizada em Tanguá), Nossa Senhora das Vitórias e Santa Catarina (ambas em São Gonçalo).

A dinâmica de acesso a essas internações era mediada pelo Hospital Municipal Desembargador Leal Júnior que funcionava como porta de entrada tanto para ocupação de seus oito leitos de suporte em saúde mental, como para os casos em que não era possível manejar a crise nos dispositivos municipais. Nesse caso, o coordenador municipal de saúde mental, em acordo com a equipe multidisciplinar, solicitava, por meio do Sistema Estadual de Regulação (SER), a internação. Entretanto, a vaga só era disponibilizada após a avaliação do médico regulador da Central Regional de Regulação (CREG), conforme já citado no capítulo 2.

O Programa de Saúde Mental, desinstitucionalização e os impactos do HCRB na Raps de Itaboraí

Podemos afirmar que as maiores transformações na saúde mental de Itaboraí ocorreram devido ao processo de desinstitucionalização dos moradores da cidade internados no HCRB. Processo esse que representou uma mudança fundamental na abordagem do tratamento de saúde mental, buscando reintegrar os indivíduos à comunidade e fornecer apoio contínuo em ambientes mais inclusivos. À medida que aquelas pessoas eram gradualmente reintegradas à sociedade, surgiam novos desafios e oportunidades para a construção de uma rede de suporte mais abrangente e eficaz, exigindo um esforço coordenado do governo municipal, dos profissionais de saúde mental, de organizações da sociedade civil e da própria comunidade. Foi necessário investimento contínuo em serviços de saúde mental, implementação do programa de moradia assistida, capacitação profissional, apoio psicossocial para garantir o sucesso da transição e, principalmente, para que os novos moradores da cidade não sofressem com o estigma da loucura.

De acordo com o censo realizado por equipe contratada pelo município de Rio Bonito com repasse financeiro da Secretaria de Estado de Saúde do Rio de Janeiro (SES-RJ) no HCRB em 2010, Itaboraí era a terceira cidade com o maior número de pessoas internadas. Diante desse quadro, o Ministério Público (MP) intensificou a cobrança aos municípios para que desenvolvessem estratégias visando a desinternação rápida das pessoas e assim Itaboraí foi convocado a criar estratégias para a reintegração dos pacientes à comunidade local.

O Programa de Saúde Mental foi instado a promover ações que visavam não apenas a desospitalização, mas também o apoio contínuo e a inclusão dessas pessoas em diversos aspectos da vida comunitária, iniciando, em 2012, o processo de desinstitucionalização do HCRB. Nessa época, Itaboraí contava com 27 cidadãos internados.

A transição dos usuários do ambiente controlado do hospital para a comunidade não era isenta de dificuldades, pois muitos enfrentavam questões relacionadas à moradia, emprego e apoio social. Conforme a equipe de desinstitucionalização consolidava seu papel fundamental, os desafios e obstáculos não passavam despercebidos e requisitavam uma abordagem mais técnica no enfrentamento à complexidade do sofrimento das pessoas. Assim, passamos a ver o quanto todos estavam determinados a encontrar soluções para cada caso, oferecendo suporte contínuo e personalizado para garantir uma reintegração bem-sucedida.

A colaboração entre diferentes categorias tornou-se essencial para fornecer uma gama completa de serviços de apoio. Assim, além da equipe inicial, novos profissionais, como psicólogos, terapeutas ocupacionais e psiquiatras, foram integrados, enriquecendo ainda mais o suporte oferecido aos usuários. A partir de visitas ao HCRB e de acompanhamento regular, essa equipe começou a trabalhar nos processos de desinstitucionalização daqueles usuários que continuavam a ser internados por meio do SER em outros hospitais psiquiátricos, haja vista que o HCRB fechou para internação em 2009. Desde o momento em que a Autorização de Internação Hospitalar (AIH) era liberada, a equipe já estava pronta para agir, coordenando as próximas etapas do cuidado do usuário e iniciando as visitas nos hospitais, com o claro objetivo de reduzir ao máximo o tempo de internação. Isso trouxe benefícios para os usuários, familiares e para o próprio programa de saúde mental.

Em 2012, a equipe de desinstitucionalização começou a conhecer os pacientes internados no HCRB e, por meio de ações conjuntas com a equipe técnica do Hospital Colônia, a construir os Projetos Terapêuticos Singulares (PTS). Foi nesse momento que a minha história profissional e afetiva com o município de Itaboraí se iniciou. Eu integrava uma das equipes de tratamento no processo de fechamento do hospital e junto aos demais colegas profissionais, fiquei responsável pela desinstitucionalização dos pacientes de Itaboraí.

Considerando que para o êxito da ação era necessário estabelecer um contato regular com os profissionais do município, já que tudo era muito novo e precisávamos abandonar os velhos hábitos de cuidado em saúde mental, acabei conhecendo melhor a Raps do referido município e seus profissionais, e quase no final da ação, em dezembro do ano de 2015, recebi o convite para coordenar o serviço residencial terapêutico da cidade.

Os desafios da gestão em saúde mental

O HCRB se destacou, principalmente para mim, como uma verdadeira fábrica de conhecimento, reunindo profissionais altamente capacitados e experientes, provenientes de diversas cidades do estado. A riqueza e diversidade desses profissionais, além da expertise compartilhada com todos os envolvidos na ação, tiveram um impacto profundo e duradouro na forma de enxergar a saúde mental, melhorando significativamente a Raps de Itaboraí e me possibilitando pôr em prática o tratamento humanizado em saúde mental.

Contarei a seguir um pouco do cenário que encontrei quando passei a estar à frente da coordenação de duas Residências Terapêuticas (RTs). O coordenador de saúde mental citado, Marcos Roca, não fazia parte da gestão no período de 2013 a 2016.

Era dezembro de 2015 e, apesar do comprometimento da Coordenação do Programa de Saúde Mental do município, percebi imediatamente que, do ponto de vista da gestão, estava diante de um dos maiores desafios profissionais que poderia vivenciar, mas sem a real dimensão.

Vale ressaltar que a Raps de Itaboraí, naquele momento, contava com um Caps II, duas RTs, oito leitos em saúde mental no Hospital Municipal Desembargador Leal Junior e conforme fui me apropriando da dinâmica, percebi que havia ações que deveriam ser implementadas urgentemente para garantir, minimamente, o cuidado aos moradores.

Além de começar um trabalho a partir do zero, tive que construir junto a esses profissionais um projeto sério, digno e alinhado com os princípios da atenção psicossocial. Isso significava não apenas estabelecer novas práticas e procedimentos, mas também promover uma cultura de respeito, empatia e cuidado. Afinal, nosso objetivo não era apenas fornecer assistência, mas também dar dignidade e promover o bem-estar dos moradores, integrando-os plenamente.

Fato importante a ser mencionado é que durante aquele governo, de 2013 a 2016, a escolha estratégica foi não nomear um coordenador específico para a saúde mental, mas sim estabelecer um colegiado gestor. Essa decisão visava promover uma abordagem mais participativa e colaborativa na gestão das políticas de saúde mental. No entanto, essa estrutura descentralizada resultou em múltiplas vozes o que por vezes gerava confusão e falta de clareza nos rumos a serem seguidos.

A falta de uma direção única de trabalho ou de uma coordenação tornava-se evidente em situações cujas opiniões, muitas vezes divergentes, não eram conciliadas de maneira eficaz, resultando em impasses e dificuldades na implementação das políticas. Assim, apesar dos esforços para promover uma abordagem mais participativa, a ausência de uma liderança clara também apresentava desafios para a efetividade e a coesão das iniciativas em saúde mental durante aquele período governamental. Começou a ficar mais claro porque as reuniões com a equipe de desinstitucionalização no HCRB eram tão difíceis. Nesse cenário de divergências, muitas vezes me vi assumindo o papel de mediador e pacificador desses encontros, já que naquela época eu integrava a equipe de tratamento do HCRB. Era crucial encontrar um equilíbrio entre os pontos de vista conflitantes e facilitar o diálogo construtivo entre os membros da equipe. Minha tarefa era não apenas buscar consensos, mas também promover uma compreensão mais profunda das diferentes perspectivas e encontrar soluções que fossem mutuamente aceitáveis. No final, essas experiências contribuíram para a melhoria do processo de desinstitucionalização, tornando-nos mais resilientes e eficazes em nosso trabalho em prol da saúde mental da comunidade.

Mais um fato a ser destacado foi a inauguração das RTs em Itaboraí, ocorrida no ano de 2014, a qual foi marcada por uma contradição notável. Os convites foram enviados à área técnica de saúde mental da SES-RJ e a várias outras instituições, criando uma atmosfera de celebração e reconhecimento pelo progresso alcançado, porém os moradores que ocupariam a casa ainda estavam internados.

Essa discrepância entre a celebração da inauguração das RTs e a falta de um plano de alta para os pacientes destacou o quanto a gestão de saúde mental de Itaboraí estava desorganizada e descomprometida, pois afinal, o verdadeiro sucesso dessas iniciativas não se mede apenas pela construção de novas estruturas, mas sim pela capacidade de proporcionar um cuidado integral e contínuo às pessoas afetadas.

O fato gerou uma profunda indignação na equipe do HCRB, que contestou veementemente essa programação contraditória, mas mesmo diante das objeções levantadas, a inauguração das RTs prosseguiu conforme planejado e com a presença da imprensa local. O que deveria ter sido um momento de celebração para a cidade acabou gerando uma repercussão negativa na região.

Ao visitar as RTs pela primeira vez, deparei-me com uma cena desoladora: camas partidas ao meio e a maioria dos moradores dormindo em colchonetes no chão. Era evidente que as condições de vida estavam longe de serem ideais, e a falta de manutenção adequada havia contribuído para a degradação do ambiente físico. Essa situação não apenas comprometia o conforto e a segurança dos residentes, mas também afetava sua dignidade e bem-estar emocional.

Era essencial tanto reparar as instalações físicas danificadas e garantir a manutenção contínua como capacitar a equipe para um padrão de cuidado digno e respeitoso. Somente assim seria possível proporcionar uma verdadeira qualidade de vida aos residentes das RTs, oferecendo-lhes o suporte necessário para a vida em comunidade.

Numa avaliação mais estreita da estrutura e funcionamento da RT, encontrei uma equipe que havia trabalhado por cinco meses sem receber salários, plantões com escalas extremamente variadas e vulneráveis, uma casa com praticamente todo o mobiliário danificado e, para complicar, ao questionar sobre os recursos financeiros dos moradores e iniciar uma busca meticulosa pelos cartões de benefícios, descobri que estavam dispersos entre os cuidadores e familiares dos moradores. Uma vez que conseguimos obter o controle administrativo desses recursos, pudemos avançar com o processo de substituição de todo o mobiliário danificado. No entanto, para nossa surpresa e consternação, durante essa troca de mobiliário, nos deparamos com sacolas e mais sacolas repletas de medicamentos, armazenados de maneira completamente inadequada.

Essa descoberta levantou preocupações imediatas sobre a segurança e o manejo dos medicamentos dispensados pelos cuidadores nas RTs. A situação revelou uma falha significativa nos procedimentos de armazenamento e distribuição de medicamentos, representando um sério risco à saúde dos moradores. Diante desse cenário, foi necessário tomar medidas urgentes para corrigir essa irregularidade e garantir a segurança física e emocional de cada morador. Além de providenciar o descarte seguro dos medicamentos vencidos ou não identificados, implementamos protocolos rigorosos para o armazenamento adequado e a administração responsável de medicamentos, incluindo treinamento da equipe e supervisão regular das práticas administrativas.

Essa experiência destacou a importância crítica de uma gestão eficaz e responsável dos medicamentos em ambientes residenciais de cuidados de saúde mental. Ao abordar essa questão de maneira proativa, pudemos garantir um ambiente mais seguro e controlado para os moradores das RTs, promovendo assim melhores resultados em termos de saúde e qualidade de vida.

O diagnóstico inicial me apontou o caminho, pois era essencial que, primeiramente, os salários fossem regularizados e que as condições de trabalho estivessem adequadas, reconhecendo o esforço e dedicação da equipe. Em seguida, e em consonância com a coordenação do programa municipal e com os profissionais envolvidos, concentramos nossos esforços na restauração da casa, reparando o mobiliário danificado e criando um ambiente seguro e confortável para os residentes. Além disso, tomamos medidas para garantir que os cartões dos benefícios fossem prontamente recuperados e administrados pela coordenação dos moradores sem referência familiar, assegurando assim, o acesso aos recursos necessários para o cuidado adequado deles.

Essas ações foram fundamentais para restabelecer a estabilidade e a eficiência no funcionamento da residência, fortalecendo o compromisso da equipe e proporcionando um ambiente mais acolhedor.

Outro desafio significativo foi me deparar com uma espécie de "guerra" entre a coordenação do Caps II e a coordenação das RTs. Essa discordância fundamental sobre o que constituiria um trabalho em rede e de base comunitária, representou não apenas um obstáculo para a eficácia dos serviços prestados, como chegou a minar a capacidade do sistema de saúde mental de fornecer um cuidado abrangente e coordenado aos indivíduos em situação de um passado de tanto sofrimento e exclusão, prejudicando gravemente os moradores que dependiam desses recursos.

Como resultado dessa disputa de entendimentos, muitos moradores deixaram de frequentar o Caps, ficando sem a assistência necessária.

A perpetuação do modo de vida "trancado", assemelhado ao ambiente de um manicômio, permaneceu lamentavelmente inalterada, apesar da transição para as RTs. Inicialmente, a principal diferença se dava no fato de um sentimento natural de entusiasmo pelos primeiros dias residindo na casa; havia um ambiente que oferecia uma sensação de dignidade aos residentes. No entanto, essa aparência logo deu lugar à deterioração.

Ao estabelecer uma base sólida de organização e equilíbrio nas RTs, foi possível criar um ambiente de trabalho mais harmonioso e eficiente. Isso não apenas beneficiou os profissionais envolvidos, proporcionando-lhes condições de trabalho mais justas e equilibradas, mas também teve um impacto positivo na qualidade do cuidado prestado aos moradores das residências.

Nosso próximo passo foi assegurar a presença e o acompanhamento regular dos moradores das RTs no Caps. Realizamos então um encontro entre essas coordenações, com o objetivo de dialogar e encontrar soluções. Durante essa reunião, foi possível esclarecer mal-entendidos e encontrar pontos de convergência, superando as barreiras que haviam se estabelecido.

Após essa conversa franca e construtiva ficou evidente que a questão não passava de uma disputa de egos, e não refletia os interesses e necessidades dos moradores. Com isso, conseguimos restabelecer uma relação de cooperação e colaboração entre as equipes do Caps e das RTs. Como resultado, os moradores puderam retomar suas visitas ao Caps, garantindo assim o acesso contínuo dos moradores.

No entanto, com o retorno dos moradores ao acompanhamento no Caps, começamos a observar uma mudança gradual nessa dinâmica. Embora não tenha sido mencionado anteriormente, é crucial abordar a relação conturbada com a vizinhança, um aspecto significativo do contexto das RTs. Infelizmente, alguns moradores ocasionalmente lançavam pedras na casa dos vizinhos, lançavam pedras na casa dos vizinhos, representando uma ameaça física imediata e um clima de tensão e insegurança no ambiente comunitário.

À medida que os moradores das RTs recebiam suporte e acompanhamento adequados, melhoravam consideravelmente nas interações com a vizinhança. Isso destacou a importância do acesso a serviços de saúde mental de qualidade para o bem-estar individual dos moradores das RTs e para a segurança e a coesão da comunidade como um todo.

A cada passo que dávamos na direção de uma rede de saúde mental mais adequada, descobríamos o quanto seria necessário solidificar essa prática. Para isso, deveríamos investir em treinamento contínuo para a equipe, visando expandir as habilidades e competências e propiciar a confiança no acompanhamento de cada um. Esse aprimoramento permitiu que começássemos a organizar atividades externas com os moradores, proporcionando-lhes experiências enriquecedoras e integrativas.

Uma mudança significativa foi observada na variedade de locais frequentados pelos moradores. Inicialmente restritos às visitas ao Caps, passaram então a se aventurarem, explorando outros espaços na cidade, tais como o shopping local, restaurantes e diversos outros lugares. Essa expansão de horizontes foi uma oportunidade de socialização e um marco no processo de reintegração social dos moradores das RTs.

Essa abordagem mais inclusiva e integradora enriqueceu a vida dos moradores das RTs e promoveu uma mudança positiva na percepção da comunidade em relação à saúde mental. Ao testemunhar as realizações e a resiliência dos moradores, a sociedade local pôde desafiar estigmas e preconceitos. Vale ressaltar que essa era uma prática que a equipe do HCRB realizava com frequência com eles aos sábados, frequentando esses diversos espaços, e foi mais uma coisa que recebemos como ensinamento. As festas de aniversário começaram a contar com a presença dos vizinhos, o medo se transformou em afeto.

Ao final da gestão anterior, havia uma grande expectativa em relação a quem assumiria a coordenação da saúde mental na cidade. Marcos Roca, mencionado anteriormente neste capítulo, retornou para assumir a coordenação do programa, o que marcou o início de uma transformação na estrutura da saúde mental do período de 2017 a 2020.

Uma das primeiras medidas adotadas por ele foi o fim do colegiado gestor, optando por uma abordagem mais centralizada na tomada de decisões. Ele montou um novo time de coordenadores, buscando uma equipe que compartilhasse sua visão e comprometimento com a melhoria dos serviços de saúde mental.

Essa reestruturação sinalizou uma mudança importante na direção do programa de saúde mental, pois o coordenador assumiu um papel mais proeminente na definição das políticas e na implementação de novos serviços. Sua liderança e experiência prévia no campo da saúde mental inspiravam confiança e renovavam as esperanças de avanços positivos.

À medida que o novo time de coordenadores assumia suas funções, uma sensação palpável de otimismo e determinação em relação ao futuro da saúde mental em nossa cidade ressurgia.

Marcos, ao assumir a coordenação, deparou-se com a estrutura inadequada dos imóveis destinados às RTs e aos serviços de saúde mental. Determinado a promover melhorias significativas, ele iniciou uma série de mudanças estruturais.

Uma de suas primeiras decisões foi seguir a orientação da área técnica de saúde mental da SES-RJ e encerrar o funcionamento do ambulatório de saúde mental, consolidando o acompanhamento de todos os casos pela equipe do Caps.

Paralelamente, empreendeu esforços para encontrar imóveis mais adequados para abrigar as RTs, reconhecendo a importância de se ter um ambiente seguro para os moradores, pois as duas RTs compartilhavam o mesmo terreno com uma das casas localizada no segundo andar. No entanto, essa disposição arquitetônica apresentava sérios riscos para os moradores, resultando em acidentes frequentes nas escadas. Iniciou-se, então, uma busca por novas propriedades e negociações para efetuar as trocas necessárias e, como resultado desses esforços, o imóvel do Caps II foi realocado e dois novos imóveis foram alugados para as RTs, proporcionando condições mais favoráveis para o desenvolvimento do trabalho.

Entendendo que um dispositivo precisa de recursos financeiros para o seu custeio, o coordenador de saúde mental solicitou que eu escrevesse os projetos das RTs para habilitação junto ao Ministério da Saúde (MS) e, para isso, seria necessário que cumpríssemos com as regulamentações e padrões exigidos para o funcionamento adequado desses serviços.

A habilitação não apenas assegura a conformidade legal das RTs, mas também abre portas para o acesso a recursos adicionais e apoio governamental. Outro passo importante foi a habilitação dos leitos destinados à saúde mental, garantindo que os serviços prestados estivessem em conformidade com as diretrizes e normas estabelecidas pelo MS.

Durante esse período, o Brasil enfrentava mudanças significativas no cenário político e regulatório e, especialmente após o impeachment da presidente Dilma Rousseff, no âmbito da saúde mental, foram propostas reformas e novas diretrizes que não foram tidas como benéficas pelos trabalhadores da saúde mental. Uma dessas medidas foi a implementação da Portaria n.º 3.588/2017, que destinava recursos financeiros específicos para equipes multiprofissionais de atenção especializada em saúde mental.

Diante desse contexto de mudanças, Itaboraí optou por reativar seu ambulatório de saúde mental. Essa decisão foi motivada pelo desejo de aproveitar os recursos disponíveis por meio da portaria e, ao mesmo tempo, retornar com o ambulatório que foi projetado para oferecer suporte e assistência a casos leves e moderados, aliviando a carga sobre os serviços mais especializados e garantindo um atendimento mais eficiente e acessível para todos.

Após as mudanças mencionadas, deu-se início ao processo de implantação do Caps III no município, visando ampliar e aprimorar os serviços de saúde mental disponíveis à população. No entanto, esse processo enfrentou algumas dificuldades inesperadas que afetaram seu bom funcionamento.

Inicialmente, foi decidido que o Caps II existente seria realocado para o 7º distrito, com objetivo de melhorar o acesso, enquanto o Caps III seria estabelecido na região central da cidade. Após a escolha do imóvel adequado e a abertura do processo de locação, surgiu um obstáculo inesperado: a proprietária do imóvel impôs condições que inviabilizaram a continuidade do processo de locação.

Diante dessas imposições e da inviabilidade de alcançar um acordo satisfatório, o município acabou permanecendo com dois Caps no mesmo endereço, o que representou um desafio adicional na prestação de uma assistência de qualidade. Essa situação destacou a importância de uma abordagem cuidadosa e diligente na seleção de imóveis para serviços públicos, bem como a necessidade de flexibilidade e adaptação diante de obstáculos imprevistos.

O desenrolar desse processo ocorreu quando já estávamos nos estágios finais do mandato do prefeito que não conseguiu a reeleição. Com a transição para a nova administração, houve mais uma vez uma mudança na coordenação dos serviços de saúde mental e em um curto período de dois meses, grande parte do trabalho construído ao longo de quatro anos foi desfeito. Marcos Roca sai novamente da gestão.

No entanto, essa instabilidade na coordenação não perdurou, pois a nova gestão logo foi destituída. Em meio a essa reviravolta, o novo secretário de saúde fez o convite para que eu assumisse o agora denominado Departamento de Saúde Mental, em fevereiro de 2021. Assumir a liderança nesse momento crítico demandou uma visão estratégica e um compromisso renovado com a retomada e crescimento do que vinha se desenvolvendo.

A prioridade foi garantir a continuidade dos serviços essenciais de saúde mental, restaurar a estabilidade e promover uma abordagem mais integrada e abrangente para atender às necessidades da população.

O legado deixado por Marcos Roca representou um ponto de partida fundamental para a melhoria contínua dos serviços de saúde mental. Reconhecendo a importância da estruturação estabelecida durante sua gestão, entendemos que agora o próximo passo seria avançar na qualificação técnica da rede e fortalecer a integração com outros setores governamentais.

Compreendi que era crucial ampliar a capacitação técnica dos profissionais envolvidos na Raps, garantindo que estivessem equipados com as habilidades e conhecimentos necessários para oferecer um atendimento de qualidade. Isso envolveu a implementação de programas de treinamento contínuo e capacitações específicas para aprimorar as práticas clínicas e terapêuticas.

Além disso, reconhecemos a importância de maior integração entre os serviços de saúde mental e a atenção primária à saúde, bem como outras secretarias relevantes, como a de Desenvolvimento Social e Educação. Essa integração permitiria uma abrangente promoção da saúde, capaz de abordar as necessidades dos pacientes, levando em consideração não apenas sua saúde mental, mas também fatores sociais, econômicos e educacionais que poderiam impactar no bem-estar geral. Dessa forma, buscamos estabelecer parcerias sólidas e mecanismos de colaboração com essas áreas, promovendo uma abordagem multidisciplinar e colaborativa.

Reconhecendo a importância da qualificação técnica, tomamos medidas concretas para aprimorar o quadro de profissionais em nossa rede. Uma dessas iniciativas foi a contratação de três supervisores clínicos institucionais, uma função até então inexistente em nosso município, mas crucial para a orientação e supervisão dos profissionais em suas práticas, contribuindo para elevar a qualidade da assistência oferecida.

Observávamos que a prática nos Caps era predominantemente ambulatorial, caracterizada por agendas de marcação para atendimentos psicológicos, por exemplo. No entanto, reconhecemos a necessidade de uma abordagem mais dinâmica e integrada, em que os profissionais trabalhassem mais livres e numa lógica de cuidado mais voltada para o território e menos para as salas de consultório.

Com as capacitações e orientações fornecidas pelos supervisores clínicos, começamos a implementar mudanças significativas nessas práticas. Gradualmente, abandonamos a abordagem estritamente ambulatorial em favor de uma abordagem mais flexível e adaptativa, que incluía intervenções terapêuticas mais diversificadas e personalizadas. Essa mudança de paradigma permitiu maior adequação às necessidades individuais dos pacientes, bem como maior eficácia no tratamento de condições de saúde mental.

Também enfrentávamos um desafio significativo em relação ao atendimento de crianças e adolescentes que necessitavam de acompanhamento em saúde mental, mas que não se enquadravam nos critérios de gravidade exigidos para o atendimento no Centro de Atenção Psicossocial Infantil (CAPSi). Esses casos menos graves muitas vezes ficavam desassistidos, sem acesso aos serviços adequados de suporte.

Para solucionar essa lacuna na assistência, criamos um terceiro turno no ambulatório, dedicado especificamente ao atendimento de crianças e adolescentes com necessidades menos urgentes em saúde mental. Essa medida foi acompanhada pela contratação de uma equipe especializada e capacitada para lidar com as demandas específicas desse público.

Os resultados dessa iniciativa foram extraordinários. Com a introdução do terceiro turno no ambulatório, o CAPSi pôde concentrar seus recursos e esforços nos casos mais graves e complexos, garantindo um atendimento mais especializado e eficaz a esses pacientes. Ao mesmo tempo, as crianças e adolescentes que antes ficavam desassistidos passaram a ter acesso a cuidados e intervenções adequadas, melhorando sua qualidade de vida. Isso resolveu um problema persistente em nossa rede de saúde mental e fortaleceu a capacidade de resposta do sistema para atender às diversas necessidades das famílias.

À medida que nos aproximávamos do Núcleo de Educação Permanente em Saúde (Neps) e contávamos com o apoio do Conselho de Saúde, iniciávamos uma série de ações para promover a conscientização e o debate sobre saúde mental em nossa cidade. Uma das iniciativas mais significativas foi a organização regular de Fóruns de Saúde Mental, espaços onde profissionais, usuários dos serviços e membros da comunidade poderiam se reunir para discutir questões relevantes, compartilhar experiências e propor soluções para os desafios enfrentados no campo da saúde mental.

Além disso, buscamos fortalecer ainda mais esse engajamento ao organizar a Primeira Conferência de Saúde Mental na história de Itaboraí. Essa conferência representou um marco importante na promoção da participação cidadã e no fortalecimento das políticas de saúde mental em nossa cidade. Reunindo profissionais de saúde, gestores públicos, representantes da sociedade civil e usuários dos serviços, o evento proporcionou um espaço valioso para a troca de ideias, a identificação de prioridades e a formulação de estratégias para melhorar o acesso e a qualidade dos serviços de saúde mental em nosso município. Essas iniciativas aumentaram a conscientização sobre saúde mental e fortaleceram os laços entre os diversos atores envolvidos na prestação de serviços de saúde.

Ao promover uma cultura de diálogo aberto e colaboração, estamos criando as bases para um sistema de saúde mental mais inclusivo, responsivo e eficaz.

Em novembro de 2023, o tão aguardado Caps no 7º distrito finalmente se tornou realidade, sendo inaugurado em um novo imóvel, que foi alugado em uma região de fácil acesso para a população. Essa iniciativa aliviou significativamente a demanda no Caps III, proporcionando uma alternativa mais próxima e acessível para aqueles que precisavam de cuidados.

Paralelamente, estabelecemos uma rotina de matriciamento na urgência e emergência do município, bem como visitas semanais às Unidades Básicas de Saúde (UBS). Essas ações fortaleceram ainda mais a integração entre os serviços de saúde mental e a atenção primária, garantindo uma abordagem mais abrangente no território.

Além disso, implementamos um sistema de triagem e escuta qualificada que nos permitiu eliminar as filas de espera para atendimento com médico psiquiatra no Ambulatório de Saúde Mental. Agora, os usuários encaminhados pela atenção primária são atendidos em menos de um mês, garantindo um acesso mais rápido e eficiente aos cuidados especializados.

Inauguramos em 2024 também a nossa Unidade de Acolhimento Adulto, um marco importante que irá expandir ainda mais a Raps de Itaboraí, oferecendo um ambiente seguro e acolhedor para aqueles usuários que fazem uso prejudicial de álcool e outras drogas que demandam cuidados intensivos.

Vale ressaltar que os avanços, serviços implantados e principalmente a lógica de cuidado sustentada só foi possível pela garantia, autonomia e investimento do secretário de saúde, Hédio Mataruna, que segue tendo em sua gestão a pauta da saúde mental como prioritária.

E então podemos nos perguntar: o que isso tudo tem relação com o Hospital Colônia?

A resposta é que conforme organizamos o cuidado no território, por meio de uma rede de atenção que busca garantir minimamente a assistência, vemos que, cada vez mais, um maior número de pessoas consegue se manter mais estável sem agudização dos quadros psíquicos e não precisa mais de internações longas.

Poderia escrever ainda muito mais sobre os impactos que o processo de fechamento do HCRB causou e causa na Raps de Itaboraí, mas vamos encerrar com uma informação muito significativa para todos nós. Ao Caps III foi dado o nome de Celeste Maria Campos, uma das pessoas desinternadas no processo de desinstitucionalização do Hospital Colônia de Rio Bonito. Celeste veio morar em uma das RTs e literalmente voltou a vida em comunidade. Muito ativa, fazia questão de ter sua própria manicure, de fazer as suas festas, de voltar a frequentar a igreja e tantas outras coisas. Essa é uma marca eternizada.

Estamos comprometidos em continuar avançando nesse caminho, garantindo que a saúde mental seja uma prioridade e que todos os cidadãos tenham acesso aos serviços de que necessitam.

Figura 10 – Moradores em um fim de tarde na porta da RT em Itaboraí

Fonte: acervo Caps III Celeste Maria Campos, Itaboraí, RJ

Referências

INSTITUTO BRASILEIRO DE GEOGRAFIA E ESTATÍSTICA (IBGE). **Panorama População**. Rio de Janeiro: IBGE, 2019. Disponível em: cidades.ibge.gov.br/brasil/rj/itaborai/panorama. Acesso em: 10 set. 2020.

CAPÍTULO 9

MARICÁ CHEGOU! MARICÁ CHEGOU! PROCESSO DE DESINSTITUCIONALIZAÇÃO DOS INTERNOS DO HOSPITAL COLÔNIA DE RIO BONITO NO MUNICÍPIO DE MARICÁ

Edna Francisca da Silva Basto
José Atayde Bezerra
Guilherme Manhães Ribeiro
Valéria Cristina Azevedo da Silva

Nossa, que maravilha de mar! Esse verde... verde oliva...
(Sr. J. T.)

"Maricá chegou! Maricá chegou!". Assim era a recepção dos internos à equipe de *"Desins, com gritos ecoando pelos corredores dos pavilhões"*, *"numa algazarra sem fim"*, avisando os munícipes da presença da equipe.

Talvez, na presença de uma equipe de desinstitucionalização, um vislumbre de liberdade, identidade, familiaridade, memórias e afetos. Mas até a chegada da equipe, há uma construção e desconstrução no interior do município, no território que dá início ao processo constante de desinstitucionalização.

Dos ecos da reforma ao processo de desinstitucionalização

Provavelmente, recepções semelhantes ocorreram em outros municípios e localidades, considerando que tais relatos são inerentes aos processos de desinstitucionalização. Segundo Rotelli (1994), desinstitucionalizar significa deslocar o foco da atenção da instituição para a comunidade, o distrito e o território. Contudo, o conceito vai além, abrangendo um conjunto de ações e diretrizes destinadas a desconstruir o vínculo do paciente com sua "existência" doente.

Com a promulgação da Lei n.º 10.216/2001, que fundamentou a Nova Política de Saúde Mental, e a criação de serviços e programas voltados para o projeto de desinstitucionalização, tornou-se essencial preparar e fomentar no território o projeto da Reforma Psiquiátrica. Assim, é importante analisar o cenário e o trabalho desenvolvido no município, que lançou bases institucionais para construir um novo lugar social para a pessoa com sofrimento psíquico e novas formas de cuidado territorializado.

Segundo Martins (2019), pouco se sabe sobre os impactos da Política Nacional de Saúde Mental na maioria dos municípios, especialmente nos de pequeno porte. Esse panorama também era observado em Maricá, onde, até meados dos anos 2000, as discussões do movimento de luta antimanicomial e os princípios da Reforma Psiquiátrica brasileira não eram amplamente difundidos.

Nos primeiros anos da década de 2000, a saúde mental em Maricá começou a mobilizar ações importantes, com contribuições significativas de profissionais como a médica psiquiatra Dr.ª Leila Maria Barbosa Moreira, e os psicólogos Márcia Rodrigues Secchin e Alan Christi Vieira Rocha. Esses profissionais foram fundamentais na disseminação das discussões e na divulgação dos avanços da Reforma Psiquiátrica, promovendo espaços de reflexão sobre a implantação da nova política.

Iniciativas como a mostra Arte e Inconsciente, realizada de 2001 a 2004, em parceria com a Secretaria de Cultura de Maricá, já apontavam para a substituição paradigmática do modelo de assistência. Esse evento buscava integrar diferentes especialidades dos serviços de saúde e propunha a circulação dos pacientes entre os setores, favorecendo um atendimento multiprofissional e transdisciplinar.

A desinstitucionalização, de fato, começa internamente, na gestão e nos serviços de saúde, a partir de um processo que envolve a reorganização das equipes e abertura a novas reflexões sobre o cuidado em saúde mental, a ruptura com paradigmas antigos e a construção de vínculos com a população local.

Em 2007 e 2008, as medidas começaram a tomar forma, culminando, em 2009, na apresentação do projeto do primeiro Centro de Atenção Psicossocial (Caps) tipo II do município, durante a gestão de Jaqueline Romariz Ferreira, conforme consta em Ata do Conselho Municipal de Saúde, de 25 de junho de 2009.

De acordo com o ex-coordenador de saúde mental Alan Christi Vieira, foi no período de 2010-2011 que os serviços substitutivos ganharam estrutura mais definida, incluindo o Caps, o Serviço Residencial Terapêutico (SRT) e a equipe de desinstitucionalização (composta por supervisor clínico institucional, psicólogo, agente social e assistente social).

Esses serviços foram a base para as ações efetivas de desinstitucionalização em Maricá, culminando, em 2015, na inauguração do primeiro SRT e no acolhimento de pacientes oriundos do Hospital Colônia de Rio Bonito (HCRB). A recém-criada equipe de desinstitucionalização, ou "Equipe de Desins", teve o desafiador papel de estruturar um modelo de trabalho inovador, rompendo com o paradigma hospitalocêntrico hegemônico e implementando práticas baseadas em serviços comunitários e territoriais.

Essa equipe era responsável pelo mapeamento e compreensão da realidade social, familiar e diagnóstica dos pacientes internados, além de promover a interação entre as equipes das instituições de internação e os pacientes, estabelecendo vínculos fundamentais para o cuidado.

A estruturação dos serviços de saúde mental no município avançava com o pleno funcionamento do Caps, o Ambulatório de Saúde Mental atuando como um ambulatório ampliado, e o projeto de implantação de uma enfermaria de saúde mental em hospital geral. Essa rede de suporte era essencial para sustentar o trabalho de desinstitucionalização conduzido pelas equipes do Caps e da equipe de desinstitucionalização, permitindo a elaboração de projetos terapêuticos individualizados.

No interior do HCRB, um vislumbre de liberdade... Maricá chegou! Maricá chegou!

Conforme relato, o primeiro projeto de desinstitucionalização em Maricá foi elaborado pelo então coordenador de saúde mental, Alan Christi

Vieira, e pela Sra. Geísa Müller, com a criação da equipe de desinstitucionalização. Após a realização do Censo Psicossocial no HCRB, a equipe da unidade já havia identificado os pacientes referenciados ao município de Maricá e iniciou visitas institucionais quinzenais ao hospital.

É importante destacar que os integrantes da equipe de desinstitucionalização não recebiam ajuda de custo, e os salários oferecidos não eram atrativos. No entanto, a possibilidade de participar de um projeto inovador os motivava, como relatou o psicólogo José Atayde:

> Meu desejo era aprender fazendo, e nada melhor que o trabalho na desinstitucionalização para me trazer essa experiência nova. Quando comecei a me apropriar dos casos, fosse a partir das leituras dos prontuários ou das conversas com o supervisor e coordenação de saúde mental, me veio um misto de surpresa e indignação. Não sabia no que ia dar a minha escolha, mas não poderia estar fora desse projeto e aceitei o desafio!

Na entrada da "colônia", havia uma guarita onde precisávamos nos identificar para entrar. Era comum, após atravessarmos esse ponto, encontrar alguns poucos pacientes deambulando pelo caminho que levava até o portão de acesso ao pátio do hospital. Antes do portão, passávamos pela sala de terapia ocupacional, onde se encontravam pacientes em atividades terapêuticas. Ali, coletávamos, junto à equipe, informações iniciais sobre os cadastrados. Eram dados importantes, como o número de pacientes participando das atividades, registros de visitas familiares ou intercorrências clínicas desde a última visita quinzenal.

Ao atravessar o portão, avistávamos uma ampla área aberta, onde muitos internos vagavam de um lado para o outro, sem ter muito o que fazer. Em sua maioria homens de meia-idade ou idosos, esses pacientes aguardavam o horário das refeições, pediam cigarros aos visitantes ou tentavam se comunicar com quem passava pelo pátio.

Espalhados pelo local, alguns bancos de concreto serviam como espaço para receber familiares, onde nos sentávamos para conversar com os munícipes. Ficava evidente, além das questões psíquicas, a extrema vulnerabilidade social daqueles indivíduos, marcados pela falta de recursos financeiros e, na maioria dos casos, por laços familiares dilacerados pelo tempo de internação e abandono. Sem escolha, tornavam-se completamente dependentes de um poder público pouco presente.

Além do pátio, havia dois grandes pavilhões: um destinado às mulheres e outro aos homens. Ao chegarmos, os internos frequentemente começavam a gritar: *"Maricá chegou! Maricá chegou!"*. Era uma algazarra sem fim, anunciando aos munícipes nossa presença. Para eles, a representatividade dos municípios era muito esperada. Nem todos contavam com visitas frequentes de suas equipes, devido às dificuldades enfrentadas por cada município.

O que realmente importava não era quem éramos, nosso cargo ou formação, mas o fato de representarmos uma localidade e, acima de tudo, a possibilidade de "fuga" daquele lugar. *"Me leva para Maricá!"*, *"Maricá, fala com minha família ou pede para meu município vir me ver!"*, *"Tem cigarro, Maricá?"*, eram pedidos comuns.

Apesar dos desafios, como a falta de recursos, transporte e uma equipe reduzida, o compromisso profissional nos levava a superar as dificuldades para cumprir nossa missão. Eram necessárias duas conduções para chegar ao HCRB, em Rio Bonito, e mais duas para retornar a Maricá. *"Nossos munícipes não precisavam saber dessas dificuldades; apenas confiar que Maricá sempre chegaria para visitá-los!"*, relatou o psicólogo José Atayde.

Os encontros quinzenais com os pacientes eram uma mistura de prazer, desconforto, aventura, expectativa e surpresa. Sempre havia algo novo: uma visita familiar, uma intercorrência grave ou, por vezes, um falecimento. Paralelamente, o trabalho com os internos, familiares e a equipe foi se desenvolvendo, assim como as articulações e pactuações regionais para reforçar o compromisso dos municípios com a desinstitucionalização dos pacientes do HCRB.

Como parte do planejamento, a gestão municipal alugou dois imóveis no centro de Maricá para implantar os SRTs, que seriam as futuras moradias dos munícipes após a desospitalização. Esse momento, no entanto, não foi simples. Havia dificuldades com os processos administrativos para alugar imóveis, liberar recursos para estruturar as residências, compor equipes e manter as atividades da equipe de desinstitucionalização com uma equipe reduzida.

Poucas famílias compreendiam o processo de desinstitucionalização ou acreditavam que seus familiares tinham condições psíquicas de morar em uma casa de portas abertas. Por outro lado, havia resistência dos vizinhos, que não queriam um grupo de "doidos" morando por perto.

Essas incertezas eram compreensíveis, pois tanto familiares quanto vizinhos só tinham experiências marcadas pelo olhar manicomial e estigmatizante. Nesse cenário, o papel da equipe de desinstitucionalização, dos Caps e da gestão municipal era promover a luta antimanicomial, desenvolver ações para mudar paradigmas sociais e criar iniciativas concretas para desmistificar o incompreensível.

Foram realizadas reuniões com familiares e vizinhos nas casas, visitas ao HCRB para planejar a saída dos pacientes e encontros para ambientá-los no município, nas futuras moradias e no Caps. Essas visitas frequentemente revelavam receios ou expectativas, como comentários de pacientes: *"Não quero ir, só vou quando for de vez!"* ou *"Você vai ter coragem de me levar de volta para aquele inferno?"*.

Com voz embargada, o psicólogo José Atayde respondia: *"Vou sim, mas um dia vou trazer vocês de vez para morar aqui. Acreditem, esse dia está chegando"*.

Os contatos com familiares, realizados por telefone, visitas domiciliares e encontros nos SRTs e Caps, foram essenciais para construir vínculos institucionais e dar credibilidade ao processo. Antes mesmo da inauguração do primeiro SRT, alguns internos foram desinstitucionalizados com Projetos Terapêuticos Singulares (PTS) que visavam o retorno familiar com acompanhamento do Caps.

Foi o caso da Sr.ª D. G., que, após sensibilização da equipe de desinstitucionalização e do Caps, voltou para casa e passou a morar em uma casa no quintal do irmão de criação. Com apoio contínuo das equipes, D. G. conseguiu ressignificar sua vida.

Outros pacientes também retornaram às suas famílias, fortalecidos pelo trabalho da equipe de desinstitucionalização e do Caps, confiando que não estavam sozinhos nesse processo de cuidado.

Enquanto houver sol... Eu posso ter casa

"Se você vier
Pro que der e vier
Comigo
Eu lhe prometo o sol
Se hoje o sol sair
Ou a chuva
Se a chuva cair."

("Dia Branco", Geraldo Azevedo, 1981)

Podemos afirmar que a gestão do município de Maricá tem trabalhado, nos últimos anos, com uma perspectiva de continuidade na execução de agendas e na estruturação e consolidação dos serviços de saúde mental. Nesse contexto, o então coordenador de saúde mental, Luiz Otávio Costa da Silva (2013-2014), implementou mudanças significativas no Programa de Saúde Mental, garantindo a continuidade das ações realizadas pelas equipes, com destaque para o processo de desinstitucionalização e a reconstrução do Caps, que havia sido incendiado no final de 2012.

Essa continuidade na execução de agendas e no planejamento de novas ações e iniciativas foi mantida com a gestão subsequente da saúde mental, liderada por Edna Francisca da Silva Basto, a partir de 2014.

Em 2014, o psicólogo Guilherme Manhães Ribeiro assumiu a Coordenação de Desinstitucionalização no município, liderando o processo de desinstitucionalização dos residentes de Maricá internados no HCRB e em outras instituições psiquiátricas. Além disso, coube a ele a responsabilidade de implementar os SRTs, consolidando uma rede de cuidados que reforçava o compromisso com os princípios da Reforma Psiquiátrica.

> *Assumir esse desafio representou não apenas uma oportunidade de contribuir significativamente para a transformação do cenário da saúde mental na região, mas também um compromisso pessoal com a promoção de um modelo mais humano e inclusivo* (Guilherme Manhães).

A inauguração do primeiro SRT, em 2015, foi um desdobramento das ações conjuntas do Ministério Público (MP), do estado e da gestão municipal, representada por Fernanda Vasconcelos Spitz Britto (secretária municipal de saúde), Cláudia Rogéria de Lima Souza (subsecretária municipal de saúde), Edna Francisca da Silva Basto (coordenadora de saúde mental), Valéria Cristina Azevedo da Silva (coordenadora do Caps II) e Guilherme Manhães Ribeiro (coordenador de desinstitucionalização). Essa articulação foi essencial para a efetivação e execução do projeto de implantação do SRT e para a promoção da desospitalização dos internos.

A administração pública é permeada por dimensões éticas, políticas, técnicas e administrativas, que se refletem diretamente na atuação dos gestores. No contexto da saúde, esses profissionais desempenham um papel crucial na condução e organização dos processos de trabalho, assegurando que os serviços sejam orientados e comunicados de forma integrada. Para isso, é fundamental que os gestores, em parceria com suas equipes, articulem saberes e práticas, assumindo a responsabilidade pelo planejamento, execução e monitoramento das iniciativas e serviços de saúde (Basto, 2023).

A presença de gestores comprometidos e alinhados aos princípios da Reforma Psiquiátrica foi determinante para a concretização desse marco significativo no município. Destacaram-se, nesse processo, Fernanda V. Spitz Britto e a Dr.ª Cláudia Rogéria de L. Souza, cuja atuação foi marcada pela proximidade e pelo envolvimento direto com as iniciativas na área da saúde mental, desempenhando um papel decisivo.

A desospitalização dos internos do HCRB, em todo processo de desinstitucionalização, foi o resultado de um esforço coletivo envolvendo gestores, a equipe do Caps II, familiares e usuários. Todos demonstraram compromisso com os princípios da Reforma Psiquiátrica e, principalmente, com os internos, enfrentando desafios, medos, preocupações e incertezas ao longo do processo, relata Edna Francisca.

A realização desse trabalho de desinstitucionalização e criação dos SRTs demandou uma abordagem holística e colaborativa. Esse esforço incluiu não apenas profissionais de saúde, mas também membros da comunidade e familiares dos pacientes. Por exemplo, foi necessário promover diálogos com comerciantes locais e moradores vizinhos das residências para tranquilizá-los e esclarecer que os futuros residentes não representavam qualquer perigo.

Conforme Rotelli e Amarante (1992 *apud* Basto, 2023, p. 13),

> O processo de desinstitucionalização transforma-se em reconstrução da complexidade do objeto, pois a ênfase não é mais colocada no processo de "cura", mas no projeto de "invenção de saúde" e de "reprodução social do paciente". Acrescenta que "o problema não é cura (a vida produtiva) mas a produção de vida, de sociabilidade, a utilização das formas (dos espaços coletivos) de convivência dispersa.

Ao longo do processo, enfrentamos diversos desafios, desde a conscientização pública sobre questões de saúde mental até problemas práticos relacionados à infraestrutura e ao financiamento. No entanto, com determinação e trabalho árduo, conseguimos avançar significativamente.

É importante destacar que o trabalho realizado por Atayde se sobressaía pela excelência, o que facilitou consideravelmente a continuidade dos processos em andamento. Os Projetos Terapêuticos Singulares (PTS) já estavam meticulosamente delineados, proporcionando uma base sólida para avançarmos.

Quando Guilherme Manhães assumiu a Coordenação da Desinstitucionalização, em 2014, ele também fazia parte da equipe contratada para a intervenção no fechamento do HCRB, o que evitou a descontinuidade do trabalho e a perda de vínculo com os internos. Guilherme já estava familiarizado com os usuários e suas famílias devido ao seu envolvimento no cotidiano do HCRB. Essa familiaridade prévia proporcionou uma transição mais suave e eficiente, permitindo-nos concentrar nossos esforços na implementação dos planos terapêuticos e garantir uma transição adequada para os novos modelos de cuidado. A sinergia entre os membros da equipe e a cooperação com os usuários e suas famílias foram fundamentais para o sucesso dessa fase crucial do processo de desinstitucionalização e implantação dos SRTs. Parte do trabalho de sensibilização consistia na visita dos técnicos de referência do Caps à "colônia" para conhecer a realidade e a rotina dos usuários pelos quais seriam responsáveis.

> *Quando conheci a colônia de Rio Bonito, fiquei impactada, chocada. Era um pátio muito, muito grande, onde havia muitos pacientes sem roupa, que andavam para um lado e para o outro, e todos eles olhavam para a equipe que estava entrando, a qual não conheciam. Então, observamos olhares de curiosidade, de medo, de tristeza, olhares perdidos e vagos, que tocavam muito nossa alma* (Técnico do Caps).

Nesse momento, as equipes do HCRB desenvolviam um trabalho diferenciado, tentando mudar as práticas, mas o espaço ainda era predominantemente manicomial, o que tornava o trabalho muito difícil. Durante a visita ao HCRB, a equipe do Caps observava à distância o horário das refeições. Formava-se uma fila no refeitório, e os usuários, sem roupas adequadas, estavam ali, muitas vezes envolvidos em conflitos. A todo momento, surgiam empurrões, com os internos disputando seus lugares na fila. "*São memórias que guardarei para a minha vida toda, memórias que me fazem acreditar no trabalho que faço e me mantêm nessa luta*", relata Valéria Cristina.

Um fator importante nesse momento de reconhecimento e integração entre técnicos e pacientes foi o fato de Guilherme estar imerso no cotidiano do HCRB, devido a outras atividades. Ele vivenciou situações nos encontros entre os usuários e seus familiares, que proporcionaram insights valiosos, permitindo uma compreensão mais profunda das necessidades e dinâmicas familiares. Isso possibilitou ajustes e adaptações nos planos de cuidado individualizados e na reavaliação dos PTS, em conjunto à equipe do Caps.

Além de acompanhar esses encontros, em uma fase crucial da intervenção, o HCRB conseguiu adquirir um automóvel com capacidade para 15 passageiros. Essa conquista representou um marco significativo, pois possibilitou aos profissionais intensificarem as saídas terapêuticas com os pacientes referenciados. Com o novo veículo, foi possível ampliar as oportunidades de integração dos usuários com a comunidade, proporcionando experiências enriquecedoras fora do ambiente institucional. As saídas terapêuticas não apenas estimulavam a socialização e a autonomia, mas também ofereciam oportunidades para atividades recreativas, culturais e de lazer. Estabelecemos um cronograma regular para os moradores de Maricá internados no HCRB, garantindo que, a cada 15 dias, participassem de uma série de atividades essenciais para sua reintegração. Esse cronograma incluía visitas ao Caps, onde poderiam se envolver em atividades terapêuticas e interagir com outros membros da comunidade. Além disso, oferecíamos a oportunidade de conhecer a futura RT, possibilitando uma transição gradual e familiarização com o novo ambiente de acolhimento.

Para a equipe do Caps, as interações durante as primeiras visitas eram um misto de acolhimento, estranheza, surpresa e resistência, na dinâmica complexa de conhecer e interagir, conforme relato de uma técnica:

> *Os outros usuários, que já estavam no Caps, ficavam surpresos, pasmos, quando chegavam os pacientes do HCRB, porque eles tinham toda uma interação diferente com o espaço e com as pessoas, com a comida, comendo muito rápido... enfim, práticas que refletiam o manicômio em que estavam, e que não eram familiares aos outros.*
>
> *Entre idas e vindas, durante as visitas dos internos ao Caps, a tensão era evidente entre os técnicos do Caps, preocupação com o portão (que permanecia sempre aberto), com fuga, se todos estavam ali ao alcance dos olhos, dentro dos muros do Caps (Ex-enfermeira do Caps).*

Outro aspecto fundamental dessas atividades foi o trabalho de reconhecimento do território. Essa etapa envolvia explorar e familiarizar-se com o entorno da futura RT, promovendo uma sensação de pertencimento e segurança no ambiente local.

Ao oferecer essas oportunidades regulares de interação e integração, buscamos não apenas promover a reintegração social dos moradores de Maricá, mas também fortalecer sua autonomia e protagonismo. Essas atividades representavam mais do que simples compromissos programados; eram oportunidades para os moradores se reconectarem com a vida fora da instituição, desenvolverem habilidades sociais e emocionais.

Apesar dos desafios, as experiências positivas superaram as adversidades. Testemunhamos momentos de superação, crescimento pessoal e conexão humana, que reforçam nosso compromisso com o cuidado e a inclusão das pessoas em situação de vulnerabilidade. Cada desafio enfrentado fortaleceu nossa determinação em oferecer um ambiente acolhedor, terapêutico e seguro para aqueles que confiaram em nós para sua jornada de recuperação e reintegração social. Ao longo de todo o processo, fomos amparados e orientados pela equipe do HCRB, que esteve sempre presente, fornecendo o suporte necessário em cada etapa da jornada. Após meses de intensas negociações e ajustes, a Secretaria Municipal de Saúde finalmente estabeleceu a data para a tão esperada inauguração do primeiro SRT de Maricá. Vale ressaltar que as contratações de pessoal não eram uma tarefa fácil, e foi fundamental o apoio e comprometimento do gerente de Recursos Humanos da época, Fábio de Oliveira Rodrigues, que em tempo recorde organizou uma equipe significativa de profissionais para trabalhar.

No entanto, havia uma preocupação compartilhada: nenhum deles tinha experiência prévia em saúde mental, e estavam apreensivos e receosos. Afinal, na visão da sociedade, o indivíduo rotulado como "louco" frequentemente é associado à ideia de ser um risco para a comunidade, e a "solução" parece ser mantê-lo trancado. Para desconfigurar esses estigmas arraigados, iniciamos reuniões semanais com esses profissionais, buscando desmistificar esses rótulos e quebrar paradigmas.

Reconhecendo a necessidade de apoio técnico, buscamos a parceria dos profissionais da gerência estadual, com destaque para a participação marcante de Ana Regina de Souza Gomes, que veio até Maricá para colaborar. O encontro que organizamos foi extraordinário, proporcionando um espaço de aprendizado e reflexão profunda para esses profissionais, marcando um importante passo rumo à construção de uma abordagem mais humanizada e eficaz no cuidado da saúde mental com os futuros moradores.

Em 19 de agosto de 2015, em um dia ensolarado que refletia a atmosfera de felicidade e liberdade, foi inaugurado o primeiro SRT. A conquista envolveu toda a equipe de saúde mental, familiares e usuários, marcando um momento de grande alegria. A inauguração representava muito mais do que um espaço físico; era uma oportunidade de devolver dignidade aos novos moradores dessa primeira residência terapêutica. Como registrado no relato de um participante: *"A sensação era de estarmos inaugurando nossa própria casa"*.

Muitos dos comportamentos institucionalizados eram reproduzidos pelos moradores na residência, o que exigiu tempo e muito trabalho para que pudessem entender que estavam em suas casas, e que nada nem ninguém poderia tirar isso deles. Permaneciam as histórias que revelavam o sofrimento enfrentado no hospital psiquiátrico. Com o tempo, algumas questões começaram a fluir, e aos poucos, os novos ambientes e relações começaram a mudar essa narrativa. Perceber que agora tinham um lar, um lugar onde pertenciam, foi fundamental para essa transformação. Isso ficou evidente quando o morador e artista Sr. J. T., com orgulho, dizia: *"Vamos na minha casa, só na minha casa"*, convidando todos a visitarem seu novo lar, especialmente quando a comunicação da prefeitura queria entrevistá-lo ou tirar uma foto dele.

Alguns moradores, por exemplo, tiveram a oportunidade de ir ao mercado e fazer compras de coisas que gostavam, o que foi realmente inspirador.

> *O maior aprendizado que tive ao atuar como cuidador foi aprender a olhar a vida com outros olhos. Muitas vezes, buscamos algo grandioso, mas pequenas ações, como cortar o cabelo, fazer a barba ou levar um paciente para passear na orla, fazem toda a diferença. Comprar um chocolate, por exemplo, pode trazer uma felicidade radiante a eles* (Cuidador SRT).

Uma técnica de enfermagem relata que, a princípio, estava curiosa por não saber como seria um SRT, mas ficou radiante ao saber que, ali, os moradores teriam liberdade, com casa, alimentação, conforto e individualidade, como qualquer outro cidadão. No entanto, ao ter a oportunidade de atuar na RT, ela percebeu que ações e coisas aparentemente simples eram, na verdade, complexas. Como técnica de enfermagem, ela também passou a contribuir como uma "mãe social", ajudando os moradores a lidarem com suas inseguranças e a se adaptarem ao cotidiano de ter uma casa, responsabilidades, e de cuidar do que era seu, sem precisar esconder objetos embaixo do colchão ou comer com medo de ficar sem comida.

Trabalhar em um SRT muda a perspectiva do profissional, ou, pelo menos, daqueles que estão abertos aos inúmeros aprendizados, tanto no âmbito profissional quanto humano, que podem ser adquiridos no convívio com os moradores. *"A gente podia participar das lembranças deles, tentando resgatar as memórias da vida antes de entrar num hospital, num manicômio"* (Técnico de enfermagem do SRT).

Realizamos o primeiro passeio à Fortaleza de Santa Cruz, na cidade de Niterói, em dezembro de 2015, com os moradores da residência e usuários do Caps em geral. Foi um momento de total interação entre os usuários do Caps, os moradores da residência terapêutica e as equipes, uma verdadeira comemoração da liberdade, em uma fortaleza. Um dos relatos desse passeio comemorativo descreve o momento vivido pelos moradores e equipes:

> *Quando entramos na fortaleza, havia umas janelas pequenas que davam para olhar o mar, e um espaço alto, todo de pedra.*
>
> *Uma das primeiras coisas que ele fez foi começar a cantar o hino nacional, fazendo posição de respeito ao nosso hino e todo mundo acompanhou (usuários e equipe), principalmente o oficial que nos guiava pela fortaleza, tb fazendo posição de sentido, e perplexo com a atitude.*
>
> *Mais um pouco, ainda próximo desse local, olhando o mar, ele contemplou a imensidão do mar, aquela vista linda. O dia estava muito bonito, o sol brilhava, o céu estava azul, tudo estava muito lindo. Olhando para o horizonte, ele exclamou: "Nossa, que maravilha de mar! Esse verde... verde oliva...", com os olhos brilhando de alegria por poder fazer aquele passeio e contemplar toda a natureza ao seu redor* (Valéria Cristina, coordenadora do Caps).

Ao chegarmos em fevereiro de 2016, o prazo para a saída de todas as pessoas do HCRB havia expirado, e inauguramos o segundo SRT, completando assim a desospitalização dos internos. É importante destacar um fato marcante: o sucesso do trabalho realizado foi tão significativo que, apesar dos desafios enfrentados, não houve uma única internação nos três anos (2014-2017) após as altas do HCRB.

Apresentamos aqui algumas histórias e relatos que refletem memórias de liberdade, vida, cuidado e afeto, tecidas nos encontros e desencontros vividos ao longo dessa trajetória. Como expressa Valéria Cristina: "*Só de pensar em tudo isso, me emociono e percebo o quanto amo o meu trabalho. Agradeço a Deus pela oportunidade de trabalhar com vidas.*".

Segundo Edna Francisca, falar de desinstitucionalização é pensar na perspectiva que atravessa o outro – seja paciente, morador, equipe e comunidade. Esse conjunto de ações não tem fim em si mesmo, nem se limita apenas à desospitalização, mas reflete um processo relacional que envolve o que é humano, o que chega através dos sentidos e que é ressignificado a partir do ambiente e das relações que se estabelecem no cotidiano.

Figura 11 – O reencontro das duas irmãs na RT de Maricá, após 10 anos de separação

Fonte: acervo Caps de Maricá, RJ

Referências

BARRÍGIO, Carla Rabelo. **Saúde mental na atenção básica:** o papel dos agentes comunitários de saúde no município de Muriaé-MG. 2010. Dissertação (Mestrado em Serviço Social) – Programa de Pós-Graduação em Serviço Social do Centro de Ciências Sociais, Pontifícia Universidade Católica do Rio de Janeiro, Rio de Janeiro, 2010. Disponível em: https://www.maxwell.vrac.pucrio.br/colecao.php?strSecao=resultado&nrSeq=16546@. Acesso em: 13 jul. 2024.

BASTO, Edna Francisca da Silva. **EMAPS, do ambulatório ao território**: Implementação das Equipes Multidisciplinares de Atenção Psicossocial no Município de Maricá/RJ. 2023. Dissertação (Mestrado Profissional em Atenção Psicossocial) – Instituto de Psiquiatria, Universidade Federal do Rio de Janeiro, Rio de Janeiro, 2023.

BRASIL. **Lei n.º 10.216, de 6 de abril de 2001.** Dispõe sobre a proteção e os direitos das pessoas portadoras de transtornos mentais e redireciona o modelo assistencial em saúde mental. Brasília, DF: Presidência da República, 2001. Disponível em: https://www.planalto.gov.br/ccivil_03/leis/leis_2001/l10216.htm. Acesso em: 26 abr. 2024.

MARICÁ. Conselho Municipal de Saúde de Maricá (CMSM). *In*: REUNIÃO ORDINÁRIA DO CONSELHO MUNICIPAL DE SAÚDE DE MARICÁ (CMSM), 2009, Maricá. **Ata** [...] Maricá: CMSM, 2009.

MARTINS, A. R. **Saúde Mental em Pequenos Municípios:** Análise de intervenção visando reduzir barreiras de acesso no município de Silva Jardim. Dissertação (Mestrado Profissional em Atenção Psicossocial) – Instituto de Psiquiatria, Universidade Federal do Rio de Janeiro, Rio de Janeiro, 2019.

ROTELLI, Franco; LEONARDIS, Orazio Mauri D. Desinstitucionalização, uma outra via. *In*: ROTELLI, Franco *et al.* (org.). **Desinstitucionalização**. São Paulo: Hucitec, 1990. p. 17-60.

ROTTELI, Franco. A Lei 180 e a Reforma Psiquiátrica italiana: os problemas na sua aplicação. *In*: ENCONTRO ÍTALO-BRASILEIRO DE SAÚDE, 1, 1994, Salvador. **Anais** [...]. Salvador: [s.n.], 1994.

CAPÍTULO 10

HOSPITAL COLÔNIA DE RIO BONITO E SUA LONGA HISTÓRIA COM SÃO GONÇALO

Jorge Vieira

> "*Quando a Instituição destrói e mata não há solução de compromisso possível, pois seria um compromisso com a morte.*"
> (Franco Basaglia)

Falar do Hospital Colônia de Rio Bonito (HCRB) é falar do caminho que leva até ele e essa estrada que por ele passa é o caminho para uma das regiões mais bonitas da cidade do Rio de Janeiro e como dizem, "um Paraíso". É lembrar da passarela, que, por não existir uma escada que ligasse os dois lados, não podia ser usada e que todas as pessoas que precisavam atravessar as pistas se colocavam em risco, o que é muito simbólico. Aquele portão fechado mantinha pessoas que por muito tempo estavam abandonadas pelo poder público e vagavam, às vezes cobertos com roupas, às vezes desnudos e sem perspectivas. Ali eram tratados como meros objetos, pois, parecia que o objetivo era atender às necessidades básicas do ser humano de forma desumana. Como refere Marcia Ladvocat: "*E neste lugar os pacientes eram tratados como simples objeto, sem direito a voz, a expressão, perdendo de fato todos seus direitos enquanto cidadãos*". A grande maioria deles não tinha contato com familiares e aqueles que os visitavam os mantinham naquele lugar, reforçando o cárcere privado dado pela própria instituição e à mercê dos empresários que enriqueceram com a indústria da loucura, não pelo cuidado, mas sim, pela manutenção dela.

No primeiro encontro com essa realidade, percebi que a loucura é tratada da mesma forma em todos os hospícios que já visitei, mas é sempre impactante chegar a um lugar e ver aqueles corpos largados vagando sem perspectivas, sem qualquer expressão ou desejo e, simplesmente, realizando as atividades básicas (comer e dormir) do seu cotidiano. Muitos pacientes circulavam nus, atendendo às suas necessidades fisiológicas em qualquer lugar, enquanto os profissionais responsáveis mostravam total indiferença a essas situações, sem se incomodarem ou adotarem práticas que pudessem promover mudanças significativas na vida daqueles que estavam ali há anos. É importante destacar que liderar este trabalho exige uma abordagem cuidadosa e atenta a cada um daqueles que já enfrentaram a perda de sua sanidade.

Figura 12 – A passarela sem acesso na estrada em frente ao HCRB

Fonte: acervo do autor

A equipe deve se empenhar em compreender e proteger esses indivíduos, reconhecendo que o cuidado é essencial em cada interação. As histórias de vida dessas pessoas, muitas vezes marcadas por dificuldades e desafios, podem tornar a reintegração à sociedade um processo complexo.

Portanto, é fundamental que ofereçamos apoio e empatia, ajudando-os a reconstruir suas narrativas e a encontrar um novo caminho.

Nessa aproximação pudemos perceber o significado do cuidado em cada encontro e que a atenção dada para suas histórias, cujas personagens pareciam como obra de ficção científica, pois representavam a simbologia do seu próprio desejo, poderia ter produzido um efeito diferente. Os prontuários apresentavam históricos muito empobrecidos do cotidiano e com poucos dados dos familiares, mesmo os que tinham alguma referência. Apesar disso, era o instrumento utilizado para traçar um roteiro que propiciasse iniciar o processo de desinstitucionalização. O trabalho indicado foi iniciado por uma equipe que integrou uma das primeiras RTs de São Gonçalo-RJ, sob a condução da psicóloga Dayse Machado D'Almeida. Com sensibilidade e respeito, ela se dedicou ao resgate e à inserção dos indivíduos no território onde foram implantados os dispositivos de cuidado, lhes possibilitando o processo de reintegração à sociedade.

A atuação da equipe reflete a importância de um suporte humanizado e adaptado às necessidades de cada indivíduo.

Tendo em vista que a maioria dos projetos terapêuticos indicavam o retorno ao território de origem e que muitos pacientes não tinham como voltar a viver com os familiares, foi necessário o investimento das equipes em espaços de moradia, além de esgotar todas as possibilidades que permitissem a realização da missão de desinstitucionalizar. Projetos como esses merecem investimentos de várias ordens, desde recursos humanos até materiais e financeiros e, para garantir que tais investimentos beneficiassem verdadeiramente a vida daquelas pessoas, foi essencial que todos os dispositivos estivessem alinhados em torno de um único objetivo. Era preciso promover o exercício pleno da cidadania, buscando um modelo de cuidado que transcendesse os limites dos manicômios e permitisse uma reintegração efetiva e digna à sociedade, sem deixar de lado o bem estar do paciente.

Além de prepararmos a rede de serviços do município para entenderem suas próprias responsabilidades com esse cuidado, pois pertencer ao território é ter o direito à educação, trabalho, lazer, cultura, esportes e saúde, definimos duas frentes de trabalho muito significativas para o processo:

- preparação do paciente para resgatar sua autonomia e reconhecer seus direitos, em busca de uma cidadania plena; e

- preparação da população que precisava entender que o "louco" também tem como viver em sociedade, conforme citado por Benedeto Saraceno em seu livro *Reabilitação Psicossocial*:

> [...] a reabilitação é um processo para que se mudem as regras e os fortes possam conviver no mesmo cenário dos fracos. O que é uma coisa completamente distinta do que se vem pensando, ou seja, não estamos lutando para tornar forte o paciente que tem a desabilidade, mas sim permitir a quem não é forte de estar na cena onde eles estão (Saraceno, 2016a, p. 194).

Assim, o município de São Gonçalo pode acreditar nas potencialidades do paciente que sofre de transtorno mental e deve viver em liberdade em seu território.

Com muita competência, a equipe de coordenadores que compunha a Rede de Saúde Mental – Aparecida Lobosco Assis dos Santos (Caps AD II); Maria de Fátima A. S Graneiro (CAPSi); Maribel Andrade (Caps II); Ivana Oliveira (RT); Guilherme Manhães Ribeiro (equipe de desinstitucionalização); Raphael Rollemberg Rodrigues (assessor da Coordenação de Saúde Mental); Thiago Couto Pimentel (consultório de rua); Flavio Ramos Pereira (ambulatórios ampliados) – conseguiu desenvolver um trabalho nos arredores dos dispositivos, alcançando grande êxito. Vale ressaltar o apoio e autonomia que a gestão da Secretaria de Saúde do município de São Gonçalo nos creditou, tornando possível o acesso dos usuários à saúde e, por consequência, todo o processo de desinstitucionalização das instituições vinculadas ao município, baseados na Reforma Psiquiátrica.

O apoio do Ministério Público (MP), por meio das leis e portarias do Ministério da Saúde (MS), viabilizou a realização desse processo.

Paradigmas do cuidado na preparação para a desinstitucionalização

- Resgatar a autoestima e valorizar os processos de integração social.
- Ter uma relação com a comunidade que promova trocas e prosperidade não se conformando a um processo de isolamento.
- Agregar valores que tenham fluxo direto na vida das pessoas, construindo parcerias e formando redes.

- Criar condições de representatividade entre a comunidade com o objetivo de produzir a participação, responsabilidade e autonomia, aumentando a contratualidade social.

- Trabalhar com a intersetorialidade no município e outros, apoiando e buscando recursos junto a outras secretarias e organizações comunitárias, para a melhor integração no meio social.

- Promover associações com a comunidade próxima aos serviços que atenderão os egressos dessas instituições para que possa agilizar a retirada de pacientes (por exemplo: eventos sociais).

Baseados nesses paradigmas, iniciamos as visitas da equipe de desinstitucionalização ao hospital e passamos a acompanhar o processo de cada paciente, sempre trabalhando dentro das perspectivas do indivíduo e reconhecendo as limitações de cada um. Além disso, em todas as nossas discussões em equipe, buscávamos o caminho para adequar o território para recebê-los e preparar os profissionais que iriam acompanhar e participar do cotidiano daqueles novos moradores.

Apesar do apoio do Ministério Público Estadual (MPE), encontramos alguns desafios. Embora enfatizássemos que a dívida com as pessoas que viveram anos em condições de cárcere privado não é apenas uma responsabilidade dos gestores de saúde, mas sim uma questão que envolve toda a sociedade, muitos responsáveis se isentaram dessa responsabilidade. Muitos internos sofreram as angústias da privação de liberdade e, em muitos casos, foram explorados por seus próprios familiares, que se beneficiaram financeiramente dos auxílios assistenciais recebidos durante o período de internação.

Nas reuniões com os familiares, ouvíamos palavras que divergiam das nossas propostas enquanto trabalhadores em saúde mental e do que acreditamos ser um **tratamento digno**. Nesse processo, passamos a reconhecer que familiares tinham dificuldade em lidar com os portadores de transtorno mental, mas estavam disponíveis emocional e afetivamente, possibilitando-os ultrapassar esses limites. Seus discursos traziam frases como: *"eles não estão curados"*, *"na minha casa já não existe espaço para ele"*, *"será que ele vai me respeitar"*, *"vocês pretendem colocar eles pra viverem soltos?"*, *"se acontecer alguma coisa a responsabilidade é de vocês"*. Isso nos fazia, muitas vezes, encontrar estratégias como nos calarmos para conseguirmos chegar ao objetivo maior que era a **desinstitucionalização**. Mas também tivemos o prazer de ouvir familiares que, mesmo desgastados com a situação, aguardavam a seguinte notícia: *"seu familiar apresentou melhora do quadro e vocês podem levá-lo para casa"*, como foi o caso da irmã da paciente A. A. que, embora a visitasse com frequência e sempre demonstrasse interesse em tê-la de volta em sua casa, recebia a informação dos profissionais do hospital de que *"ela não estava bem e deveria ser mantida internada"*. Assim, com nosso trabalho e aproximação, vimos uma pessoa estável e, embora apresentasse algumas limitações, poderia sim, ser tratada em seu território, conforme preconiza a Lei n.º 10.216/2001, da Reforma Psiquiátrica. Ao enfatizarmos as possibilidades de resgate da vida e sua inserção social, a irmã disse o seguinte: *"ela merece ir para casa, afinal ela não cometeu nenhum crime para ficar presa"*. Vale ressaltar que, diante de um projeto terapêutico singular (PTS), cuja indicação seria para Residência Terapêutica (RT), essas questões eram consideradas, pois entendemos que os nossos usuários após anos institucionalizados, não precisavam vivenciar qualquer descaso dentro da própria família e mereciam estar em um lugar onde pudessem exercer seu protagonismo.

A Rede de Saúde Mental de São Gonçalo

Quando a ação de intervenção do HCRB iniciou, São Gonçalo contava apenas com 12 leitos psiquiátricos no Pronto Socorro Mario Niajar em Alcântara (PSA), um Caps II – Paulo Marcos Costa; um Caps II Álcool e Drogas; um Caps Infanto-Juvenil; e três ambulatórios ampliados em saúde mental que estavam em processo de organização territorial. Embora São Gonçalo fosse o município com maior número de pessoas internadas no HCRB, ainda não havia qualquer estrutura para recebê-las em seu território.

A gestão de saúde mental era exercida por Gina Paola, que vinha se desdobrando para a implantação de serviços e atendimento às exigências do MPE e, em 2012, a primeira RT foi inaugurada em São Gonçalo.

Em outubro de 2013, fui convidado a assumir a coordenação e, ao aceitar, me vi diante da responsabilidade da implantação de novos dispositivos de saúde mental. Para isso, era necessário promover a articulação entre todos os dispositivos de saúde existentes no território, assim como propiciar o entrosamento das respectivas equipes profissionais. Com essa articulação, buscava a garantia do cuidado compartilhado e, mediante fluxos pactuados, preparava-os para a recepção daqueles que estavam em processo de desinstitucionalização, sempre respeitando as necessidades individuais e superando os estigmas.

Dayse Machado D´Almeida coordenou a implantação das duas primeiras residências terapêuticas, as quais receberam oito "moradores" cada. Além dessas, havia a perspectiva de implantação de outras RTs para atender a todos os munícipes que não haviam sido contemplados no primeiro momento e os que ainda se encontravam institucionalizados em outros manicômios, tais como o HCTP Heitor Carrilho; HCTP Henrique Roxo; Clínica Nossa Senhora das Vitórias; Clínica Santa Catarina; e Clínica Ego. Pela nossa avaliação, a grande maioria tinha como projeto de desinstitucionalização, a alta para um SRT.

Para que organizássemos as equipes de saúde mental, foi necessária a contratação de novos profissionais e redefinição das funções de diversas categorias que já exercem suas atividades em alguns dispositivos. Assim, os colegas de serviço social, psicologia, enfermagem e musicoterapia passaram a atuar não somente junto aos pacientes na perspectiva da atenção em saúde mental, mas também nas instituições familiares. Esse movimento potencializou a interação de todos os profissionais, incluindo o corpo médico, para que a atenção não se reduzisse à mera demanda de desinstitucionalização. Nesse ínterim, a equipe de desinstitucionalização passou a conversar com os familiares sobre uma nova modalidade de cuidado que, por intermédio da legislação e das atuais percepções a respeito de saúde mental, lhes proporcionaram um olhar diferente daquele que entendiam como o tratamento adequado, ou seja, o do isolamento.

E esse é o processo chamado *Desinstitucionalização*

O processo de desinstitucionalização visa preparar os pacientes para uma vida "extramuros", reconhecendo que, independentemente de seu retorno ao convívio familiar ou de sua inserção em residências terapêuticas, os usuários devem ser prontamente acolhidos e encaminhados para locais de tratamento. Esse acolhimento é fundamental para que possam resgatar a autonomia e se integrem nas relações sociais, permitindo que conquistem seus espaços como cidadãos plenos.

Nesse contexto, também se propõe a interação com as demais instâncias municipais, inclusive da saúde (atenção básica), que se incumbirá do suporte primário às famílias e aos egressos de internação, que deverão também ser assistidos pelas instituições da assistência social e da Justiça, entre outras, compondo, assim, a rede ampliada de atenção psicossocial.

Na aproximação com familiares e responsáveis, a equipe municipal de desinstitucionalização, em conjunto com a equipe responsável pelos munícipes de SG no HCRB, viu o quanto precisariam trabalhar a importância da frequência dos familiares na unidade. Tal prática propiciaria tanto o melhor conhecimento da dinâmica dos pacientes institucionalizados quanto o resgate de vínculos, ambos visando à continuação do tratamento nos dispositivos de saúde mental pós-alta hospitalar definidos pela Reforma Psiquiátrica (Caps e Ambulatórios Ampliados de Saúde Mental). Então, nos fizemos presentes e assíduos no HCRB e, concomitantemente, cobrávamos participação e comprometimento dos familiares no processo. Assim, pudemos conhecê-los, ouvi-los e acompanhá-los, esclarecendo sempre quais eram as propostas para a desinstitucionalização, inclusive apresentando o local em que o tratamento aconteceria. Também foi importante clarificar o fato de que a partir do momento que fossem desinstitucionalizados, o dispositivo de referência lhes prestaria o auxílio necessário, não somente às questões inerentes à saúde mental, mas também à sua integralidade.

Considerando as demandas da equipe de desinstitucionalização do município de São Gonçalo e como já preconizava a Portaria n.º 2.840, de 29 de dezembro de 2014, e anteriormente a Portaria Ministerial n.º 106, de 11 de fevereiro de 2000, foi necessário ampliar o número de RTs, moradias ou casas, preferencialmente na comunidade. Assim, foi importante traçar estratégias de ações que nos auxiliassem na efetivação do processo de desinstitucionalização, tanto dos pacientes internos no HCRB, mas também daqueles que se encontravam em outras clínicas psiquiátricas. Além disso, mensalmente, realizávamos reuniões de colegiado com o objetivo de pactuar ações que propiciassem a qualidade do atendimento em saúde mental e o fortalecimento da RAPS.

Outro ponto importante foi a aproximação com o Ministério Público Estadual. Anteriormente, havia sido pactuado entre Promotor de Justiça da Tutela Coletiva de Saúde e o gestor municipal que a implantação das RTs seria o primeiro passo a cumprir para a *desins* dos internos do HCRB. Assim, ao iniciarmos o trabalho, era primordial que os obstáculos naturalmente encontrados num processo como esse pudessem ser minimizados. O apoio do MP foi essencial para o êxito da ação. Todos os promotores que por ali passaram se mantinham com a mesma proposta de atender exatamente essa demanda. Entretanto, intensificamos as ações com as famílias e foi possível reverter um número considerável de projetos terapêuticos. Assim, desde o início da intervenção até a inauguração da segunda RT em 2013, aproximadamente um terço dos pacientes retornou ao convívio dos familiares.

Em 2013, tínhamos um total de 37 pacientes para inserção em RT, os quais passaram a ser acompanhados pela equipe de desinstitucionalização. Essa equipe era coordenada pelo psicólogo Guilherme Ribeiro Manhães.

Com a continuidade do trabalho e o empenho de todos na proposta, três RTs foram implantadas e a coordenação desses dispositivos ficou a cargo de Maria Cristina de Souza Vieira.

No desenvolvimento de nossas ações, começamos levando os moradores de São Gonçalo para visitar as residências terapêuticas, o que possibilitaria o reconhecimento de si próprio no território. As equipes dos SRTs, compostas pela coordenadora, cuidadores e técnicos de enfermagem, já haviam sido contratadas e estavam bem afinadas com suas funções. Assim, foi possível colher muitas falas significativas, tais como a do interno R. C. que disse "que queria ir pra casa antes do dia 27 de setembro, porque queria pegar doce de São Cosme e São Damião", ou de S. F. V., que queria "ir pra casa para comer um bife de filet mignon". E ainda de "José", que pediu para que quando saísse, o levássemos para assistir um jogo de futebol no estádio, ou ainda de A. A., que queria só comprar um maiô para tomar banho de mar. Era clara a alegria de todos. Embora alguns se mostrassem com medo e mais retraídos, outros ficaram bem à vontade. Entrarem na casa e verem tudo mobiliado e poderem escolher suas camas e reconhecerem o espaço como sua própria casa, foi muito emocionante. Cada um se expressava de uma forma, mas todos se apropriaram daquele lugar com muita segurança.

Anteriormente, pacientes institucionalizados; agora, seres humanos e cidadãos, que podem:

- exercer o protagonismo social;
- escolher o que comer;
- escolher e vestir suas próprias roupas;
- usar os banheiros;

- pedir para serem ouvidos e relatarem seus próprios desejos;
- viver relações de afeto e segurança com a equipe, que propicia pela experiência e trajetória vivida por cada um deles.

Com a chegada deles à casa, foi possível ouvir R. C., que disse: *"viu, eu disse que iria dar tempo de eu pegar doce de São Cosme e São Damião".*

E R. M., que ao chegar pegou suas coisas que estavam em caixas e levou para calçada dizendo: *"não preciso mais daquilo, porque agora eu tenho tudo e aquelas coisas que eu trouxe podem servir para alguém que não tem nada".* E J. C., que disse: *"felizmente agora vou dormir em PAZ".* E O. V., que durante a noite acordou para ir ao banheiro e disse: *"não preciso mais usar fraldas porque aqui tenho um banheiro perto do meu quarto".*

Por determinação judicial, o HCRB encerraria as atividades, definitivamente, em fevereiro de 2016 e, diante de alguns entraves encontrados, não conseguimos abrir a última RT, que estava programada para receber os últimos 7 pacientes. Como precisávamos encontrar solução, adotamos como estratégia a transinstitucionalização, ou seja, a transferência para outra unidade hospitalar, mesmo não sendo o ideal.

Utilizamos o Hospital Nossa Senhora das Vitórias, que se encontrava sob a gestão municipal do Programa de Saúde Mental, sem perder o objetivo final de desinstitucionalização. Foi necessário utilizar um posto desativado e, através de reforma e melhorias no local, inserimos camas, mesa e uma TV. Acreditávamos que aquelas pessoas pudessem viver com autonomia, já que tínhamos iniciado esse trabalho há algum tempo. Os funcionários da RT foram deslocados para efetuar seus plantões dentro da unidade e passaram a trabalhar no modelo de cuidado em RT, acompanhando aquelas pessoas em atividades de vida diárias e trabalhando a ressocialização nos espaços externos.

Em setembro de 2016, após solucionarmos os problemas, inauguramos a RT e, assim, nossa missão foi realmente cumprida. Alcançamos o objetivo de retirá-los definitivamente da vida no hospício onde viveram anos privados de seus direitos. Com isso, SG passou a ter 37 pessoas morando nas RTs, que eram distribuídas em vários bairros, vivendo em plena liberdade. E o **HCRB** ficou pra trás.

Claro que em qualquer lugar onde moram várias pessoas existem seus problemas, mas muitas vezes eles mesmos apresentavam resolutividade, já que a participação de todos no dia a dia da casa era muito rica. Alguns já mantinham seus espaços limpos, participavam da confecção das suas refeições, sentavam-se à mesa juntos para se alimentarem e sabiam que poderiam comer tranquilamente porque a comida daria para todos. Eles próprios participavam da escolha dos alimentos, efetuavam as compras de produtos como legumes, hortaliças e carnes, mesmo contando com o auxílio de cuidadores. Passaram a ir ao cabeleireiro, barbeiro e manicure e a efetuar compras de objetos pessoais e produtos de higiene, tendo suas escolhas respeitadas.

Um fato importante a destacar é que, após uns oito meses de funcionamento de uma das RTs que estava sob a responsabilidade da coordenadora Ivana, uma das cuidadoras que trabalhava por plantão faltou. Nesse dia, ao invés de duas, teríamos só uma. Já que todos os moradores participavam das atividades da casa, a cuidadora que estava no plantão disse que daria conta de ficar com todos. Entretanto, por volta da meia noite, essa cuidadora passou muito mal e acabou sendo acolhida e cuidada por duas moradoras. Paralelamente, um outro morador ligou para a residência terapêutica mais próxima e avisou o que estava acontecendo. A partir daí, a coordenadora das RTs foi contatada e imediatamente acionou o SAMU. Infelizmente, a cuidadora veio a óbito, mas todos os moradores se mantiveram em equilíbrio, podendo ajudar, principalmente no período em que ela ficou desacordada. No dia seguinte, no velório da cuidadora, todos fizeram questão de estar presentes e de se despedir dela. Essa conduta é muito importante na vida deles, pois durante a internação no hospício, as pessoas sumiam e, sem ao menos saberem o que havia acontecido, vivenciavam um enorme vazio. Este relato demonstra a capacidade dos usuários em lidar com questões do cotidiano.

Fecho este capítulo com a reflexão de que os profissionais que participam desse trabalho precisam de grande disponibilidade interna, sensibilidade e renúncia a conceitos pré-estabelecidos, bem como precisam acreditar que quem sofre de transtorno mental pode viver em sociedade e estabelecer vínculos significativos por meio do reconhecimento de suas potencialidades.

O processo de desinstitucionalização ajudou o município a crescer, aumentando a rede nos atendimentos aos portadores de transtornos mentais por meio da assistência, educação, cultura e saúde e criando novos dispositivos de saúde mental em todo território. O Programa de Saúde Mental do município de São Gonçalo em 2018, quando deixei a coordenação do Programa Municipal de Saúde Mental, já tinha uma nova Raps: a emergência psiquiátrica, situada no Hospital Central Luiz Palmier, que contava com 12 leitos psiquiátricos, dois Caps II, dois Caps AD, um sendo ADII e outro ADIII, dois Caps Infanto Juvenil, dez residências terapêuticas, quatro moradias assistidas e três ambulatórios ampliados em saúde mental. A moradia assistida também é um tipo de serviço residencial que acolhe pessoas com transtorno mental, mas que além de terem maior grau de autonomia têm condições financeiras para gerirem suas vidas. Esse dispositivo reforça a autonomia da pessoa, pois eles mesmos são responsáveis pelas contas da casa como: água, luz, aluguel e compras de produtos alimentícios, cuidam de sua própria alimentação e contam com o suporte de cuidadores contratados pela para tal, inclusive estimulando e propiciando a frequência no Caps.

Vários autores citados trazem como reflexão a nossa participação no processo de ressocialização desses que sofrem da chamada: "doença mental" (ainda reconhecida assim por alguns familiares), mas descobrimos no processo que a abertura das portas do hospício só é possível com o protagonismo dos próprios usuários.

> "Qualquer amor já é um pouquinho de saúde, um descanso na loucura".
> Guimarães Rosa

Referências

BRASIL. **Decreto n.º 7.179, de 20 de maio de 2010**. Institui o Plano Integrado de Enfrentamento ao Crack e outras Drogas, cria o seu Comitê Gestor, e dá outras providências. Brasília, DF: Presidência da República, 2010. Disponível em: https://www.planalto.gov.br/ccivil_03/_ato2007-2010/2010/decreto/d7179.htm. Acesso em: 6 fev. 2025.

BRASIL. **Lei n.º 10.216, de 6 de abril de 2001**. Dispõe sobre a proteção e os direitos das pessoas portadoras de transtornos mentais e redireciona o modelo assistencial em saúde mental. Brasília, DF: Presidência da República, 2001.

Disponível em: https://www.planalto.gov.br/ccivil_03/leis/leis_2001/l10216.htm. Acesso em: 26 abr. 2024.

BRASIL. **Lei n.º 10.708, de 31 de julho de 2003**. Institui o auxílio-reabilitação psicossocial para pacientes acometidos de transtornos mentais egressos de internações. Brasília, DF: Presidência da República, 2003. Disponível em: https://www.planalto.gov.br/ccivil_03/leis/2003/l10.708.htm. Acesso em: 10 maio 2024.

BRASIL. Ministério da Saúde. Gabinete do Ministro. **Portaria GM/MS n.º 3.088, de 23 de dezembro de 2011**. Institui a Rede de Atenção Psicossocial para pessoas com sofrimento ou transtorno mental e com necessidades decorrentes do uso de crack, álcool e outras drogas, no âmbito do Sistema Único de Saúde (SUS). Brasília, DF: MS, 2011. Disponível em: https://bvsms.saude.gov.br/bvs/saudelegis/gm/2011/prt3088_23_12_2011_rep.html. Acesso em: 8 maio 2024.

BRASIL. Ministério da Saúde. Gabinete do Ministro. **Portaria GM/MS n.º 106, de 11 de fevereiro de 2000**. Brasília, DF: MS, 2000. Disponível em:https://bvsms.saude.gov.br/bvs/saudelegis/gm/2017/MatrizesConsolidacao/comum/4437.html. Acesso em: 6 dev. 2025.

BRASIL. Ministério da Saúde. Gabinete do Ministro. **Portaria GM/MS n.º 816, de 30 de abril de 2002**. Brasília, DF: MS, 2002. Disponível em: https://bvsms.saude.gov.br/bvs/saudelegis/gm/2002/prt0816_30_04_2002.html. Acesso em: 6 fev. 2025.

BRASIL. Ministério da Saúde. Gabinete do Ministro. **Portaria GM/MS n.º 1.190, 4 de junho de 2009**. Brasília, DF: MS, 2009. Disponível em: https://bvsms.saude.gov.br/bvs/saudelegis/gm/2009/prt1190_04_06_2009.html. Acesso em: 6 fev. 2025.

BRASIL. Ministério da Saúde. Gabinete do Ministro. **Portaria GM/MS n.º 2840, 29 de dezembro de 2014**. Brasília, DF: MS, 2014. Disponível em: https://bvsms.saude.gov.br/bvs/saudelegis/gm/2014/prt2840_29_12_2014.html. Acesso em: 6 fev. 2025.

BRASIL. Ministério da Saúde. Gabinete do Ministro. **Portaria n.º 336, de 19 de fevereiro de 2002**. Brasília, DF: MS, 2002. Disponível em: http://bvsms.saude.gov.br/bvs/saudelegis/gm/2002/prt0336_19_02_2002.html. Acesso em: 10 maio 2024.

FILHO SILVA, J. F.; LEIBING, A. G. A psiquiatria, sua história e seu futuro no Brasil. **Cadernos IPUB**, Rio de Janeiro, n. 14, p. 13-18, 1999.

LADVOCAT, M. B. **Linguagem Corporal e processo criativo** – Estudo de casos com clientes adultos em Centros Psiquiátricos. 1996. Monografia (Pós-graduação em Educação Psicomotora) – Instituto Brasileiro de Medicina e Reabilitação, 1996.

LEAL, E.; DELGADO, P. G. G. Clínica do Cotidiano: O Caps como dispositivo de desinstitucionalização. *In:* PINHEIRO, R. *et al.* (org.). **Desinstitucionalização na saúde mental**: contribuições para estudos avaliativos. Rio de Janeiro: Abrasco, 2007.

TIKANORY, R. Contratualidade e Reabilitação psicossocial. *In:* PITTA, A. **Reabilitação psicossocial no Brasil**. São Paulo: Editora Hucitec, 1996. p. 55-60.

SARACENO, B. Reabilitação Psicossocial: Uma prática à espera de teoria. *In:* PITTA, A. M. F. **Reabilitação Psicossocial no Brasil**. São Paulo: Editora Hucitec, 2016a. p. 193-198.

CAPÍTULO 11

SÃO PEDRO DA ALDEIA: O MORAR COMO UMA APOSTA DE OCUPAÇÃO DO TERRITÓRIO

Renata Nogueira Antum Gomes

Rosemary Calazans Cypriano

> "*Merece, você merece a personalidade desejada*
> *Seja intenso na sua pirataria.*
> *Seja como você quer, seja melhor.*
> *Que seja melhor o mundo, sem morrer, sem ficar cansado e com os pés descalços.*
> *Merece, você merece alguém para te transformar num monstro ou no que você quer ou no que quiser.*
> *Merece, você merece somente os direitos que você quer ou que desejar [...]*"
> (Everaldy Souza Santos)

Quando pensamos no processo de desinstitucionalização e no progressivo fechamento dos hospitais psiquiátricos, naturalmente já somos convocados a nos debruçar sobre a ampliação da rede substitutiva, a Rede de Atenção Psicossocial (Raps), implementada por meio da Portaria Ministerial GSM n.º 3.088, de 23 de dezembro de 2011.

A "'Desinstitucionalização' significa tratar o sujeito em sua existência e em relação com suas condições concretas de vida. Isto significa não lhe administrar apenas fármacos ou psicoterapias, mas construir possibilidades." (Amarante, 1996, p. 19)

Em conformidade ao modelo da atenção psicossocial, norteado por princípios de base comunitária e territorial, que sustentam o cuidado em liberdade, a ação civil pública para desinstitucionalização do Hospital

Colônia de Rio Bonito (HCRB), foi um potente instrumento para consolidação da política antimanicomial.

A Reforma Psiquiátrica brasileira "não se restringe a uma reforma de serviços, mas sim a um deslocamento do lugar que a loucura ocupou até então" (Amarante, 2012, p. 24).

São Pedro da Aldeia é um município da Região da Baixada Litorânea do estado do Rio de Janeiro. Segundo o último censo populacional, possui 104.029 habitantes (IBGE, 2022). A Ação Civil Pública para o fechamento do HCRB se concretizou no ano de 2016, tendo como pontapé inicial o Censo Psicossocial dos internos no ano de 2010, oportunidade em que se iniciaria a construção do Projeto Terapêutico Singular (PTS) para cada paciente morador do HCRB. O Censo foi a possibilidade de gerar algum tipo de cuidado, para que fosse possível acessar quais seriam os recursos disponíveis nas redes municipais, de forma a construir um percurso para o retorno desses sujeitos tão longamente institucionalizados para os seus municípios de origem.

Em setembro de 2010, por ocasião do Censo Psicossocial, sete internos tinham São Pedro da Aldeia como município de origem. Antes mesmo da Ação Civil Pública instituída em 2012, o processo de desinstitucionalização dos pacientes, moradores desse hospital psiquiátrico, oriundos do município de São Pedro da Aldeia, ocorreu por meio de várias ações, como: visitação sistemática ao HCRB para leitura dos prontuários; diálogo com o técnico plantonista no dia da visitação; articulação com o Hospital para emergências e consultas clínicas para os pacientes no município de origem; fornecimento de medicamentos utilizados pelos pacientes e em falta no hospital; busca ativa dos familiares de cada morador do hospital; marcação de visita dos familiares aos moradores do hospital por meio do Caps; articulação junto ao hospital para licenças de visita domiciliar dos moradores do HCRB; busca de residência no município para instalação do Serviço de Residência Terapêutica (SRT).

Devido a não implantação de um SRT no município de Araruama, foi realizada a pactuação da vinda de um morador desse município, para o SRT de São Pedro da Aldeia, com a intenção de manter o laço afetivo entre dois moradores, sendo eles um homem e uma mulher, pois inclusive um deles estava em fase terminal de câncer.

No início do ano de 2008, foi realizado pelo município o Censo, como forma de atualização para identificar, por meio do histórico de cada morador do HCRB, quantos pacientes seriam elegíveis para a implantação de um SRT no município.

No mês de novembro de 2011, o dispositivo SRT foi inaugurado, ampliando as estratégias de cuidado e dimensionando os conceitos de noção de vida, autonomia e protagonismo dos moradores. Naquela ocasião, foram desinstitucionalizados do HCRB oito moradores elegíveis para essa moradia. Alguns outros pacientes tiveram como indicação o retorno familiar.

Tanto o modelo de moradia (o SRT), quanto a moradia por meio do retorno familiar, traduzem a lógica de uma mudança no modelo de cuidado, que antes tinha o hospital psiquiátrico como única forma de tratamento e aporte à moradia, para um modelo que inclui o território e a participação dos atores sociais que o compõem nessa reconstrução de cidadania e resgate de direitos ora perdidos.

Os hospitais psiquiátricos, segundo Tykanori (1996, p. 56), têm a capacidade de transformar qualquer manifestação de poder (positivo), por parte do paciente, em negatividade pura do sintoma. E por isso que é o lugar de troca zero.

Em contrapartida, o SRT caracteriza-se como um espaço de construção de subjetividade do lugar que podemos dar a cada sujeito lá residente, garantindo a possibilidade de construção de autonomia a partir do convívio diário estabelecido entre os moradores, cuidadores e o território, onde estão inseridos. Por meio dos acontecimentos do dia a dia, os moradores começam a se reconhecer como parte da cidade, de forma potente, tomando para si responsabilidades até mesmo sobre seus corpos, tão negligenciados anteriormente, iniciando uma carreira de subjetivação em vez do lugar de objetivação em que foram colocados durante muitos anos. Dessa forma, tornaram-se sujeitos de si, não mais assujeitados pelo outro, iniciando o protagonismo de suas próprias vidas. Nesse mesmo momento, em que o protagonismo os representa, começam a se apropriar mais intensamente de suas vidas, trazendo para mais perto deles, de forma atualizada, qual noção de vida podem atribuir às suas necessidades e desejos.

Portanto, o SRT, introduzido no âmbito do SUS por meio da Portaria Ministerial GM/MS n.º 106, de 11 de fevereiro de 2000, e as diretrizes para o seu funcionamento são direcionadas por meio da Portaria Ministerial GM/MS n.º 3.090, de 23 de dezembro de 2011. Ambas as portarias estabelecem que os SRTs se configuram como um dos pontos de atenção ao componente da desinstitucionalização, sendo estratégicos no processo de desospitalização e reinserção social de pessoas longamente internadas em hospitais psiquiátricos ou hospitais de custódia e tratamento psiquiátrico.

A implantação dos SRTs como um dos recursos para o processo de desinstitucionalização vem sendo discutida em vários âmbitos, de modo a assegurar que essa alternativa seja a mais adequada possível para auxiliar o morador em seu processo – às vezes difícil – de reintegração à comunidade. É preciso ter sempre em mente que a questão central é a moradia, o morar, o viver na cidade.

Ao conceituarmos a desinstitucionalização, trazemos a noção de que não apenas retiraremos corpos de um ambiente hospitalar, que antes não representavam mais que um pedaço de carne inseridos naquele contexto. A desospitalização por si só, desarticulada do processo de desinstitucionalização reduziria dessa forma os sujeitos a objetos, que até então, circulavam num pátio de um hospital, tornando-os impedidos de ocupar ou mesmo pertencer a um lugar, inclusive à vida de outros sujeitos.

Nesse contexto, trazemos o caso de um morador do HCRB, munícipe de São Pedro da Aldeia, que por mais tempo permaneceu hospitalizado, aproximadamente 12 anos, que aqui chamaremos de R.

R. tinha indicação de transinstitucionalização, sendo considerado o paciente mais grave e, portanto, o paciente mais medicado. Fazia uso de 24 comprimidos por dia. Ele foi internado no HCRB quando tinha 23 anos, devido a uma tentativa de enforcamento de sua mãe. Naquela oportunidade, ainda não existia rede substitutiva às internações psiquiátricas, deixando esse paciente com sofrimento psíquico grave, submetido apenas ao modelo ambulatorial.

Ele teve seu primeiro surto aos 17 anos, quando, curiosamente, usava apenas roupas brancas e alimentava-se somente de folhagens e legumes. O surto ocorreu em seu ambiente de trabalho, quando por vezes se aproximava das pessoas para abençoá-las por meio de orações, dizendo ser Deus, até que em um desses episódios, tentou enforcar um colega de trabalho. Nesta oportunidade, R. foi internado em um leito psiquiátrico no município vizinho, onde nesse tempo residia. Ao sair dessa internação, não retornou mais ao trabalho, passando então a fazer acompanhamento apenas com o psiquiatra de forma ambulatorial.

Durante a infância, R. já apresentava sinais e sintomas de um transtorno mental, demonstrando instabilidade de humor, sendo por vezes muito agressivo. Já na adolescência, apresentou um episódio de fúria socando uma vidraça, e ao ser encaminhado para o pronto socorro, o médico plantonista que o atendeu alertou os familiares que aquele comportamento não era compatível com uma pessoa normal (sic). Ainda na adolescência, demonstrava algumas manias: acumulava objetos, ateando fogo neles de forma recorrente e inclusive sacrificando um animal; expressava mania de perseguição; não gostava de receber pessoas, trancando-se por diversas vezes em sua casa – o que mais tardiamente torna-o recluso e com comportamento agressivo às pessoas de forma geral, incluindo sua mãe. Aos sete anos, segundo relatos de sua irmã, R., junto a seu irmão gêmeo, presenciou o assassinato do irmão mais velho, que também já havia sido internado na Clínica Dr. Eiras, localizada no município de Paracambi, e apresentava envolvimento com drogas. Nota-se que já havia histórico familiar de transtorno mental e internação psiquiátrica.

No período que permaneceu internado no HCRB, com a idade entre 23 e 35 anos, R. fazia algumas saídas programadas à casa da mãe para as festividades de Natal e de seu aniversário. Recebia no hospital visitas dos seus pais e irmãos com pouca regularidade. Quando o município tomou conhecimento do caso, iniciou a convocação mais sistemática de seus familiares, momento em que descobriu que o curador de R., o então irmão gêmeo, não lhe prestava muita assistência e que por vezes, inclusive, se apropriou indevidamente da remuneração referente ao Benefício de Prestação Continuada (BPC) de R., com a justificativa de não ter qualquer tipo de vínculo empregatício que o sustentasse.

Após a convocação dos familiares pelo município, para algumas reuniões no hospital em que era discutido o caso clínico de R., recebemos da equipe técnica a indicação clínica, a qual era unânime, de que ele seria transinstitucionalizado. A alegação de um médico do hospital era a impossibilidade de R. conviver em sociedade. Dessa forma, as justificativas para aquela indicação clínica eram a gravidade do caso de R., a recente morte de sua mãe e um último episódio que aconteceu nas dependências do hospital, quando R. arrebentou uma mangueira de gás na cozinha com a intenção de atear fogo no local, segundo relatos da equipe de tratamento do HCRB. Uma das irmãs de R nos disse que todas as vezes que a família o visitava, ele estava sempre contido no leito, dentro da enfermaria. Por vezes, estava muito sujo, inclusive repleto de fezes, sem que seus cabelos ou barba estivessem cortados. Insta salientar que a família não podia desfrutar da convivência com ele no ambiente fora da enfermaria, durante as visitações, exatamente porque R estava sempre contido ao leito.

É possível notar que não havia qualquer tipo de investimento em R. e pela ótica do hospital, ele estaria condenado a viver institucionalizado, devido a uma inabilidade para qualquer tipo de convívio social, sendo tratado, inclusive, de forma semelhante a um animal.

Os familiares de R. passaram a frequentar as reuniões de familiares no Caps, quando então foi pactuada a vinda dele para o SRT, sustentada em uma fala de que faríamos uma aposta em R. Ainda que o hospital estivesse dando outro decreto, investiríamos na possibilidade de vinculação dele com a vida.

Desde a chegada de R. ao município foi articulado o seu acolhimento no Caps e o seu atendimento pelo médico psiquiatra dessa unidade de saúde mental, oportunidade em que foi reavaliada a quantidade de medicamentos de que fazia uso anteriormente.

Quando R. chegou ao SRT, o suporte familiar era apenas de uma das irmãs, já que o pai não concordava com a saída de R. do hospital, deixando todo o cuidado para essa irmã, que sempre esteve mais à frente de todo o processo de desinstitucionalização. As demais irmãs ainda não tinham se aproximado de R., uma vez que era um consenso o medo que todos tinham dele. R. tinha cinco irmãos, dois deles já falecidos, restando apenas três irmãs, e dessas três, apenas uma delas era a mais atuante.

No SRT, R. era temido pelos demais moradores, assim como pela equipe de profissionais. R. mantinha uma posição reclusa, não interagia com as pessoas que circulavam pela casa, e a pouca interação que ocorria era apenas com um morador que dividia o quarto com ele. R. seguia com a rotina de sua vida, de forma tal que ainda se assemelhava com a rotina vivida no hospital. Fazia negociação com os demais moradores, atravessada pelo escambo, prática manicomial habitual, por meio de café, e fazia questão de gerar algum tipo de distanciamento na relação com o outro, mantendo uma postura que apontava para uma hierarquia entre ele e os demais moradores. Com o tempo, R. foi se permitindo viver pequenas extravagâncias, como ir à rua para comprar seu fumo e beber um café. Essas circunstâncias eram reconhecidas como um ato extravagante, na medida em que ele, há muitos anos, mesmo antes de sua internação, vivia uma vida muito reclusa. Portanto, uma simples saída em direção a padaria era um momento que ao mesmo tempo que o assustava, o trazia de volta à vida. Nesse início, tudo que R. fazia, ele pedia o auxílio de uma das cuidadoras, já que não se sentia seguro para sair de casa desacompanhado, e também porque havia uma necessidade de reconhecimento do espaço em que estava inserido.

Após algum tempo de repetidas saídas da moradia, R. começa a se perceber um pouco mais autônomo, principalmente no que diz respeito à forma como pode investir o seu dinheiro, na medida em que não só descobre como administrar esse recurso, mas também que ele pode fazê-lo adquirir determinadas coisas.

R. tinha um discurso delirante com conteúdos megalomaníacos, em que afirmava ser um rei com sangue azul e de patente alta (sic), com uma grande fortuna depositada em agência bancária, que totalizava 12 bilhões.

Nos momentos em que R. sai de sua moradia, busca adquirir objetos que significam para ele preciosidade, tais como: cordões, pulseiras, pedras e objetos de material dourado ou de bronze. Nessas saídas, R. retirava pedras dos monumentos da praça; retirava também paralelepípedos das ruas, azulejos descartados e localizados nas ruas por onde passava, além de todos os objetos que para ele eram importantes e que viriam a se tornar pedras preciosas.

Se pudermos fazer uma leitura de toda essa busca por pedras preciosas, atravessado pelo delírio de grandeza e pela posição subjetiva, na qual era colocado durante todo o seu período de internação, podemos associar a uma tentativa de R. ocupar um outro lugar que não o de objeto, podendo representar algo importante, precioso. Outra leitura a mais, que é possível, diz respeito à possibilidade de ser visto de forma diferente da anterior, se antes como dejeto, agora, tornando-se semelhante ao que ele adquiriu. E então ao adquirir pedras preciosas, também adquire o status de sujeito precioso.

Durante todo o tempo desde a sua chegada ao município, R. tem apresentado muita resistência em frequentar o Caps, já que afirma que será novamente internado. Até o momento, consegue estabelecer seu vínculo com o Caps, por meio das consultas médicas e também das visitas domiciliares feitas pelos profissionais do Caps ao SRT.

Logo depois de algumas consultas médicas psiquiátricas no Caps, e por meio de observação do quadro de prostração de R., certamente devido ao excesso de medicação administrado até sua saída do hospital, foi avaliada a necessidade de redução de tais medicações, o que ocasionou significativa modificação em seu funcionamento, permitindo maior acesso no seu relacionamento com o outro.

Com o passar do tempo, R. foi ampliando suas saídas e demarcando um território por onde se sente seguro de caminhar, inclusive desacompanhado. Aquelas pequenas extravagâncias anteriores passaram a se tornar ações da vida diária de R. Essa grande conquista garantiu a possibilidade de ocupar um lugar na cidade, ampliando o ambiente, antes restrito apenas ao quarto, para o território. R. hoje sai com os demais moradores acompanhados das cuidadoras para diferentes locais e eventos, demonstrando segurança na relação com o outro de forma tal que consegue se colocar disponível não somente para pertencer a esse lugar, como também incluir o outro em sua vida e sentir-se incluído na vida do outro, deixando para trás a segurança que existia apenas no seu quarto, para se lançar na vida.

Apostando numa autonomia ainda maior de R., foi decidido por ele e seus familiares, com o apoio da gestão do SRT e da gestão do Programa de Saúde Mental do município, que no ano de 2015, ele fosse residir com uma de suas irmãs. Essa experiência durou apenas um ano, devido à dificuldade na convivência familiar, o que ocasionou o seu retorno para o SRT.

A questão da desinstitucionalização trata de algo maior do que apenas retirar um sujeito do hospital psiquiátrico, porque ao retirar esse sujeito do hospício, precisamos garantir que as marcas deixadas pela longa institucionalização sejam substituídas por novas marcas de vida, para que possamos não apenas trocar sua geografia, mas dar-lhe um novo território. Cabia a esse SRT garantir por meio da desinstitucionalização um novo lugar para viver, onde novas experiências pudessem ser construídas e novos desafios pudessem ser alcançados, produzindo trocas preciosas nas relações estabelecidas durante esse viver; diferente das trocas vividas na lógica hospitalocêntrica, onde era o lugar de troca zero. Essa moradia, que pretende superar o modelo asilar, abre uma janela de acesso para a construção de um território subjetivo, ou seja, à medida que o sujeito pode ocupar esse território, torna-se parte dele e passa a viver essa experiência de pertencimento, em que tanto ele faz parte da vida diária desse lugar, como esse lugar o reconhece como parte dele. Esse percurso de construção de subjetividade traz de volta o lugar de sujeito e mais ainda de cidadão, onde a garantia de direitos inclui o direito à vida. Tendo como premissa a possibilidade de circulação e participação de todos os recursos existentes para cada cidadão. Dessa forma, o sujeito é convocado em diferentes esferas a ocupar uma posição que o faça se sentir de fato parte de uma teia social e cultural.

Conforme nos ensina Amarante (2012, p. 9), em seu livro *Saúde Mental e Arte*, é necessário propor uma discussão nos diferentes espaços sociais sobre o conceito de loucura, porque a transformação do lugar social da loucura se dá por meio da cultura. Fica evidente aqui, que não bastava apenas a reorientação de um modelo asilar para um modelo assistencial de base comunitária. Uma vez que um SRT ocupa um território, os seus moradores passam a ocupar e a pertencer a espaços antes não atribuídos ao sujeito louco. Dessa forma, podemos discutir mais amplamente a transformação do lugar social da loucura por meio da ocupação do território onde vive esse sujeito, lançando mão da cultura como recurso. Os então atores sociais (usuários e familiares/moradores), uma vez posicionados, atuariam como atores políticos, que lutam para obtenção e ampliação dos direitos sociais, humanos e políticos. Essa atuação gera mudanças nas relações com a diversidade e alteridade, incidindo de forma cotidiana na relação das pessoas loucas ou não. A arte também é uma forma de acesso à cultura, que produz subjetividade e sentido!

A certeza de que estamos garantindo o lugar de cidadão aos moradores, e não somente a R., é assistirmos tanto ele quanto os outros moradores circulando pela cidade e com acesso garantido a tudo que é direito deles e que um dia, historicamente, lhes foi tirado. Portanto, há a crença de que, por meio desse percurso, enxertamos possibilidades, que vão sendo criadas nesse caminho diário, que só se pode descobrir caminhando. Nessa nova caminhada, são produzidos encontros, que vão marcando a loucura e o enlouquecer de forma diferente, onde a diferença de cada sujeito não precisa ser trancada dentro de um hospital psiquiátrico ou mesmo em um quarto, mas acima de tudo, deve ser tratada, em espaços coletivos, como o território, onde possam habitar todos esses sujeitos, assim como também no lugar onde cada um deles poderá encontrar na vida e na convivência com o outro, onde esse encontro com o outro também lhes importará.

Figura 13 – R.

Fonte: acervo das autoras

Referências

AMARANTE, Paulo *et al*. **Saúde Mental e Arte**: práticas, saberes e debates. São Paulo: Zagodoni, 2012.

AMARANTE, Paulo. **Loucos pela Vida**: A trajetória da Reforma Psiquiátrica no Brasil. Rio de Janeiro: Fiocruz, 2014.

AMARANTE, Paulo. **Os movimentos sociais na Reforma Psiquiátrica**. Rio de Janeiro: Fiocruz, 2012.

AMARANTE, Paulo. **Saúde Mental e atenção psicossocial**. Rio de Janeiro: Fiocruz, 2007.

BRASIL. Ministério da Saúde. Gabinete do Ministro. **Portaria GM/MS n.º 3.090, de 23 de dezembro de 2011.** Altera a Portaria GM/MS nº 106, de 11 de fevereiro de 2000, e dispõe, no âmbito da Rede de Atenção Psicossocial, sobre o repasse de recursos de incentivo de custeio e custeio mensal para implantação e/ou implementação e funcionamento dos Serviços Residenciais Terapêuticos (SRT). Brasília: MS, 2011. Disponível em: https://bvsms.saude.gov.br/bvs/saudelegis/gm/2011/prt3090_23_12_2011_rep.html. Acesso em: 2 jan. 2025.

BRASIL. Ministério da Saúde. Gabinete do Ministro. **Portaria GM/MS n.º 3.088, de 23 de dezembro de 2011**. Institui a Rede de Atenção Psicossocial para pessoas com sofrimento ou transtorno mental e com necessidades decorrentes do uso de crack, álcool e outras drogas, no âmbito do Sistema Único de Saúde (SUS). Brasília, DF: MS, 2011. Disponível em: https://bvsms.saude.gov.br/bvs/saudelegis/gm/2011/prt3088_23_12_2011_rep.html. Acesso em: 8 maio 2024.

BRASIL. Ministério da Saúde. Gabinete do Ministro. **Portaria n.º 336, de 19 de fevereiro de 2002**. Brasília, DF: MS, 2002. Disponível em: http://bvsms.saude.gov.br/bvs/saudelegis/gm/2002/prt0336_19_02_2002.html. Acesso em: 10 maio 2024.

BRASIL. Ministério da Saúde. Secretaria de Atenção à Saúde. Departamento de Ações Programáticas Estratégicas. **Residências Terapêuticas**: o que são, para que servem. Brasília: MS; SAS, 2004. Disponível em: http://www.bvsms.saude.gov.br/bvs/publicacoes/residencias_terapeuticas.pdf. Acesso em: 2 jan. 2025.

DESVIAT, M. **Coabitar a Diferença**: Da Reforma Psiquiátrica à Saúde Mental Coletiva. São Paulo: Zagodoni, 2018.

JORGE, M. A. S. *et al*. **Políticas e Cuidado em Saúde Mental**: Contribuições para a prática profissional. Rio de Janeiro: Fiocruz, 2019.

KINOSHITA, R. T. C.; PITTA, A. M. F. **Contratualidade e reabilitação psicossocial**: Reabilitação Psicossocial no Brasil. São Paulo: Hucitec, 1996.

PALOMBINI, A. L. *et al*. **O cuidado do morar**: Escritas entre trabalhadores de Serviços Residenciais Terapêuticos. Porto Alegre: Rede Unida, 2014.

YASUI, S. **Rupturas e Encontros**: desafios da Reforma Psiquiátrica. Rio de Janeiro: Fiocruz, 2014.

CAPÍTULO 12

O ENCONTRO NO CAMINHO: ARARUAMA E O HOSPITAL COLÔNIA DE RIO BONITO

Andressa de Lacerda Dumarte
Selma A. de Bragança Ferreira

"A vida é a arte do encontro, embora haja tanto desencontro nessa vida."
(Vinicius de Moraes)

Araruama é um município da Baixada Litorânea e tinha cerca de 129.671 habitantes no último censo (IBGE, 2022). No período de intervenção para o fechamento do Hospital Colônia de Rio Bonito (HCRB), havia 15 munícipes de Araruama. Segue o relato de duas profissionais que estiveram e permanecem vivenciando o processo de desinstitucionalização do HCRB nesse município.

O Almeida

Selma A. Bragança Ferreira

Era 29 de julho de 2015, quando saímos com a van do HCRB levando 12 vidas, 12 histórias, inclusive a minha e a da minha parceira de trabalho, a Jú. Saímos rumo à cidade de Araruama, após um intenso ano de trabalho num projeto de desinstitucionalização. Era o momento de abrirmos os portões e construirmos novos capítulos, novas possibilidades de habitar a cidade depois de anos de isolamento, violência e invisibilidade dos "moradores" da colônia.

Lembro-me do quanto aquele lugar me trazia medo, horror e muitas incertezas. Sentia no corpo o mal-estar, as dores e o cheiro dos pavilhões. Sentia a dureza da sujeição, da conduta desumana, hospitalocêntrica e da violência asilar, de uma psiquiatria que se baseava na luta contra o outro, na eliminação.

O hospital estava passando por uma intervenção, o governo do estado e o Ministério Público (MP) decretaram o fechamento devido a diversas denúncias envolvendo a invisibilidade, os maus-tratos, o confinamento e outras violações de direitos às pessoas com transtornos mentais. Havia o prazo de um ano para realizar a saída dos usuários.

A situação era dramática, chegávamos às 7h e já havia uma enorme fila dos usuários para o almoço que era servido às 11h. Eles sabiam que precisavam garantir a alimentação do dia, pois não tinha o suficiente para todos. Eram muitas as expressões da questão social que permeavam a vida dos pacientes.

No decorrer de nossas idas, que não foram fáceis, pude ser afetada por diversas histórias, e uma em especial me atravessou: a do Almeida.

Almeida não tinha história conhecida, o único registro em seu prontuário era: "usuário verbaliza o nome mangueira, sem documento, sem referência familiar". A equipe do hospital não sabia como ele havia chegado ali, não havia registro do seu passado. Ele andava de quatro desde que chegou, não falava, tinha risos imotivados. Interessamo-nos por aquele sujeito que, não diferente dos outros, exemplificava em seu comportamento como se sentia naquele lugar.

Semanalmente, estávamos lá tentando reconstruir a sua história a partir de um novo lugar, um lugar simbólico, com possibilidade de escuta. Perguntávamos de onde veio, do que gostava de fazer, comer e beber e ele, apoiado sobre pés e mãos, nos olhava fixamente e sorria. Com a frequência das visitas, ouvimos sair de sua boca a palavra "mangueira", não sabíamos a que se referia, mas era a única palavra que conseguia verbalizar e que passou a repetir todas as vezes que nos via. Em um dos nossos encontros, desenhamos uma casa e escrevemos "mangueira" e ele acenou com a cabeça como sinal de confirmação. Nesse dia, iniciamos a conversa sobre a possibilidade de saída do hospital, de uma nova casa, agora num lugar chamado Araruama, o sorriso imotivado se tornou pranto e a partir de então, em todos os nossos encontros, ele chorava tanto que ficávamos receosas em falar de sua nova casa.

Pensava no quanto poderia ter afetado o Almeida com o meu desejo de tirá-lo dali, do quanto era difícil o ver chorando por talvez não querer partir. Sentia-me muitas vezes indignada com o seu choro e por vezes precisei me distanciar para refletir que oferecer uma habitação para um sujeito que passou anos numa instituição fechada, não significa que ele possa tomá-la como sua, que era preciso um trabalho de construção singular, buscando favorecer a apropriação de seu espaço de moradia, e isso sem dúvida foi extremamente desafiador.

Tínhamos um encontro marcado todas as segundas-feiras. Levávamos lanches, fotos da cidade. Ele olhava as fotos sem muito interesse, comia com a gente e retornava ao seu quarto. Foram diversos encontros assim!

Depois de muitas tentativas de aproximação, faltando poucas visitas para a saída dos usuários, um dos técnicos de enfermagem nos falou que o Almeida gostava de ouvir pagode, que percebia sua felicidade quando ouvia músicas da época em que participava da oficina terapêutica. Levamos um rádio, um CD de pagode, um biscoito de goiabinha, o seu preferido. Sentamo-nos no pátio, e ouvimos juntos a música. Almeida verbalizou muitas vezes naquele dia a palavra "mangueira". Agora sabíamos que se tratava de uma casa, de uma localização, talvez tenha sido ali o seu lugar de ancoragem.

Chegou o dia da partida. Sentia-me aliviada por saber que nunca mais voltaria àquele lugar, que aquelas pessoas seriam finalmente "livres". Todos pareciam muito felizes, mas o Almeida trancou-se no quarto, não quis nos receber. Entendemos que ele precisava de um tempo. Era uma grande despedida, o hospital estava em festa!

Almeida foi o último a sair e atravessou lentamente o imenso pátio. Quando cruzou o portão, olhou para trás e, com muita dificuldade, entrou na van. Por uma hora e meia, eu, que me sentei ao lado dele, vi suas lágrimas que insistiam em cair e o seu olhar fixo para fora, enquanto todos falavam demasiadamente, numa grande euforia. Eu, que não fazia ideia do que era aquele momento para o Almeida, também chorei e emudeci. O trabalho com Almeida caminhou, muitas vezes, no sentido de inserir o simbólico, o indizível, onde não havia palavra.

Finalmente chegamos à nossa nova casa. Digo nossa, porque era ali onde eu também aprenderia um novo modo de habitar, de conviver, naquela casa azul. Todos desceram ansiosos, agitados, e o Almeida? Imaginei: "Ele não vai querer descer! Como faremos? Voltaremos com ele para o hospício?". Precisava naquele momento lidar com as intercorrências e as surpresas que poderiam se desvelar.

Chamei-o para descer, estendi minhas mãos para auxiliá-lo, mas ele recusou. Com muita dificuldade, mas sozinho, Almeida desce erguido, sem ajuda, caminhando, com seu peito estufado, acertando os passos, pois já havia mais de 20 anos que usava o apoio das mãos para se locomover, e me disse: "casa"!

Nós, que passamos dias e noites afora discutindo sobre como lidar com Almeida, sobre a dificuldade em se manter na cidade andando sobre mãos e pés, presenciamos aquele momento aturdidos. Naquele momento, era ele que nos dizia, ao se erguer, que era capaz de criticar sua concepção de mundo, sua ação, e participar ativamente da construção do seu próprio destino.

Foi necessário apostar e saber lidar com a falta de saber e se colocar na posição de aluno, de secretário e de acompanhante diante do manejo com Almeida.

Possibilidades da construção do morar em SRTs: fragmento clínico Sueli "A Menininha Ruiva"

Andressa de Lacerda Dumarte

> *"Imagine-se agora um homem a quem são tirados, junto a seus entes queridos, sua casa, seus costumes, suas vestes, tudo enfim, literalmente tudo o que possui: será um homem vazio, reduzido a sofrimento e carência, alheio a dignidade e ao discernimento; pois a quem tudo perdeu, facilmente ocorre perder a si mesmo.".*
> (P. Levi, *Se este é um homem*)

O interesse por esse trabalho é resultado de algumas experiências ao longo de meu percurso acadêmico e profissional com a clínica da psicose em dispositivos públicos de saúde mental no Rio de Janeiro e em sua Baixada Litorânea, no município de Araruama. Detenho-me a apresentar neste capítulo o recorte de um fragmento clínico, na tentativa de poder transmitir sobre a clínica que vigora nos SRTs, assim como sua posição paradoxal entre casa e serviço. Este texto foi escrito em consonância com minha dissertação de mestrado na Universidade Estadual do Rio de Janeiro

(UERJ), encerrada em 2021, na mesma época em que também encerrei minha passagem pelos SRTs, após seis anos de percurso nesse serviço.

Os SRTs são moradias localizadas no espaço urbano, destinados, principalmente, a egressos de longas internações em hospitais psiquiátricos (mínimo de dois anos ininterruptos). Os esforços para sua implantação datam do início dos anos 2000. A primeira delas foi a Portaria GM/MS n.º 106/2000, que criou os SRTs. Poderíamos dizer então que os SRTs são a marca de uma resposta social, advinda da Reforma Psiquiátrica. A lógica radical da exclusão dos manicômios, porém, antes materializada em um local feito de paredes e tijolos, ainda vigora, e os desafios do trabalho em um SRT são vastos.

Eles são espaços de apostas junto aos moradores; de novas possibilidades de vida; e nesse sentido é preciso estar atento às sutilezas que o cotidiano da casa produz. Elevar atos que podem parecer despretensiosos a fatos clínicos importantíssimos faz parte da direção de trabalho do profissional do SRT. Porém, essa direção só é possível a partir de um trabalho descentralizado, construído no coletivo, entre vários profissionais, entre múltiplos olhares de trabalhadores da saúde mental, como defende a Reforma Psiquiátrica, tão ameaçada em nossos tempos. Considerando o uso abusivo dos psicofármacos e da proliferação diagnóstica leviana de transtornos psiquiátricos com a concomitante medicalização e patologização da vida e a expansão das comunidades terapêuticas religiosas, observamos uma escalada de novas roupagens de faces da lógica manicomial.

Contar histórias de sujeitos que permaneceram por anos em instituições asilares, mas que tiveram a chance de recontar sua história em outros espaços em vida, revela a força do trabalho da desinstitucionalização e mantém em nosso horizonte o compromisso com a Reforma Psiquiátrica. Contaremos a seguir a história de uma moradora de um SRT que viveu boa parte de sua vida em um Hospital Colônia, mas que teve a oportunidade de reinventar sua história longe dos muros do manicômio, regida pela lógica do cuidado em liberdade. Todos os nomes usados no texto a seguir são fictícios.

A chegada no SRT

Sueli era um caso de desinstitucionalização, discutido em várias reuniões de equipe no Caps do Rio de Janeiro na Baixada Litorânea. Quando se iniciou o trabalho de desinstitucionalização dessa moradora, pairava no ar um clima de tensão. A equipe de desinstitucionalização presenciava e escutava dos profissionais do Hospital Colônia uma coletânea de histórias de extrema violência: agressões físicas, quebra de mobiliário, urinava e evacuava em qualquer espaço. Sueli vivia isolada a maior parte do tempo e com severa supervisão, no Hospital Colônia.

Entendemos como uma das funções mais interessantes e imprescindíveis na perspectiva da saúde mental e atenção psicossocial justamente a construção e resgate de histórias e outras possibilidades de vida fora do enclausuramentos dos manicômios. Muitas vezes, a história do sujeito se perde ao longo dos anos nas instituições de longa permanência. Perde-se a história, perde-se a singularidade, o sujeito vira objeto. Na contramão dessa perspectiva, uma das direções de trabalho da equipe do SRT em continuidade com o Caps, é a dimensão dessa construção histórica, em que se entrelaçam passado e presente. Trabalho esse já iniciado com a equipe de desinstitucionalização, no Hospital Colônia. Destaco aqui que esse trabalho da desinstitucionalização não é prescrito, não tem tempo, mas tem direção. Profissionais da desinstitucionalização lutam todos os dias pela mudança da lógica manicomial, são agenciadores de um novo discurso: o da inclusão da diferença no seio social, defendendo um movimento civilizatório. Todos os profissionais da atenção psicossocial são, portanto, trabalhadores da desinstitucionalização.

Sueli havia perdido a mãe durante a adolescência, quando teve seu primeiro surto. A irmã mais velha (único familiar que visitava Sueli) conta que ela era brincalhona, bonita e tinha um bom rendimento no colégio. Após a morte da mãe não conseguiu mais estudar, ficou agressiva e com comportamentos bizarros. Por decisão do pai, Sueli foi morar na casa de alguns parentes em outra cidade. Entre idas e vindas da casa de parentes, Sueli iniciou internações psiquiátricas. A nosso pedido, a irmã traz para a RT fotos de Sueli quando jovem com a família e compartilha com equipe e com a própria Sueli, que sorri ao observar as fotografias. Porém, nos interessava também a possibilidade da construção da história de Sueli a partir de seu protagonismo.

Um primeiro momento: o que é a liberdade?

No primeiro dia de Sueli na RT, ela avisou a um cuidador que iria urinar no chão, "eu vou mijar no chão, porque eu faço assim". O cuidador informou que agora ela tinha um banheiro ao lado de seu quarto e que poderia urinar ali, quando quisesse. E assim ela o fez, sem dificuldades. Perguntamo-nos se esse já não seria um efeito da própria casa.

Percebemos que Sueli demandava cigarros a todo momento. Por conta de um comprometimento no pulmão, auxiliávamos a moradora com certa quantidade de cigarros por dia e tentamos, junto a ela, diversas maneiras de manejo. Quando os cigarros acabavam, ela entrava no quarto de outros moradores e era agressiva para conseguir mais. A equipe de cuidadores passava o dia acompanhando Sueli onde quer que ela fosse. Geralmente, ela estava na cozinha, tentando comer tudo que visse dentro da geladeira, ou no quarto de outros moradores, procurando cigarros. Foi preciso um trabalho com os cuidadores para que eles pudessem deixá-la mais à vontade. As complicações clínicas, como a diabetes e o enfisema pulmonar, preocupavam a todos. Sueli também havia perdido a visão de um olho, desde o Hospital Colônia.

No Caps, Sueli buscava cigarros ou café a todo momento e era agressiva com usuários e técnicos. Porém, algumas estratégias foram pensadas, tais como: multiplicar pontos de vínculo e cuidado e deixar o cigarro de Sueli com algum técnico específico do dia, para que ele fosse, ao longo do dia, lhe oferecendo. Mas isso não funcionou, pois, segundo a equipe, ela se colocava atrás do detentor do cigarro, sem barreiras e com agressividade.

Outra estratégia surgiu a partir da ideia de uma cuidadora. Sueli passou a levar sua própria garrafa com café. Assim ela poderia ir tomando, enquanto estivesse no Caps, por conta própria. Essa ideia teve maior efetividade. Em um segundo momento, seu projeto terapêutico foi repensado e passaram a ser realizadas visitas e passeios no território com sua técnica de referência do Caps, junto à equipe da RT.

O trabalho no território aconteceu aos poucos e com muita cautela. Inicialmente, a equipe apostou em pequenas caminhadas no bairro, em lanchonetes próximas ou até mesmo a permanência no portão da RT, observando a vizinhança passar. Eram práticas que Sueli sugeria. Percebeu-se que, geralmente, em espaços públicos de intensa circulação como em um mercado, uma rodoviária ou uma festa, Sueli se desorganizava. Queria beber e comer compulsivamente, gritava, sentia-se perseguida pela equipe e passava a agredir as pessoas. Era preciso traçar, anteriormente, combinados para os passeios e com frequência, estes não faziam efeito.

Após algum tempo residindo na RT, Sueli passou a falar um pouco mais e perguntar sobre o pai. Ela se referia a ele com nome e sobrenome, Juliano Nóbrega. A irmã, que a visitava com frequência, contou que seu pai havia falecido na época em que Sueli estava internada no Hospital Colônia, mas que optou por não contar a ela, com medo de que "surtasse". A técnica de referência, junto a equipe da RT, apostou então em visitas na casa dessa irmã. A partir daí alguns locais passaram a ser costumeiros em passeios, tais como: a casa da irmã, a lagoa e uma lanchonete. Antes dessa aposta se concretizar, Sueli dizia que queria ver o mar, mas que não queria voltar, pois lá era sua liberdade, assim como na casa da irmã. Fato que fez com que a equipe recuasse, diversas vezes, do projeto de suas saídas. Ela repetia que só faria esses passeios sozinha, não queria que a acompanhassem, pois ela queria a sua liberdade "se não for sozinha, não quero sair". Quando a equipe perguntava o que era liberdade, ela dizia que era o mar ou a lagoa.

Na RT existem moradores com indicações para saídas desacompanhadas. Sueli, que era curatelada pela irmã, não tinha indicação para tal. Além dos comprometimentos físicos, havia um consenso, discutido em equipe, de que Sueli não tinha condições de se orientar e circular sozinha pelo território, uma vez que se colocava em risco, e nesse caso, os passeios seriam sempre acompanhados. Por outro lado, curiosamente, certa vez, um cuidador havia esquecido o portão do SRT aberto, à noite. Sueli saiu sem que ninguém visse e caminhou até um bairro vizinho. Uma pessoa que estava saindo de um culto em uma igreja evangélica a viu e percebeu que estava perdida. As pessoas na comunidade foram se comunicando e conseguiram entender que ela morava no SRT, mas não sabiam ao certo onde ficava. Um senhor que a viu na rua ofereceu carona e perguntou onde Sueli morava, de modo que ela foi explicando, não sem dificuldades, como chegar ao SRT. Apesar de Sueli repetir que queria sua liberdade fora do SRT, talvez esse fato fosse o indicativo de um ponto de ancoragem nesse espaço.

Um outro fato importante foi analisado pela equipe como um apaziguador da agressividade de Sueli, que durante um tempo pareceu mais exacerbada. Descobriu-se que, no início do segundo ano desde a inauguração do SRT, um cuidador novo da equipe agredia fisicamente vários moradores. Fato que foi deflagrado após a fala de um morador, no Caps, de que um cuidador estaria batendo nele. Sueli era uma das moradoras agredidas. Os moradores que sofreram as agressões eram os ditos mais "dependentes" e vulneráveis. Acreditamos que foi a partir do próprio efeito do SRT, de dar lugar a fala dos moradores, que eles, ditos mais "comprometidos" ou "dependentes", puderam falar sobre as agressões. Após a demissão desse funcionário, Sueli ainda perguntava, com desconfiança, se ele iria voltar.

Esse acontecimento corrobora com a ideia tão difundida entre os serviços de atenção psicossocial de que o manicômio não se encerra em seu fechamento ou com a derrubada de seus muros. O trabalho é simbólico, discursivo, cultural e político diante das práticas excludentes e perversas da lógica manicomial. Sueli experimentou o manicômio dentro da RT e, ainda que as coordenações tivessem tomado medidas legais de denúncia e demissão de outros funcionários envolvidos além do agressor, o trabalho com Sueli estava ameaçado de ser desconstruído. Várias conversas foram feitas com moradores, acerca desse ocorrido. Alguns egressos de manicômio judiciário disseram *"ah, ela apronta pra caramba, tinha que apanhar mesmo"*. Muitos moradores pareciam acostumados com a violência, como algo banal. Perguntamo-nos se seriam os efeitos de anos de institucionalização em manicômios. Porém, é fato que a violência contra usuários de saúde mental se perpetua mesmo fora dessas instituições ou espaço físico, uma vez que o manicômio se constitui enquanto uma lógica.

A "menininha ruiva" que não queria ser pedra

Decorrido algum tempo após esse fato, iniciou-se o trabalho das saídas de Sueli para locais mais distantes, como a lagoa. Uma cuidadora de referência a ensinou a fazer café. Sueli começou a falar mais. Os cuidadores estimulavam as conversas, e ela passou a contar sobre os dias de serviço de cuidadores, de suas predileções por certos profissionais e fazia sugestão de trocas de equipe. Ela dizia: *"o cuidador João é muito bonzinho, coloque ele pra trabalhar com a cuidadora Luana que é igual a ele também"*. Ou perguntava: *"Quem é que vem trabalhar amanhã? É fulano?"*. Ela sempre sabia sobre os dias das duplas de cuidadores plantonistas.

As saídas com Sueli exigiam mediação cuidadosa. Certa vez, ela se recusou a voltar da casa da irmã. Quando recebeu a negativa de permanecer ali pela técnica, recusou-se a continuar a ser atendida por ela. A retomada desse vínculo durou meses. A irmã idosa que a visitava desde o Hospital Colônia, apesar de curadora, não tinha condições físicas ou psíquicas de cuidar de Sueli e isso era dito a ela. Nessa mesma época, iniciou intensa produção delirante. Inicialmente, eram histórias de muito horror, como: *"o cuidador tal vai me transformar em pó, depois de transformar todos aqui"*, *"colocaram vômito no meu café"* ou *"colocaram um sapo no meu café"*, esbravejando *"foi meu irmão João!"* e jogando todo o café fora. Certa vez, quando me contava sobre ser transformada em pó, exigia que eu respondesse sobre, e exclamou: *"Você não entende nada! Você não entende minha linguagem!"*. Sueli denuncia justamente a partir de sua fala, seu uso particular da linguagem. É a partir desse uso que se pode encontrar o que há de mais singular nos sujeitos e os recursos que esses se valem para construção de espaços de vida e de um lar, assim como a maneira de fazer laço com o social.

Quando Sueli passou a contar suas histórias, uma delas passou a se repetir com mais frequência. Ela dizia: *"lá no céu tinha uma menina que era uma pedra, mas ela não queria ser pedra, porque o sapo pula na pedra. Jesus Cristo então a transformou em menina na Terra, colocando na barriga de Angela Nóbrega, esposa de Juliano Nóbrega, aí ela saiu do buraco dela e virou a menininha ruiva"*. A partir daí, Sueli contava histórias da "menininha ruiva", como as escolas onde estudou, as pessoas que conheceu, citava nomes e dava detalhes de acontecimentos. As histórias de Sueli surpreenderam e empolgaram a equipe. Os cuidadores queriam ouvi-la e traziam novidades sobre suas falas nas reuniões de equipe, como certa vez, em que uma técnica de enfermagem da casa procurou-me para perguntar: *"A Sueli está contando a vida dela através da história da menininha ruiva, não é?"*.

Sueli não queria ser pedra, ela trabalhou sua reconstrução de mundo por meio de suas histórias. Com sua linguagem incompreendida, deu vida à "menininha ruiva" que foi enviada dos céus por Jesus Cristo, e queria ser livre e morar na praia.

A agressividade de Sueli agora se manifestava com pouquíssima frequência. Inclusive, ela passou a demonstrar afeto pelos cuidadores e moradores, dar abraços, pedir para pintar suas unhas, escolhia seus modelos de vestido, pedia para tirar fotos. Alguns moradores passaram a querer auxiliar no cuidado com ela. Certa vez, Sueli pediu para visitar a casa de certos cuidadores, para tomar um café.

A equipe notou que Sueli chamava um antigo psiquiatra do Caps de Elton John e, assim que foi instalada uma TV com internet na casa, um cuidador perguntou se ela queria assistir algo e ela pediu para ver "filme de Jesus Cristo" e shows do Elton John. Sueli permanecia horas assistindo as apresentações desse cantor, coisa incomum, já que ela circulava na casa durante todo o dia, ou em busca de cigarros e café, ou abrindo a geladeira, para comer e beber o que pudesse. Em conversa com uma cuidadora, afirmou que seu pai, Juliano Nóbrega, adorava escutar Elton John, e pediu para ouvir a canção "Skyline Pigeon", cantando corretamente vários trechos. É interessante notar que, apesar de Sueli não ter um estudo da língua inglesa, essa canção trata justamente do tema da liberdade, palavra que ela usava constantemente: "quero minha liberdade" ou "vou pra minha liberdade". A música de Elton John faz parte de seu álbum chamado "Empty Sky" e foi difundida popularmente por meio de sua versão inteiramente no piano, em 1973. Destaco aqui um trecho da tradução da letra para o português:

Me solte de suas mãos
Deixe-me voar para terras distantes
Sobre campos verdes, árvores e montanhas
Flores e fontes florestais
Casa ao longo das pistas da passagem aérea
Por este quarto escuro e solitário
Projeta uma sombra lançada na escuridão
E meus olhos são espelhos
Do mundo lá fora
Pensando nos caminhos
Que o vento pode virar a maré
E essas sombras se transformam
De roxo para cinza
Por apenas um pombo do horizonte
Sonhando com o aberto
Esperando o dia
Que ele pode abrir suas asas
E voar para longe novamente

Voe para longe, pombo do horizonte
Em direção aos sonhos
Você deixou muito para trás.

Fonte: https://www.lyricfind.com/.
Compositores: Bernie Taupin / Elton John
Letras de Skyline Pigeon © Universal Music Publishing Group

Os paradoxos trágicos do SRT

Sueli faleceu em 2021. Sua morte foi decorrente de um pico hiperglicêmico, após ter ingerido quase um litro de extrato concentrado de guaraná, que estava na geladeira. Ela o fez sem que nenhum cuidador da casa percebesse, escondeu a embalagem vazia e começou a passar mal durante a tarde. Apesar de ter sido levada para a emergência, ela não resistiu.

Tragicamente, o extrato de guaraná que estava na geladeira, junto a outros concentrados de sucos, ao acesso de todos os moradores, era resultado de um trabalho em andamento na casa, que tinha o objetivo de estimular que os moradores escolhessem e fizessem seu próprio suco. Isso acontecia há meses. Sueli também participava da feitura de sucos e café. Esse fato revela um dos paradoxos do SRT. Perguntamo-nos como, ou em que, o acompanhamento de um morador pode atrapalhar ou facilitar o acompanhamento de outro. Considerando que esses moradores dividem a mesma casa, é um desafio cotidiano manejar a delicadeza das várias singularidades em uma instituição que se propõe casa. As perguntas que devem ficar em nossa rotina são, portanto, como tornar o SRT uma casa para cada morador, sem colocá-lo em risco, e como adaptá-la para que não se distancie da característica de seu projeto.

Neste caso, a dimensão do cuidado aponta para os riscos que o próprio funcionamento da casa pode oferecer, ainda que esses sejam inerentes à vida e ao morar. Apostaria dizer que o maior desafio do SRT está justamente no manejo da construção do território da casa, da clínica do cotidiano na própria casa, clínica dos compassos cotidianos, observados nos conflitos entre os moradores e sua relação com o território onde o dentro e o fora da casa se entrelaçam.

Ao tomarmos o exemplo de Sueli, observamos a passagem de um lugar de extrema agressividade que se expressava na convivência tanto com a equipe quanto com os moradores, para um segundo momento, em que há uma nomeação, "a menininha ruiva", e é partir dela que Sueli pode contar suas histórias. Talvez, a mediação simbólica, como efeito dessa nomeação, tenha tornado as vivências delirantes de Sueli menos invasivas, possibilitando a própria inserção social, a criação de um espaço e de uma convivência mais regulada, menos invasiva, mais habitável.

As elaborações desse trabalho apostam que, a partir do encontro com um dispositivo de moradia, seus profissionais e o território, é possível pensar em efeitos de construção de um espaço, uma ancoragem, uma morada, um lugar, ainda que vacilante, para habitar.

Uma casa pode se estabelecer até onde não se imagina, como em um presídio ou em um manicômio, local em que a lógica vigente propõe a regulação forçada, a exclusão e o apagamento da subjetividade, tomando seus moradores como objetos. Entender esse ponto inicial, ou seja, que o morar pode acontecer em qualquer espaço, foi fundamental para marcar o que de fato diferencia o trabalho das RTs, um serviço que tem como proposta ser casa. E para saber o que é ser casa, é preciso disponibilidade de escuta e acompanhamento. O SRT é o lugar que se propõe a favorecer esse processo de construção, o que não ocorre em um hospício. Em outras palavras, ele tem na sua base fundadora o objetivo de ser casa, uma casa dentro de várias casas, uma vez que, para cada morador, há uma construção singular do espaço de moradia.

A construção de um espaço que se possa chamar de casa, de lar, de habitação, de morar ou de qualquer outro nome, depende de um processo singular que não é dado instantaneamente. É preciso um tempo. Tempo este que tem a ver com o próprio sujeito.

SOBRE OS/AS ORGANIZADORES/AS

Renata Almeida Martins
Mestre em Atenção Psicossocial pelo Ipub/UFRJ. Especialista em Saúde Pública (Fiocruz); Atenção Psicossocial de crianças e adolescentes (UFRJ); e Gestão em Recursos Humanos (UFF). Psicóloga, com experiência de mais de 10 anos em gestão de saúde mental nos municípios de Silva Jardim e Rio Bonito. Supervisora Clínico-Institucional do Caps II de Rio Bonito e Itaboraí. Docente no curso de Psicologia na Universidade Veiga de Almeida. Analista Junguiana em formação.
Orcid: 0000-0001-5999-3156

Luiza Helena Aurelio Dias
Graduada em Psicologia pela Universidade Gama Filho (UGF). Especialista em Saúde Mental pela Universidade Federal Fluminense (UFF). Coordenadora da Emergência Psiquiátrica no Pronto Socorro de Alcântara no município de São Gonçalo (RJ, 2008-2012). Supervisora Clínica da Equipe Multidisciplinar e Integrante da Equipe Gestora na Ação de Fechamento do Hospital Colônia de Rio Bonito (2012-2016). Apoiadora Técnica na Área Técnica de Saúde Mental da SES-RJ (2016-2018).
Orcid: 0009-0009-8239-2338

Carlos Eduardo de Moraes Honorato
Doutor em Saúde Coletiva pelo IMS/UERJ. Médico Psiquiatra. Apoiador Regional da Coordenação de Atenção Psicossocial da SES-RJ, Integrante da Equipe de Planejamento e Coordenação na Ação de Fechamento do Hospital Colônia de Rio Bonito.
Orcid: 0000-0003-4740-9367

Maria Thereza Santos

Graduada em Psicologia pela Universidade Gama Filho (UGF). Especialista em Psicologia Hospitalar; Psiquiatria Social (ENSP/Fiocruz); Teorias e Práticas Psicológicas em Instituições Públicas (UFF); e Gestão de Sistemas e Serviços de Saúde (Unicamp). Foi psicóloga da SES-RJ (1990-2018), na área de saúde mental; apoiadora regional para as áreas técnicas municipais de saúde mental (2001-2014), exercendo atividades como supervisão, acompanhamento e assessoramento; gerente estadual de saúde mental (2014-2018), trabalhando para implantação e implementação das Redes de Atenção Psicossocial do Estado, em atividades de educação permanente para os profissionais da Raps, bem como para o fechamento dos manicômios sediados no estado e na desinstitucionalização dos internos. Integrante da Equipe de Planejamento e Coordenação na Ação de Fechamento do HCRB.

Orcid: 0009-0008-5598-8534

Vagner Marins Barcelos

Doutorando em Ciências do Cuidado em Saúde pela Escola de Enfermagem Aurora de Afonso Costa da Universidade Federal Fluminense (UFF). Mestre em Enfermagem Assistencial pela Escola de Enfermagem Aurora de Afonso Costa da UFF. Pós-graduação em Psiquiatria e atenção psicossocial pela UniRedentor e gestão em serviços de saúde mental pela Ucam. Enfermeiro, com experiência em gestão de saúde mental nos municípios de Carapebus e Rio Bonito. Atualmente é coordenador de saúde mental do município de Carapebus, enfermeiro assistencial na UPA de Rio das Ostras e docente no curso de Enfermagem no Centro Universitário Anhanguera de Niterói.

Orcid: 0000-0002-2826-1996

Marcos Argôlo

Médico Psiquiatra. Coordenador da Equipe Gestora na Ação de Fechamento do Hospital Colônia de Rio Bonito. Atualmente é Professor responsável pelo Módulo de Saúde Mental do Carmo pelo Curso de Medicina do Centro Universitário Serra dos Órgãos (Unifeso).

Orcid: 0009-0002-6813-6345

SOBRE OS/AS AUTORES/AS

Ana Regina de Souza Gomes
Graduada em Psicologia pela Universidade Federal do Rio de Janeiro (UFRJ). Psicóloga Hospitalar na Equipe de Saúde Mental no Hospital Municipal Lourenço Jorge (RJ). Profissional na Equipe de Saúde Mental da SES-RJ. Atualmente atua em consultório.
Orcid: 0009-0004-1118-9280

Andréa de Barros Gomes
Graduada em Psicologia pela Universidade Federal do Rio de Janeiro (UFRJ). Especialista em Atenção Psicossocial na Infância e Adolescência, pela UFRJ. Especialista em Psicologia Jurídica pela Universidade Cândido Mendes-RJ. Psicóloga efetiva no município de Silva Jardim com experiência em saúde mental e coordenação do Serviço Residencial Terapêutico. Coordenadora da Rede de Cuidado à Pessoa com Deficiência. Psicóloga do Caps Dr. José Gomes Lila.
Orcid: 0009-0007-3522-8602

Andressa de Lacerda Dumarde
Graduação em Psicologia pela Universidade Federal Fluminense (UFF). Mestrado Acadêmico em Psicanálise Clínica e Pesquisa pela Universidade Estadual do Rio de Janeiro (UERJ). Especialização em Psicanálise, Clínica e Instituições pela Universidade Veiga de Almeida (UVA). Psicóloga efetiva da Prefeitura do município de Araruama, Psicanalista, membro do Fórum do Campo Lacaniano Região dos Lagos. Atualmente é psicóloga no Caps II de Araruama.
Orcid: 0000-0002-2446-3240

Cátia Maria Azevedo da Conceição

Graduação em Psicologia pela Universidade Federal Fluminense (UFF). Pós-graduação em Atendimento à criança e adolescente vítimas de violência doméstica pela PUC-Rio, Atualmente é psicóloga efetiva da prefeitura municipal de Rio Bonito e coordenadora do Centro de Atenção Psicossocial Infantojuvenil Dr. Joaquim dos Reis Pereira (CAPSi Alcântara).

Orcid: 0009-0002-0694-1576

Cláudia Gonçalves Andrade de Brito

Graduada em Enfermagem na Universidade Católica de Petrópolis (UCP). Especialista em Saúde Pública com ênfase em PSF na Universidade Federal Fluminense (UFF). Enfermeira obstétrica, atualmente servidora efetiva da Prefeitura Municipal de Rio Bonito.

Orcid: 0009-0002-9224-1567

Edna Francisca da Silva Basto

Graduada em Psicologia pelas Faculdades Integradas Maria Thereza (Famath). Mestre em Atenção Psicossocial pelo Ipub/UFRJ. Especialista em Micropolítica e Gestão do Trabalho em Saúde e em Gestão em Saúde Pública, ambos pela Universidade Federal Fluminense (UFF). Atualmente, é superintendente de atenção psicossocial da Femar, da Secretaria Municipal de Saúde do município de Maricá.

Orcid: 0009-0005-7749-5034

Ester Soares Alves Ximenes

Graduada em Psicologia pelas Faculdades Integradas Maria Thereza. Pós-graduada em Gestão de saúde mental e Psicopedagogia. Esteve na Coordenação da saúde mental do município de Rio Bonito. Atualmente coordena a área de saúde mental na Primá Qualitá saúde, abrangendo nove municípios do Rio de Janeiro.

Orcid: 0009-0006-9386-7720

Guilherme Manhães Ribeiro
Graduado em Psicologia pelas Faculdades Integradas Maria Thereza. Especialista em Gestão da Atenção Básica e Promoção do Desenvolvimento Social (ENSP/Fiocruz); em Saúde Mental (AVM). Atualmente é coordenador de saúde mental de Itaboraí, supervisor clínico-institucional do Caps AD de Maricá, supervisor clínico-institucional do CAPSi de Maricá, e supervisor clínico-institucional do Caps III de Maricá.
Orcid: 0009-0000-2244-708X

Jorge Vieira
Graduação em Psicologia pela Universidade Gama Filho. Especialização em Saúde Mental (NUPPSAM-Ipub/UFRJ). Atuou como coordenador de Saúde Mental nos municípios de Niterói, São Gonçalo e Paracambi com participação direta nos processos de desinstitucionalização da Casa de Saúde Dr. Eiras, Hospital Paracambi, Clínica Sta. Catarina e N. Sra. das Vitórias.
Orcid: 0009-0000-9273-2628

José Atayde Bezerra
Graduado em Psicologia pela UniVerso. Atualmente é acompanhante domiciliar; psicólogo clínico no Espaço Terapêutico Integrar-Maricá; psicólogo voluntário na Paróquia Nossa Senhora de Fátima Pendotiba Niterói; psicólogo do Núcleo de Apoio Psicopedagógico (NAPp) da UniVassouras campus Maricá; psicólogo do Projeto "Caminhos da Resiliência", desenvolvendo rodas de conversas com famílias atípicas pela Coordenação de Saúde Mental de Itaboraí.
Orcid: 0009-0001-1446-0927

José Jacinto dos Santos
Pós-graduado em Dependência Química pela Universidade Estácio de Sá. Atualmente, é médico psiquiatra, sendo servidor público como médico assistente, no Caps Casa do Largo em Niterói, e como médico assistente no Ambulatório de Saúde Mental na Policlínica de Piratininga.
Orcid: 0009-0002-6196-4295

Juliana Marina de Campos

Graduação pela Universidade Federal Fluminense (UFF). Especialização em Trabalho Social com Famílias; Saúde Mental; e Dependência Química. Atualmente, é assistente social concursada no município de Rio Bonito e coordenadora do Serviço Residencial Terapêutico no município de Rio Bonito.

Orcid: 0009-0009-6222-9955

Renata Nogueira Antum Gomes

Graduada em Psicologia pela Faculdades Integradas Maria Thereza (Famath). Pós-graduada em Fundamentos da Clínica Psicanalítica pelo Instituto Helena Antipoff; e em Saúde Mental e Atenção Psicossocial pela Universidade Estácio de Sá (Unesa). Tem experiência na gestão do Programa de Saúde Mental, na equipe técnica e na coordenação de Caps II da Região da Baixada Litorânea. Atualmente é coordenadora do Serviço Residencial Terapêutico do município de São Pedro da Aldeia.

Orcid: 0009-0001-7930-8432

Roberta Fernandes Eiras

Pós-graduada em Atenção psicossocial à Criança e adolescente (Ipub/UFRJ). Psicanalista participante do Campo Lacaniano Rede Diagonal de Niterói. Psicóloga na implementação do Caps Dr. Cléber Paixão de Rio Bonito, tendo sido coordenadora técnica da instituição por oito anos.

Orcid: 0009-0003-8213-2882

Rosane Mendes de Mello Tinoco

Pós-graduada em Fundamentos da Clínica Psicanalítica (IBMR); Neuropsicologia (Famath); e Atenção Psicossocial da Criança e do Adolescente (UFRJ). Psicóloga concursada na prefeitura de Rio Bonito. Experiência na gestão de Rede de Atenção Psicossocial, e em equipe técnica ambulatorial de Saúde Mental. Atualmente é coordenadora da Rede de Atenção Psicossocial no município de Rio Bonito.

Orcid: 0009-0004-5049-2012

Rosemary Calazans Cypriano
Mestrado Profissional em Atenção Psicossocial (UFRJ). Três pós-graduações na área de Saúde Pública na UFRJ, UERJ e ENSP/Fiocruz. Psicóloga efetiva da Prefeitura do município de São Pedro da Aldeia, com experiência em Gestão de Saúde Mental há 20 anos nesse município. Professora auxiliar do curso de Psicologia da Universidade Veiga de Almeida (UVA) campus Cabo Frio desde fevereiro de 2022.
Orcid: 0009-0007-4038-9275

Selma A. de Bragança Ferreira
Graduada em Serviço Social pelo Centro Universitário Plínio Leite. Pós-graduada em Políticas Públicas e Movimentos Sociais. Assistente social concursada nas prefeituras de Araruama e Iguaba Grande. Experiência em coordenação de CAPSi II e Serviço Residencial Terapêutico. Atualmente é coordenadora do Programa de Saúde Mental da Prefeitura Municipal de Araruama e supervisora clínica institucional do Caps I de Iguaba Grande.
Orcid: 0009-0009-3766-8745

Solange Nascimento Pereira Vielman
Graduada em Enfermagem pela Universidade Federal do Maranhão (UFMA). Especialista em Enfermagem em Saúde Mental pela Faculdade Holística (FAHOL). Enfermeira concursada do município de Rio Bonito, onde exerce desde 2003 a função de enfermeira no Caps. Experiência em Hospital Psiquiátrico. Participação na equipe multidisciplinar na Ação de Fechamento do Hospital Colônia de Rio Bonito.
Orcid: 0009-0008-9496-6792

Talita Ximenes Jório
Graduação pela Escola Superior de Ensino Helena Antipoff. Terapeuta Ocupacional no Departamento Geral de Ações Socioeducativas, no Centro de Convivência e Cultura Dona Ivone Lara. Participou como Terapeuta Ocupacional no Processo de Desinstitucionalização e Ação de Fechamento do Hospital Colônia de Rio Bonito.
Orcid: 0009-0008-5598-8534

Valéria Cristina Azevedo da Silva

Graduação em Enfermagem pela Universidade Salgado de Oliveira. Pós-graduação em Saúde Mental e Atenção Psicossocial pela Universidade Estácio de Sá. Coordenadora do Caps II Maricá, enfermeira no Caps Paulo Marcos Costa-São Gonçalo, Enfermeira responsável pela equipe de enfermagem na Clínica Nossa Senhora das Vitórias (desinstitucionalização) São Gonçalo. Atualmente é gerente do Caps III Gilberto Silva dos Santos, Caps AD e CAPSi no município de Maricá.

Orcid: 0009-0008-8813-1350

Viviane Class Cesar Leite Fogaça

Pós-graduação em Saúde Mental e Gestão de Saúde pelo Instituto de Ensino e Pesquisa Sírio Libanês; e Psicologia da Aviação pela Força Aérea Brasileira. Atuou como coordenadora de saúde mental do município de Silva Jardim, implementando no município grande parte da Rede de Atenção Psicossocial (Raps). Integrou o quadro de oficial psicóloga da Força Aérea Brasileira (FAB) no Instituto de Psicologia da Aeronáutica (IPA). Psicóloga efetiva no município de Arraial do Cabo.

Orcid: 0009-0008-3582-5228